W0065448

Werner Tiki Küstenmacher

Werner Tiki Küstenmacher

biblify® *your life*

Erfüllter und bewusster leben

**Mit 216 Illustrationen
des Autors**

P A T T L O C H

Bibliographische Information: Deutsche Nationalbibliothek
Die Deutsche Nationalbibliothek verzeichnet diese Publikation
in der Deutschen Nationalbibliographie; detaillierte bibliographische
Daten sind im Internet über http://dnb.d-nb.de abrufbar.

© 2009 Pattloch Verlag GmbH & Co. KG, München
Umschlaggestaltung: ZERO Werbeagentur, München
Umschlagabbildung: Werner Tiki Küstenmacher
Druck und Bindung: CPI – Ebner & Spiegel, Ulm
Printed in Germany

ISBN 978-3-629-02222-6

www.pattloch.de

2   4   5   3

**Für Marion,
Sophia, Lukas und Simon**

Inhalt

biblify your work

biblify your body

biblify your friends

biblify your love

biblify your church

biblify yourself

Nachwort

Vorwort

»Liebe Leserinnen und Leser,

dieses Buch, das Sie hier in Händen halten, wird eins der wichtigsten Bücher in Ihrem Leben werden.«

Mit diesem vollmundigen Satz begann ich im Jahr 2001 das Vorwort des mittlerweile zum Klassiker gewordenen Buchs »simplify your life«. Ein frecher Satz. Doch wenn Sie genau lesen, werden Sie merken: Neben »einem der wichtigsten Bücher in Ihrem Leben« ist trickreicherweise noch Platz für das »wirklich wichtigste Buch in Ihrem Leben«. Und um dieses Buch geht es jetzt. Also, jetzt kommt das Vorwort für das Buch, das Sie in Händen halten:

Liebe Leserinnen und Leser,

die Bibel (die möglicherweise irgendwo in Ihrer Wohnung ungelesen herumsteht) wird das wichtigste Buch in Ihrem Leben werden. Und zwar in einer Art und Weise, die Sie sich niemals hätten träumen lassen.

Martin Luther stellte sich die Frage: Wie bekomme ich einen gnädigen Gott? Das war im Mittelalter die tiefste Frage, als die große Angst regierte – sowohl um die Seele jedes Einzelnen als auch um die der gesamten Gesellschaft. Man lebte in ständiger Sorge, von Gott oder geheimnisvollen Mächten der Finsternis mit einer Krankheit geschlagen zu werden, Opfer eines feindlichen Angriffs zu werden oder sonst ein schlimmes Schicksal zu erleiden.

In unserer Zeit Sozialer Marktwirtschaft in einem hoch organisierten Wohlfahrtsstaat haben sich die Fragen verändert. Sie lauten eher: Was soll das alles hier? Wozu bin ich da? Wie kann ich ein erfülltes Leben leben? Oder, in spiritueller Sprache: Wie bekomme ich einen erfahrbaren Gott?

Die Bibel, das Alte wie das Neue Testament, enthält die aufgeschriebenen Erfahrungen von Menschen mit Gott. Sie ist gleichsam ein Anleitungsbuch zu einem erfahrbaren Gott. Es ist an der Zeit, diesen Schatz zu heben. Seien Sie überzeugt: Irgendwo in der Bibel gibt es auch für Sie einen Satz, der Sie umhaut. Bei dem Sie sagen: Wow!

Immer wieder war es die Bibel, die Rückkehr zum exakten biblischen Text, die in Geisteswissenschaft, Theologie und Gesellschaft Neues befördert hat. **biblify your life** möchte diesen Aspekt der Bibel nutzbar machen: vom Glauben zum Schauen, vom »Reden über« zur direkten Erfahrung.

Mit diesem Buch möchte ich Ihnen helfen, Erfahrungen zu machen, wie die Menschen in der Bibel sie gemacht haben. Am großen Buch der menschlichen Erfahrungen mit Gott wird weitergeschrieben – auch durch Ihr Leben. Sie selbst sind Teil einer großen Dynamik. Sie sind Teil des großen »Dritten Testaments«.

Eine aufregende Reise wünscht Ihnen

Werner Tiki Küstenmacher

PS: Wenn ich in diesem Buch die Bibel zitiere, bin ich mit den vorhandenen Bibelübersetzungen sehr frei umgegangen. Meist sind es Zusammenstellungen aus verschiedenen Bibelausgaben, die ich in Zweifelsfällen mit dem hebräischen und griechischen Original abgeglichen habe.

Einleitung

Die schlechte Nachricht: Was die Bibel nicht ist

Die Bibel ist nicht von Gott geschrieben worden

Für viele Menschen ist die Bibel ein heiliges Buch, denn es geht darin um Geschichten, die Menschen mit Gott erlebt haben. Gott redet in der Bibel. Immer wieder heißt es: »So spricht der Herr.« Also, schließen viele messerscharf, ist die Bibel nicht von Menschen geschrieben, sondern von Gott. Dieses Buch, so sagen sie, ist wahrer als andere Bücher. Widerspruch gegen dieses Buch verbietet sich von selbst. Was hier drin steht, ist ewige Weisheit und Wahrheit.

Wenn Sie das auch so sehen, werden Sie von **biblify your life** enttäuscht. Enttäuscht im wahrsten Sinne des Wortes: Die Täuschung ist zu Ende. Nein, die Bibel wurde von Menschen geschrieben. Hier haben sie ihre Erfahrungen mit Gott aufgezeichnet.

Die Wende der Aufklärung

Unsere Vorfahren (vor fünf bis zehn Generationen) haben eine entscheidende Entdeckung gemacht: die Aufklärung, den »Ausgang des Menschen aus seiner selbstverschuldeten Unmündigkeit«. Es war die Befreiung von einer eingebildeten Fessel. »Wage, dich deines Verstandes zu bedienen!«, rief der deutsche Philosoph Imma-

nuel Kant den Menschen damals zu. Traut euren Zweifeln! Lasst euch nicht das Nachdenken verbieten! Damit begann eine geistige Revolution, die wir heute kaum noch nachvollziehen können. Für uns ist es selbstverständlich geworden, den eigenen Verstand zu gebrauchen. Wir prüfen Tatsachen selbst nach. Für einen Gelehrten des Mittelalters war das anders. Da galt die Aussage des großen Aristoteles, dass eine Fliege acht Beine hat, mehr als die eigene Beobachtung – die stets nur auf sechs Beine kam.

Die Entdeckung des menschlichen Geistes in der Aufklärung ist durchaus vergleichbar mit der Entdeckung eines neuen Kontinents. Man kann die Entdeckung Amerikas oder Australiens nicht wieder rückgängig machen. Genauso wenig können wir Menschen hinter die Aufklärung zurück, sosehr wir uns das manchmal wünschen. Wir wissen es alle wirklich: Ein Gesetz ist von Menschen verfasst worden. Die Bibel ist von Menschen geschrieben. Und wenn jemand behauptet, die Schreiber der Bibel hätten jedes einzelne Wort von Gott direkt diktiert bekommen, dann ist ebendiese Behauptung auch wieder nur von Menschen aufgestellt worden. Die Wahrheit eines Buches, eines Textes, eines Gesetzes erweist sich nicht durch irgendwelche Geschichten über ihre übersinnliche Entstehung, sondern durch die Wahrheit und den Vollzug dieses Textes im wirklichen Leben. Ein Gesetz muss sich bewähren. Ein Buch über Gott muss den Alltagstest bestehen.

Die heimliche Herrschaft der alten Männer

So etwas gibt es nicht nur bei der Bibel. Untersuchen Sie eine x-beliebige hierarchische Struktur in einer Firma, einer Behörde, einem

Staat, einem Verein oder sonst irgendwo, und Sie werden feststellen: Am Ende gibt es irgendwo ein Buch, ein Gesetz oder eine Sammlung von Schriften, die zur letztgültigen Instanz erklärt wird – Bhagawadgita, Koran, Grundgesetz, Vereinssatzung, Unternehmensgrundsätze. Der Clou an dem Ganzen: Es sind natürlich nicht die Gesetze oder die Buchstaben auf dem Papier, die diese Sammlung zu etwas Absolutem machen. Es ist immer, ohne Ausnahme, eine Gruppe von Menschen, die ihren Absolutheitsanspruch auf das Buch projizieren und ihn damit begründen möchten. Bei genauer Analyse wird es noch klarer: Am Ende sind es stets ein paar alte Männer, die dieses Buch, dieses Gesetz oder was auch immer zur Festigung ihrer Herrschaft verwenden.

Das gilt übrigens auch für jede Sekte, für jede radikale Gemeinschaft, für jede ideologische Bewegung. Offiziell wird sie zusammengehalten durch eine ganz große Idee, eine gigantische Weltverbesserungsmission oder einen glühenden Glauben. Forscht man aber weiter, stößt man früher oder später auf einen alten Mann, der den Laden mit Hilfe eines von ihm verbissen vertretenen Lehrgebäudes zusammenhält. Die Gemeinschaft hat nur eine Chance, wenn sie diesen alten Knaben stürzt oder ihn wenigstens mit Hilfe kluger junger Männer und Frauen zum Umdenken bringt.

Der Trick mit dem Selbstbeweis

Um Kritiker solcher Systeme zum Verstummen zu bringen, werden kuriose Tricks benutzt. Einer der erfolgreichsten: Irgendwo in dem heiligen Buch steht, dass es ein heiliges Buch ist und damit die letztgültige Wahrheit darstellt (was bei unserer christlich-jüdischen Bibel erstaunlicherweise gar nicht der Fall ist: Nirgends wird in ihr behaup-

tet, sie sei auf übersinnliche Weise entstanden). Die in christlich-fun-
damentalistischen Kreisen vehement vertretene These von der »Ver-
balinspiration« der Bibel ist keine Idee der Bibel. Dass jedes einzelne
Wort (verb) vom Heiligen Geist Gottes (spirit) diktiert worden wäre,
ist eine der armen Bibel nachträglich aufgepfropfte Idee.

Eine derartige Argumentation ist im Übrigen so beweiskräftig,
wie wenn Sie auf einen goldfarben angestrichenen Eisenklotz schreiben: »Das ist echtes Gold!« Aber so unfassbar windig diese Art von
Selbstbeweis auch ist, in der Vergangenheit hat sie verblüffend gut
funktioniert. Ich bin jedoch überzeugt: So funktioniert das heute
nicht mehr.

Das herbe Erbe der Aufklärung: Projektion

Wir haben es durchschaut. So, wie wir auch vieles andere durchschaut
haben. Der entscheidende Grundgedanke der Aufklärung lässt sich
am griffigsten mit einem modernen Begriff erklären: Projektion. Wie
mit einem Beamer strahlen wir unsere eigenen Wünsche und Vorstellungen auf einen anderen Menschen oder ein Objekt – und meinen,
dadurch wäre dieser Mensch oder dieser Gegenstand ein anderer geworden. Je bunter und lebendiger das Video ist, das wir auf der Projektionsfläche ablaufen lassen, umso bunter und lebendiger kommt
uns die Fläche vor. Aber sie bewegt sich nicht, zumindest nicht so, wie
wir es wollen.

Ein harmloses Beispiel für
Projektion ist der Umgang mit
Haustieren. Findet jemand seinen
Hund hinterlistig oder seine Kat-
ze traurig, so sind das menschli-
che Gefühle, die auf das Tier pro-
jiziert werden. Für das instinktive
Verhalten des Tieres taugen solche
Beschreibungen nicht. Der Hund
bellt, weil er sein Revier verteidigt

und nicht, weil er damit sein Herrchen ärgern will. Die Katze hängt herum, weil sie müde ist, und nicht wegen einer vermeintlichen depressiven Stimmung.

Die aufgeklärte Liebe

Wenn sich zwei Menschen verlieben, findet dabei eine Menge Projektion statt. Deswegen verlieben wir uns am liebsten in einen Menschen, den wir noch kaum kennen, denn dann eignet er sich ideal als Projektionsfläche für unsere eigenen Träume. Psychologen nennen das die »narzisstische Entdeckung«: Der Liebende findet im Geliebten jene Eigenschaften, die er sich selbst so sehnlich wünscht. Wie Narziss, der sich unsterblich in das wunderschöne Antlitz verliebte, das er in der glatten Oberfläche des abendlichen Teiches erblickte. Das heißt nicht, dass es keine wahre Liebe gäbe. Aber es ist wichtig, den Anteil der Selbstverliebtheit in jeder Verliebtheit zu kennen.

Im weiteren Verlauf einer Paarbeziehung wird fleißig weiterprojiziert. Was einen in Krisenzeiten am einst so geliebten Partner nervt, sind in Wahrheit meist die eigenen Unzulänglichkeiten und Schwächen. Sie an sich selbst wahrzunehmen, ist schwierig. Aber auf den anderen projiziert, stehen sie einem überdeutlich vor Augen. »Du bist so egoistisch!«, sagt der Mann zu seiner Frau, die ganz in Haus und Kindern aufgeht und keine Zeit hat für ihn – und sieht nicht, dass er selbst der Egozentriker ist. Er sieht die Beziehung zu seiner Frau vor allem unter dem Aspekt, was dabei für ihn herausspringt. Das gleiche Phänomen gibt es auch mit vertauschten Rollen.

Eltern finden in ihren Kindern wieder, was sie sich selbst so sehr wünschen – oder was sie so abgrundtief hassen. Menschen kaufen sich ein bestimmtes Auto, weil sie ihre eigenen Träume auf das große Stück lackiertes Metall projizieren. Aus dem gleichen Grund funktionieren Mode, Marketing und Werbung.

Ist die ganze Welt nur Projektion?

Den Vogel in Sachen Projektion schoss ein trockener Gelehrter aus Königsberg ab, der entlegensten Ecke des damaligen Königreichs Preußen. Der Philosoph Immanuel Kant trieb den aufklärerischen Gedanken der Projektion auf die Spitze. In seiner Erkenntnistheorie lässt sich Kant darüber aus, dass wir über die Außenwelt eigentlich überhaupt keine Aussage machen können. Was uns so selbstverständlich als Realität erscheint, nimmt ein anderer Mensch möglicherweise völlig

anders wahr. Der dreidimensionale Raum etwa, in dem wir die Gegenstände um uns herum wahrnehmen, ist selbst nicht Gegenstand unserer Wahrnehmung. Er ist etwas, das wir dieser Welt hinzufügen. Genau so verhält es sich mit der Zeit: Die Zeit selbst können wir nicht empfinden, wir leben immer nur im Moment der Gegenwart. Für uns finden die Ereignisse in einer zeitlichen Reihenfolge statt, wir sind an die Beschränkungen der Zeit gebunden. Aber damit ist nicht garantiert, dass es der Wirklichkeit ebenso ergeht. Es sind durchaus Wesen denkbar, die diesen Beschränkungen auf Raum und Zeit nicht unterworfen sind. Wesen, die diese Welt ganz anders wahrnehmen.

Diese auch heute noch reichlich schräg anmutenden Gedanken wurden auf erstaunliche Weise bestätigt durch die moderne Physik.

Albert Einstein und Werner Heisenberg entdeckten, dass der beobachtende Mensch keineswegs nur von außen die Dinge ansieht. Er verändert sie durch seine Beobachtung! Als sich die Physik immer tiefer in die letzten Geheimnisse der Moleküle, Atome und Elementarteilchen hinein versenkte, stieß sie ständig auf paradoxe Beobachtungen. Eine Welle, also reine Energie, verhielt sich manchmal wie ein Teilchen, das eine klar definierte Masse hatte. Und umgekehrt schienen sich Teilchen manchmal so zu verhalten wie eine völlig gewichtslose Energiewelle. Je nachdem, wie man sie ansah, veränderte sich die Realität. Eine letztgültige Aussage, ob es sich um ein Teilchen oder eine Welle handelt, ließ sich nicht machen.

Wer hat Gott erschaffen?

Ihre unmittelbarste Wirkung entfaltete die Wucht der Aufklärung bei Glauben und Religion. Luther oder Kant wagten es nicht, es auszusprechen; die französischen Aufklärer waren da schon mutiger und machten Aussagen, die wir heute so übersetzen würden: Gott ist eine menschliche Projektion. Der Mensch erschuf Gott, sich zum Bilde.

Gott als alter Mann mit langem weißem Bart ist als Projektion leicht erkennbar. Aber auch ein Gott, der mich hört und mir meine Wünsche erfüllt, ist eine Projektion. Gott als Vater oder als Mutter – alles menschliche Vorstellungen, mit einem subkutanen mentalen Projektor in die Tiefen unseres Herzens hineingeworfen. Gott ist kein Vater, Gott ist keine Mutter. Er ist nicht Sohn oder Tochter, nicht Bruder oder Freund.

Sogar die Idee vom »Schöpfergott« verlängert nur unsere bescheidene menschliche Sicht ins Universale: Alles hat bei uns einen Anfang und einen Macher. Also, meinen wir, muss das auch jenseits aller Vorstellungen von Zeit und Raum so sein. Aber warum? Nein, auch die Idee von der Schöpfung als einer immensen göttlichen Ingenieurleistung ist eine Projektion.

Die Sehnsucht nach zurück

Vielleicht, liebe Leserinnen und Leser, haben Sie die letzten Abschnitte mit wachsendem Unbehagen gelesen. Gott als Projektion? Kein Gottvater, keine Urmutter? Nicht mal als Schöpfer in grauer Vorzeit? Was haben wir denn dann noch? Macht der aufklärerische Geist alles kaputt und lässt uns als intellektuelle Waisenkinder allein?

So wurde schon früh gegen die Aufklärung protestiert. Die Vertreter von Religion und Kirche bemühten sich nach Kräften, den christlichen Glauben vor den zersetzenden Fragen der Aufklärung zu retten. Der einfachste Weg: Es wurde einfach verboten, Gottesfragen in die alles plattmachende Kraft des Verstandes einzubeziehen. Aus Ehrfurcht vor Gott und den jahrhundertealten Traditionen sollten die aufgeklärten Menschen doch bitte den Glauben anders behandeln. Hier sei eben nicht alles mit dem Intellekt zu erklären, und man solle den analytischen Verstand in einem demütigen Akt Gott zum Opfer darbringen. Dieses »sacrificium intellectus«, das »Opfern des Verstandes« findet sich bis heute in den Köpfen vieler leitender Klerikaler und Kirchenmitglieder.

Bestens naturwissenschaftlich ausgebildete Ingenieure, Ärzte oder Manager, die im beruflichen und privaten Alltag alles mit der Schärfe ihres Verstandes analysieren – beim Betreten der Kirche schalten sie innerlich um. Sie downshiften in eine kindliche Religiosität, die sich damals in den Kindertagen so gemütlich angefühlt hat. Das geschieht aus edelsten Motiven: Man bleibt höflich gegenüber der Gemeinde und den Priestern, man würdigt die eigene Kindheit und den Kinderglauben der anderen.

Doch früher oder später schlägt die Stunde der Wahrheit. Den eigenen unschuldigen Glauben von früher als Grundlage für ein Leben als erwachsener oder alter Mensch zu verwenden, ist wie die Eisschicht auf einem zugefrorenen See im Frühjahr. Es wäre so schön, wenn sie immer bliebe und einen trägt. Aber wir wissen ganz genau, dass das nicht so ist.

Die Lösung liegt immer in der Zukunft

Die römisch-katholische Kirche mit dem Papst an der Spitze führt einen verzweifelten Kampf gegen die »Moderne«. Es ist ein Kampf gegen die Zeit, gegen die Aufklärung, gegen die Entdeckung eines Kontinents, der immer und für alle entdeckt bleiben wird.

Auch die protestantischen Kirchen schaffen es nur selten, ihrer eigenen Tradition treu zu bleiben. Denn sie sind alle Kinder der Aufklärung. Martin Luther hat mit seinem Aufstand gegen die absurden Ablassangebote der katholischen Kirche die Aufklärung eingeleitet. Er hat protestiert gegen die Verdummung des Volkes, gegen die Herrschaft der Priester und Kirchenfürsten. Wenn er vom allgemeinen Priestertum aller Gläubigen spricht, dann ist das die Entdeckung einer Wahrheit, die nicht wieder rückgängig gemacht werden kann.

Und doch wird es versucht. In den evangelischen Kirchen Deutschlands feiert das Priestergehabe fröhliche Urständ. Im vorletzten Jahrhundert hat man den Titel Bischof wieder eingeführt, seit ein paar Jahrzehnten benennen sich Kreisdekane und Superintendenten (etwas verzopfte, aber doch ursprünglich weltliche Titel) in Regionalbischöfe um und lassen sich fantasievolle Amtstrachten für die erha-bene Selbstbezeichnung schneidern. Eine christliche Gemeinde bräuchte keinen Pfarrer oder Pfarrerin an ihrer Spitze, aber diese mutige Idee der Reformation ist bald wieder im Muff der kirchlichen Organisation verschwunden.

All das geht vielleicht noch eine Zeit lang gut, aber die Kirchen bluten aus, weil sie ihr Heil in der eigenen Vergangenheit suchen. Auf Dauer aber, davon bin ich überzeugt, können sie nur bestehen, wenn sie viel von dem Ballast abwerfen, den sie im Lauf der Jahrhunderte erworben haben. Wenn sie sich selbst entrümpeln und zurückfinden zu ihrer eigentlichen Kraftquelle: die Urgewalt der Erfahrungen, die Menschen mit ihrem Glauben gemacht haben.

Womit wir endlich bei der guten Nachricht sind, die uns die Erkenntnisse der letzten Jahrhunderte im Blick auf den Glauben gebracht haben.

Die gute Nachricht: Was die Bibel ist

Ich habe die Bibel etwa ein halbes Jahrhundert lang im Alltag getestet. Mein Ergebnis: Dieses Buch hat sich bewährt. Es ist stabil, es enthält tiefste Wahrheiten, es tröstet wirklich, es ermutigt auf effiziente Weise, es enthält grandiose Schätze. Es enthält die Erfahrungen von Menschen mit ihrem Gott. Das ist wahr, das ist wirklich. Viel wirklicher als alle unsere Gottesprojektionen, die jetzt nicht mehr funktionieren.

Wie das Wunder der Bibel genau funktioniert, können wir vielleicht erst verstehen, seit wir das Internet zur Verfügung haben. Dazu möchte ich ein bisschen ausholen.

Die Bibel ist wie das Internet

1965 trat der junge Soziologe Ted Nelson an ein Rednerpult in Ohio und schwärmte von einer abgefahrenen Idee. Er nannte sie »Hypertext«: eine Art digitales Buch, in dem hinter bestimmten Wörtern Verbindungen zu anderen digitalen Büchern und Texten stecken. Mit so einem System, so träumte der Visionär aus Ohio, müssten sich eines Tages Bücher und wissenschaftliche Arbeiten verknüpfen lassen, die über die ganze Welt verstreut lagern. 1965 gab es noch keine PCs, noch nicht einmal Arpanet, den Vorläufer des Internets. Damals ver-

stand man so eine Tech-
nik als eine Art bequemer
Fußnoten, mit denen sich
Zitate einfacher finden
ließen als durch das müh-
same Suchen in Katalogen
und Bibliotheken.

Über 20 Jahre mussten
vergehen, bis Nelsons Visi-
on einigermaßen Wirklichkeit wurde: HyperCard nannte Apple ein
unscheinbares kleines Programm, das seit 1987 kostenlos mit jedem
Macintosh-Computer ausgeliefert wurde. Der Programmierer Bill Atkinson hatte es entwickelt, um die Möglichkeiten der grafischen Be-
nutzeroberfläche und der Maus zu demonstrieren. Auf eine »Karte«,
die genau einen Computerbildschirm groß war, konnte man Texte und
Bilder stellen und jedes einzelne dieser Elemente mit anderen Karten
verknüpfen. Wenn man etwa auf das Bild eines Menschen klickte,
konnte man dessen Biografie lesen. »Verlinken« nannte Atkinson diese
Technik. Weil sich der Benutzer in dem Gestrüpp von Querverweisen
rasch verirrte, war auf jeder Karte ein kleines Häuschen zu sehen. Wer
darauf klickte, kam »nach Hause« – zurück auf die erste Karte, mit der
er seine Klicktour begonnen hatte. Alle Karten zusammen, mit der
Zu-Hause-Karte ganz obenauf, nannte Atkinson »stack«, also Stapel.

Heute schmunzeln Sie wahrscheinlich über diesen historischen
Rückblick, so sehr ist Ihnen das Prinzip von »Links« und »Seiten«
(statt der damaligen »Karten«) inzwischen vertraut. Die Idee mit dem
Häuschen findet sich noch in der Bezeichnung »Homepage« für die
Startseite einer »Website« – das moderne Wort für Atkinsons »stack«.
Das Internet, entstanden aus einem zunächst militärischen, dann rein
wissenschaftlichen Verbindungsnetz zwischen Großrechenanlagen, er-
lebte Ende der 1980er-Jahre einen ersten Durchbruch mit der Idee der
elektronischen Post: E-Mail. Der eigentliche Paukenschlag aber, der
das Internet-Zeitalter eröffnete, geschah 1993, als mit dem »World
Wide Web« eine bunte grafische Oberfläche auf die wissenschaftliche
Buchstabenwüste gestülpt wurde.

Die Bibel ist ein Netzwerk

Die Idee eines vernetzten Textes aber ist sehr viel älter als die Vision des jungen Ted Nelson oder die Milliarden von Seiten im www. Die Bibel dürfte eins der ältesten Hypertextkonzepte der Menschheit sein und hat sich im Lauf der Jahrhunderte zu einer kulturell-geistlichen Vernetzung entwickelt, die weltweit und historisch ohne Beispiel ist. Mit dem Begriff **biblify** möchte ich diesem Phänomen einen Namen geben. Im Verlauf dieses Buchs werde ich Ihnen darlegen, wie sich dieses **biblify**-Konzept im Lauf der Jahrhunderte entwickelt hat, warum es so unglaublich erfolgreich war und wie Sie seine Energie für sich nutzen können.

Das Alte Testament, die heilige Schrift der Juden, enthält Texte aus über siebzehn Jahrhunderten. Immer wieder wird dabei Bezug genommen auf früher beschriebene Ereignisse und Erkenntnisse. Mehr-

fach werden andere Bücher erwähnt, etwa das Buch der Chronik, das in der Bibel auch selbst enthalten ist. Oder andere wie »das Buch des Redlichen« aus Josua 10,13, von dem nichts mehr erhalten blieb. Im Alten Testament gibt es außerdem zahlreiche Verlinkungen zu den Kulturen Ägyptens und Mesopotamiens.

Nur durch diese ständige Vernetzung und Verlinkung sind die biblischen Texte bis zu unserer Zeit erhalten geblieben. Indem sie immer wieder zitiert, neu interpretiert, abgeschrieben und manchmal auch verändert wurden, haben sie die unglaubliche Zeit von mehreren Jahrtausenden überdauert. Kein anderer historischer Text liegt in so vielen Abschriften und Varianten vor wie die Bibel des Alten und Neuen Testaments.

Mit dem Neuen Testament wurde die Verlinkung noch intensiver. Schon Jesus nahm immer wieder Bezug auf das Alte Testament. Der Apostel Paulus zitiert Jesus, dessen Rückbezüge auf die alten Schriften, und er stellt selbst Beziehungen her zwischen all diesen Zitaten. Weit über 2000 Links gibt es vom Neuen zum Alten Testament. Die fünf Bücher Mose kommen zusammen auf 898 Links, das Prophetenbuch Jesaja wird 419-mal, die Psalmen 414-mal zitiert. Recht abgeschlagen sind die Propheten Ezechiel mit 141, Daniel mit 133 und Jeremia mit 125 Links.

Verlinkung in die Vergangenheit

Es ist eine erstaunliche Erfahrung beim Bibellesen: Die Personen, die da schreiben und dichten, agieren und sprechen, beten und leiden, hoffen und sich freuen – all diese Menschen sind uns nicht fern. Wir sind über viele Jahrhunderte hinweg mit ihnen verlinkt, manchmal intensiver als mit Menschen unserer eigenen Kultur, die vor ein paar Jahren oder Jahrzehnten gelebt haben. Es ist etwas eigenartig Vertrautes in allen biblischen Erzählungen, so fremdartig und fern uns Ort und Zeit dieses Geschehens doch sein müssten.

Deswegen können Sie im Verbundensein mit ihnen auch die alten Vorstellungen und Bezeichnungen weiter verwenden. Sie können Gott als Vater bezeichnen oder als Mutter. Sie können ihn betrachten als Schöpfer und als ein Wesen, das Sie hört und Sie tröstet. Auch wenn Sie als Nachkomme der Aufklärung wissen, was davon möglicherweise Projektionen sind und Wunschbilder Ihres Inneren – die vielfältigen Bilder und Metaphern vom unsichtbaren und ungreifbaren Gott funktionieren. Sie sind eingebrannt in unsere kollektive Seele.

Verlinkung in die Zukunft

Eine außergewöhnliche Art der biblischen Vernetzung ist die Verlinkung nach vorne: die Prophezeiung, die Verheißung. Fast die gesamte erste Hälfte des Alten Testaments ist geprägt von der großen Hoffnung und dem ständigen Wandern ins Gelobte Land. Später in den Büchern der Propheten entwickelt sich eine neue Verheißung mit großer Dynamik: die Erwartung eines Erlösers, des Messias.

Diese Art der Zeit und Raum übergreifenden Verlinkung ist das eigentlich revolutionäre Konzept der Bibel, es ist der Kern von **biblify** und das Herz des christlichen Glaubens.

Verlinkung mit anderen Kulturen und Religionen

Lange Zeit war die Bibel – wie viele heilige Bücher von Religionsgemeinschaften – ein Kampfbuch. Sie wurde verwendet als Alleinstellungsmerkmal, als Abgrenzung und Eintrittskriterium. Zugleich aber ist im Alten wie im Neuen Testament vom Überwinden aller Schranken die Rede, von der grenzenlosen Liebe Gottes, die sich auf alle Menschen der Erde erstreckt. **biblify** widmet sich auch diesem Aspekt der Bibel. Es geht um die Befreiung der Bibel von ihren eigenen Grenzen – eine Befreiung, die in ihr selbst angelegt ist.

Verlinkung mit dem großen Ganzen

biblify heißt nicht: Lassen Sie Ihr kleines Leben von einem großen, absoluten, weisen Schriftstück regieren. Sondern genau andersherum: Machen Sie es wie die Autoren der Bibel. Machen Sie Erfahrungen mit Gott, schreiben Sie sie auf, erzählen Sie anderen davon, lassen Sie

sich verlocken zu einem Abenteuer. Lassen Sie sich von Jesus zurufen
»Folge mir nach!«. Sehen Sie den größeren Rahmen, in dem sich Ihr
Dasein abspielt. Die unendliche große Liebe Gottes, die Ihre Lebens-
zeit auf diesem Planeten weit übersteigt.

Verlinkung mit dem Alltag

biblify ist wie **simplify** die Bezeichnung einer bereits bekannten Tatsache durch ein neues Wort. **simplify** war die Neuentdeckung des
Vereinfachens, des Loslassens und
Entrümpelns. Bei **biblify** geht es
um die Anwendung der Bibel auf
das ganz alltägliche Leben. Aber
nicht in einem herkömmlichen
kirchlichen oder moralischen
Sinn, sondern unter einem weiten, gleichzeitig individuellen wie
universalen Aspekt, wie er zum
globalen Geist des beginnenden
21. Jahrhunderts passt. In seinen
Gleichnissen macht Jesus es vor:
Alltägliche Gegenstände wie ein

Weizenkorn oder eine Münze werden vernetzt mit den großen Wahr-
heiten des Glaubens. Das Endliche wird Sinnbild für das Unendliche.
Das Reich Gottes ist vernetzt mit dem Reich der Dinge, und die mit
ihnen arbeitenden Menschen sind vernetzt mit dem, von dem alles
kommt.

Verlinkung mit Jesus

Die ultimative Verlinkung fand statt mit Jesus selbst: Gott vernetzt
sich mit dem Menschen. Gott wird Mensch. Das ist, so schreibt schon
der Apostel Paulus, eine Gotteslästerung:

Wir verkündigen, dass Christus, der Gekreuzigte, der Retter ist. Für die Juden ist das ein Skandal. (1. Korintherbrief 1,23)

Der unendliche Abstand zwischen Mensch und Gott ist dahin, Gott ist zu den Menschen gekommen. Das ist die eine Hälfte der Wahrheit, an die wir uns trotz allen Skandals gewöhnt haben. Die andere Hälfte aber fällt noch schwer zu akzeptieren: Der Mensch ist zu Gott gekommen. Der Mensch ist Gott ähnlich geworden.

Das ist keine späte Erfindung, sondern so hat es Gott von Anfang an gewollt. Schon am Beginn der Bibel in der Schöpfungserzählung heißt es:

Und Gott sprach: »Lasst uns Menschen machen, ein Bild, das uns gleich sei!« (1. Mose / Genesis 1,26)

Und Gott sprach: »Nun ist der Mensch wie einer von uns geworden und weiß, was gut und böse ist.« (1. Mose / Genesis 3,22)

Was wir bisher nur Gott zugetraut haben, entdecken wir als unsere eigenen Möglichkeiten. Das ist die konsequente Weiterentwicklung des menschlichen Bewusstseins. Was wir in unsere Vorstellung von Gott hineinprojiziert hatten, war (wie wir immer wieder verblüfft feststellen) schon in uns.

Mit Jesus, so fürchten dann manche, hat sich Gott eigentlich überflüssig gemacht. Aber dieser Jesus war ja selbst ein Glaubender. Er ist als Mensch schlechthin nicht vorstellbar ohne seine Beziehung zu Gott, den er »Abba« nennt, das Kleinkindwort für »Vater«. Im Johannesevangelium sagt er es mehrfach:

»Ich und der Vater sind eins.« (Johannes 10,30)

biblify bedeutet, zurückzukehren zum ursprünglichen Geist Jesu und zum ursprünglichen Geist des jüdischen Glaubens. **biblify** steht für eine neuartige Wiederentdeckung der Bibel. Eine Entdeckung indes, die es nicht beim Staunen und der intellektuellen Einsicht belässt, sondern die sich aufmacht, die Konsequenzen dieser Erfahrung nutzbar zu machen für das alltägliche Leben.

Jesus als Netzwerker

Die Organisationsstruktur der von Jesus begründeten Gemeinschaft war genial einfach: Er suchte sich zwölf Jünger und baute damit ein kleines, aber stabiles Netzwerk. Bild-hafterweise waren einige von ihnen Fischer und wuschen gerade ihre Netze (Lukas 5,2), als Jesus sie ansprach. Die Vernetzung ging und geht weiter, aus kleinen Grüppchen wurden Gemeinden, aus kleinen Gemeinden große Gemeinschaften, aus ihnen allen schließlich die Kirche.

Ständige Neuverlinkung mit Gott

biblify zieht sich wie ein roter Faden durch die Geschichte des jüdischen wie des christlichen Glaubens. Das beginnt bei den Propheten des Alten Testaments, die um das Jahr 1000 v. Chr. herum die immer selbstherrlicher werdenden Herrscher regelmäßig daran erinnern müssen, dass die ihre Autorität nicht sich selbst, sondern einer weit über ihnen stehenden Macht verdanken. Die Propheten greifen gern zurück auf die abenteuerlichen Anfänge des Volkes Israel – nach dem Motto: Der Gott, auf den ihr euch damals verlassen konntet, auf den vertraut gefälligst auch jetzt! So verlinken sie die Gegenwart mit der Vergangenheit, sie erzählen Geschichte in Geschichten.

597 v. Chr. wird Jerusalem von König Nebukadnezar erobert, die Juden verlieren ihr Land und werden nach Babylon verschleppt. Als sie zwei Generationen später zurückkehren (weil sich das Rad der Weltgeschichte inzwischen zugunsten der Perser weitergedreht hat), gibt es eine weitere **biblify**-Epoche: Neue Propheten erinnern wiederum an den Geist von damals, als ein heimatloses Volk unter der Führung von Mose das Gelobte Land Israel von Gott entgegennahm.

Auch Jesus ist ein **biblifyer**: In seinen Predigten nimmt er wiederholt die Prophezeiungen auf, wie sie aufgezeichnet sind in der Ur-Bibel, den Schriften des Alten Testaments.

Ebenso arbeitete der Apostel Paulus bei der Ausbreitung des neuen, durch den Wanderprediger Jesus gegründeten Glaubens mit der **biblify**-Methode: Er predigte in den Synagogen des Römischen Reiches über die Verheißungen der heiligen jüdischen Schriften und legte den erstaunten Zuhörern dar, dass sie sich mit Jesus erfüllt hätten. Daneben schrieb er seine berühmten Paulusbriefe, was in der Folge zu einem weiteren Aspekt von **biblify** führte: Man stellte eine neue Bibel zusammen, ein Neues Testament. Man schrieb die Erfahrungen auf, die Menschen mit Jesus gemacht hatten. Sorgfältig hob man die Briefe des Paulus auf, um sie für die Nachwelt zu erhalten.

biblify ist Sprengstoff

Immer wenn Menschen die Bibel, also die gesammelten Erfahrungen von Menschen mit Gott, neu entdeckten und sich daranmachten, sie in ihrem Leben zu verwirklichen, kam es zu Konflikten. **biblify** bringt Sprengstoff in den Alltag. Denn stets geht es dabei um Wahrheiten, die den Mächtigen gefährlich werden, weil sie von ihnen in ihrem

Alleinvertretungsanspruch bedroht werden. Das musste das Volk Israel im Lauf seiner Entstehung und Sesshaftwerdung mehrfach erleben. Ebenso erging es der jungen Gemeinschaft der Christen, die schon bald nach ihrer Gründung in den schärfsten Gegensatz zum herrschenden politischen System kam. Der erste Kontext, in dem das Wort »Christen« in der Geschichtsschreibung vorkommt, ist die Wortzusammensetzung »Christenverfolgung«.

Doch dann kam es in der Geschichte der Christenheit zu einem weiteren **biblify**-Aspekt: Der Staat eignete sich die Wahrheiten der Bibel an. Kaiser Konstantin gründete im Jahr 313 das Römische Reich neu, nun auf den Grundlagen der Bibel und des christlichen Glaubens. Damit begann ein langer Siegeszug der christlichen Religion, leider begleitet von Gewalttaten und schrecklichen Abweichungen vom eigentlichen Geist der Bibel. Doch auch dagegen regte sich immer wieder Protest – immer wieder gab es Stimmen, die gleichsam »**biblify**!« riefen:

Franziskus von Assisi war so ein **biblifyer**. Innerhalb einer satt und träge gewordenen Kirche rief er eine neue, attraktive und fröhliche Gemeinschaft ins Leben, die ganz nah an der Bibel lebte und sich auf die ganz schlichten Grundwahrheiten Jesu beschränkte. Franziskus ging so weit, dass er mit seinen Freunden biblische Geschichten inszenierte und nachspielte – am liebsten die Weihnachtserzählung, mit echten Schafen und Kühen, in der Nacht bei Kerzenschein. Daraus wurden bald die geschnitzten Krippendarstellungen.

Ein anderer berühmter **biblifyer** war Martin Luther. Er plagte sich als Mönch lange mit der Frage: Wie kann ich als Mensch, der so oft falsch gehandelt hat, vor den Augen Gottes bestehen? Auch Luther reagierte auf die Verirrungen des damaligen kirchlichen Systems mit einer Besinnung auf die Wahrheiten der Heiligen Schrift. Auf den entscheidenden Gedanken kam er, als er beim Bibellesen auf diesen winzigen Abschnitt aus einem Brief des Apostels Paulus stieß:

Ich schäme mich nicht für die Gute Nachricht. Denn sie ist eine Kraft Gottes, die alle selig macht, die an sie glauben. In ihr wird die Gerechtigkeit deutlich, die vor Gott gilt und die aus dem vertrauenden Glauben kommt. Wie schon geschrieben steht: Der Gerechte wird aus dem Glauben leben. (Römer 1,16–17, das Zitat darin ist aus Habakuk 2,4)

Es ist bezeichnend, dass ausgerechnet in dieser Bibelstelle aus dem Neuen Testament ein Prophet aus dem Alten Testament zitiert wird – Luthers »reformatorischer Durchbruch« ist damit doppelt **biblify**-mäßig vernetzt.

So funktioniert **biblify**: Es bedeutet, den ursprünglichen Geist der Bibel ins Leben zu lassen und für die eigene Seele wiederzuentdecken.

Verlinkung mit dem Alltag

Jede Reformbewegung und Erneuerung im christlichen System gründet sich auf eine Neuentdeckung der biblischen Grundlagen – **biblify** eben. **biblify** ist das eigentliche Herz des christlichen Glaubens, das Erfolgsgeheimnis und die Überlebensgarantie der Christen. **biblify** ist die Lebensader jeder menschlichen Gemeinschaft im christlichen Kulturkreis und in der globalisierten Welt vielleicht auch weit über diesen Kreis hinaus.

biblify ist etwas anderes als Kirche, etwas anderes als Dogmatik, aber auch etwas anderes als Meditation oder Spiritualität. **biblify** ist dadurch verwandt mit **simplify**, denn bei beidem geht es um den Blick auf das Wesentliche, die Konzentration auf den Kern, das Finden der Mitte. Und das können Sie jeden Tag trainieren, angefangen bei den scheinbar profanen Gegenständen Ihres Alltags.

biblify your things

Gehen Sie auf biblische Weise mit Ihren Sachen um

Das war die große Entdeckung bei **simplify your life**: Alle Bereiche Ihres Lebens hängen auf eigentümlich vernetzte Weise zusammen. Wenn es Ihnen gelingt, in einem Bereich etwas zu vereinfachen, zu entrümpeln und loszulassen, dann wirkt sich das positiv aus auf alle anderen Bereiche. Am eindrucksvollsten zeigt sich das, wenn Sie einen Kellerraum, Ihre Schreibtischoberfläche, eine Schublade oder Ihren Kleiderschrank entrümpeln. Nach getaner Arbeit geht es Ihnen insgesamt besser! Denn all die Gegenstände und Räume, in denen sich Ihr Leben abspielt, haben eine geheime Verbindung zu Ihrer Seele.

Sie sind vernetzt mit Ihrem Besitz, mit den Gegenständen und Räumen um Sie herum. Und weil alle anderen Menschen ebenfalls mit ihrer materiellen Umwelt vernetzt sind, sind Sie durch Ihre Dinge auch mit diesen Menschen verbunden. Sie kennen das, wenn Sie Erinnerungsstücke wegwerfen möchten. Warum tut das so weh, wenn es sich doch nur um Sachen handelt?

Natürlich darf ein Gegenstand auch einmal einfach nur da sein, weil er Ihr Herz erfreut. Das passiert, wenn der Gegenstand für Sie Tiefe eröffnet, wenn er Ihnen etwas vom Wahren, Guten oder Schönen offenbart. Es gibt aber genügend Gegenstände, die Sie nicht mehr wirklich erfreuen. Dann ist das Loslassen eine wunderbare Befreiung.

Die Grundregeln des Aufräumens

Nehmen Sie sich nicht zu viel vor

Das ist der häufigste Fehler bei jeder Art von Konsolidierungsmaßnahmen, vom Aufräumen eines Regalfachs bis zur Umstrukturierung eines Konzerns: Man will zu viel auf einmal. Menschen überschätzen die Effizienz von großen Projekten, und sie unterschätzen das Resultat kleiner Schritte.

biblify-Tipp: Gehen Sie Schritt für Schritt

Sehen Sie's biblisch: 40 Jahre ließ sich das Volk Israel Zeit für ein paar hundert Kilometer von Ägypten nach Palästina; Jesus startet eine weltweite Bewegung mit dem gemächlichen Recruiting von zwölf Mitarbeitern. Überfordern Sie sich nicht, aber vergammeln Sie auch nicht Ihren Tag. Sagen Sie sich am Morgen eines Tages: »Ich will heute aktiv etwas bewegen. Gerade so viel, dass ich am Abend dieses Tages sagen kann wie Gott in der Schöpfungsgeschichte: Das war ein guter Tag.«

Leeren Sie es vollständig aus!

Was Sie sich vornehmen, sollten Sie jedoch radikal erledigen. Ganz und gar, komplett, von Grund auf! Wenn Sie eine Schublade aufräumen möchten, dann müssen Sie sie aushängen (Schubladen mit Teleskopschienen haben innen oder außen seitlich zwei kleine Schrauben. Nach dem Herausdrehen lässt sich die Lade aus den Schienen ziehen). Kippen Sie das Ding um und leeren Sie es vollständig aus. Dann wird die Schublade geputzt und Sie dürfen sich freuen über den sauberen Platz, der nun vor Ihnen liegt. Bei einem Kleiderschrank leeren Sie mindestens eine Hälfte komplett aus, bei einem Regal mindestens ein komplettes Regalfach. Ihren Schreibtisch sollten Sie wenigstens einmal im Jahr total leerräumen, also auch den Computer, Lampen, Schreibunterlagen, Maskottchen.

biblify-Tipp: Machen Sie Platz für das Gute

Von Jesus ist nur ein Aufräumvorgang überliefert: Wie er alle Verkäufer und Käufer aus dem Tempel herauswirft, die Tische der Geldwechsler umstößt und dabei den Propheten Jesaja zitiert:

Es steht geschrieben: »Mein Haus soll ein Haus des Gebets sein.« Aber ihr habt eine Räuberhöhle daraus gemacht! (Matthäus 21,13)

Diese Szene ist berühmt geworden – ein wütender Jesus, wie man ihn sonst kaum gewöhnt ist. Weniger berühmt ist, wie der Bericht weitergeht: Unmittelbar nach der »Reinigung des Tempels« (so die Überschrift dieser Bibelstelle in der Lutherübersetzung) kommen Blinde und Lahme zu Jesus in den Tempel, und er heilte sie. Die Kinder im Tempel, die das Spektakel miterlebt hatten, riefen laut »Hosianna dem Sohn Davids!«.

Ihre Schubladen und Schränke sind kein Tempel. Aber auch in ihnen sollten Sie nach dem Reinigen etwas Gutes, Heilsames stattfinden lassen.

Machen Sie es sauber

Nehmen Sie den Begriff »Reinigung des Tempels« wörtlich: Putzen Sie die Schublade, endlich leer, bis in alle Winkel. Auch der leere Kleiderschrank, der freie Schreibtisch oder was auch immer Sie freigeräumt

haben – alles schreit förmlich danach, auf Hochglanz gebracht zu werden. Dieser Arbeitsschritt ist nicht nur aus ästhetischen und hygienischen Gründen jetzt angebracht, sondern hat vor allem eine wichtige Wirkung auf Ihr Inneres: Er markiert einen Neuanfang, lässt Sie innerlich Luft holen und bringt Sie in einen Zustand angenehm angespannter Erwartung.

Fragen Sie: Was brauche ich jetzt?

Wenn Sie die Gegenstände wieder in die Schublade einräumen, werden Sie ganz von selbst nicht mehr alles und jedes in Ihre schöne saubere Schublade hineinlassen. Auf die endlich sichtbar gewordene Schreibtischoberfläche darf der alte Kitsch nicht wieder so drauf wie vorher. Der mühsam leergeräumte Kellerraum soll nicht wieder zu einem Gerümpelgrab werden. Die Kraft zum Neubeginn kommt aus den Dingen selbst. Lassen Sie sich davon mitreißen.

biblify-Tipp: Werkzeug oder Fessel?

Auf den ersten Blick mag es verrückt klingen, aber selbst beim Einsortieren einer Schublade oder dem Einräumen eines Kleiderschranks sollten Sie sich die Frage nach der biblischen Dimension dieser Gegenstände stellen. Wie kann dieser Kugelschreiber, diese Schere, dieses Schächtelchen, dieser Pullover, dieses Unterhemd Ihnen helfen bei den vielen kleinen Schritten Ihres Lebenswegs zum großen Ziel? Ist er hilfreich oder hinderlich auf Ihrem Weg in das Gelobte Land? Ist er ein dienstbares Werkzeug für Sie oder eine Fessel? Ein Freund, der Sie beschwingt, oder ein Störenfried, der Sie bremst?

Räumen Sie auf mit König Salomo

Jahrhundertelang hatte das Volk Israel ein Nomadenleben geführt. Dann wurde es sesshaft im Gelobten Land. König David brachte die transportable Bundeslade, das oberste Heiligtum des Volkes mit den Gesetzestafeln des Mose, an einen festen Platz in Jerusalem. Aber erst sein Sohn Salomo baute schließlich den Tempel und dazu seinen Palast.

   Dadurch ist Salomo eine gute innere Helfergestalt, um Ihre Wohnung unter einem klugen geistlichen Aspekt zu überprüfen und umzugestalten. Stellen Sie sich vor, der weise König Salomo wäre mit einer Zeitmaschine zu Ihnen gereist, und Sie würden ihm nun Ihre Räumlichkeiten zeigen.

Verbinden Sie Zimmer und Zweck

Gehen Sie mit Salomo durch Ihre Wohnung und erzählen Sie ihm, welchem Zweck jedes Zimmer dient. Vielleicht wird er sich wundern, dass manche Räume überhaupt keine klare Verwendung haben. Lassen

Sie in jedem Raum nur das, was dem eigentlichen Zweck dieses Zimmers dient, und suchen Sie einen neuen Platz für alles andere (beispielsweise für die Bügelwäsche im Schlafzimmer). Finden in einem Raum mehrere Aktivitäten statt (Sie haben im Wohnzimmer auch einen kleinen Arbeitsplatz), dann unterteilen Sie ihn in Gedanken in mehrere Bereiche.

Nehmen Sie sich wiederum nicht zu viel vor. Beginnen Sie mit *einem* Zimmer, aber behalten Sie dabei die ganze Wohnung im Hinterkopf. Die Vorteile dieser Methode: Sie haben künftig Ihre Dinge griffbereiter und erzielen einen Ordnungszustand, den Sie auf Dauer aufrechterhalten können.

Simulieren Sie einen Umzug

Angenommen, Sie müssten wie die Israeliten in ihrer Anfangszeit in Jerusalem immer wieder umziehen, und zwar in eine kleinere Behausung. Was würden Sie unbedingt mitnehmen? Alles andere gehört zu den Wegwerfkandidaten. Falls es Ihnen schwerfällt, sich sofort von etwas zu trennen, packen Sie es erst einmal in eine Umzugskiste, die in den Keller oder auf den Dachboden kommt und auf die Sie das heutige Datum schreiben. Wenn Sie die Sachen innerhalb von einem Jahr nicht vermisst haben, fällt es Ihnen wesentlich leichter, endgültig darauf zu verzichten – in einer Kiste liegen sie praktischerweise schon.

Betrachten Sie Ihr Zuhause mit den Augen des Königs Salomo, der eine Nacht bei Ihnen als Übernachtungsgast verbringen möchte. Wie können Sie alles möglichst attraktiv gestalten? Lassen Sie Ihr Heim gut wirken, indem Sie Herumstehendes in Schränke, Regale und Kisten räumen oder sich davon trennen. Stellen Sie sich vor, Salomo würde auch mal in Ihre Schränke sehen. Welche Schubladen und Fächer sollte er lieber nicht inspizieren? Beginnen Sie dort mit dem Aufräumen!

Shoppen Sie bei sich daheim

Sie genießen es, in der Stadt zu bummeln und dabei allerlei für sich zu kaufen? Und nun nimmt Ihr Kleiderschrank nichts mehr auf, die Vasen passen nicht mehr in den dafür vorgesehenen Schrank, die CDs stapeln sich vor dem vollen CD-Regal?

biblify-Tipp: Lassen Sie sich von Salomo beschenken

Nutzen Sie Ihren Spaß am Shopping und bummeln Sie in Ihrer eigenen Wohnung – das spart Zeit, Geld und Platz. Sehen Sie die entlegenen Fächer Ihres Kleiderschranks durch, Ihren Vasenvorrat, das hinterste Fach des CD-Regals – so, als seien Sie mit Salomo in einem Laden auf der Suche nach etwas Neuem. Lassen Sie sich anstecken von seiner Art, die Ihnen vertrauten Dinge mit neuen Augen zu sehen. Bei manchem Stück werden Sie denken: »Das würde ich nie kaufen!« Dann ist es Zeit, dass Sie sich davon trennen. Anderes aber werden Sie neu für sich entdecken. Freuen Sie sich über die »neue« CD oder die große Vase für Sonnenblumen, die Sie ganz vergessen hatten.

Entrümpeln Sie im Team

Salomo hat Palast und Tempel auch nicht alleine gebaut, er hatte dafür seine Leute. Gewinnen Sie Ihren Partner, Ihre Familie für einen gemeinsamen Aufräumtag. Wenn Sie alleine wohnen, verabreden Sie mit Freunden Aufräumhilfe auf Gegenseitigkeit. Die Vorteile: Gemeinsam macht so eine Aktion nicht nur mehr Spaß, sondern ist auch effektiver, da andere zu Ihren Dingen nicht denselben emotionalen Bezug haben wie Sie (»Den Teppich hatte ich in meiner allerersten Wohnung.«). Die Partner- oder Familienaktion hat einen positiven Langzeiteffekt: Alle wissen nun Bescheid, wo der Platz für die einzelnen Dinge ist.

biblify-Tipp: Jeder ist König seiner Sachen

Vorsicht vor Übergriffen! Das letzte Wort darüber, ob etwas auf den Sperrmüll, in die Mülltonne oder in die Altkleidersammlung gehört, hat derjenige, dem die Sache gehört. Überreden Sie niemanden gegen seinen Willen, sondern gehen Sie »Zug um Zug« vor: Der eine trennt sich von etwas, dann der andere. Belohnen Sie sich nach Ihrem Aufräumtag mit einer schönen gemeinsamen Aktion, gehen Sie essen oder ins Kino, spielen Sie etwas zusammen oder relaxen Sie vor dem Fernseher, aber genießen Sie das Erreichte.

Wie schön, wenn etwas ausgedient hat!

König Salomo hatte zahllose Diener. Wir haben heutzutage viel weniger Personal, dafür aber viel mehr Gegenstände und Maschinen, die

uns dienen. Wenn so eine Sache im wahrsten Sinne des Wortes aus-
gedient hat, verabschieden Sie sich von ihr, wie Sie sich von einem
Angestellten verabschieden würden. Danken Sie ihm für alles, was er
für Sie getan hat, aber dann lassen Sie ihn gehen.

biblify-Tipp: Vorsicht bei Neueinstellungen

Der Vergleich von dienstbaren Gegenständen und dienstbarem Personal lässt sich noch weiterführen. Fragen Sie sich bei allem, was Sie
kaufen: Wird mir das auch dienen? Oder werde ich zum Sklaven dieses
Geräts, dieses Einrichtungsgegenstandes, dieser schwierig zu pflegen-
den Bekleidung? Sehen Sie, dass jeder Gegenstand in Ihrer Wohnung
nicht nur Platz, sondern auch Pflege braucht – ähnlich wie sich König
Salomo um sein Personal kümmern musste: Nahrung, Unterkunft,
geeignete Arbeitsbedingungen.

Tun Sie ein gutes Werk

»Das gute Stück hat damals doch so viel gekostet.« »Vielleicht passt
die Kleidergröße von vor 10 Jahren doch einmal wieder.« »Wegwerfen
ist doch nicht ökologisch.«

Es gibt viele Gründe, mit denen
Sie sich um das Weggeben überflüs-
siger Dinge herummogeln können.
Salomo war ein frommer Mann, der
allen Menschen Gutes tun wollte.
Lassen Sie sich von ihm anstecken
und führen Sie Ihre alten Sachen einem guten Zweck zu. Es gibt nicht
nur karitative Altkleidersammlun-
gen und Kleiderkammern (Caritas,
Diakonie, Arbeiterwohlfahrt usw.),
sondern auch Secondhandläden für

alles Mögliche, die von gemeinnützigen Organisationen betrieben werden (z. B. oxfam.de, oder googeln Sie »gemeinnützig secondhand« und den Namen Ihres Ortes).

Wenn Sie wissen, dass nicht nur Sie und Ihre Mitbewohner etwas von Ihrer Entrümpelungsaktion haben, sondern auch andere, hilfsbedürftige Menschen – dann haben Sie eine weitere starke Energiequelle fürs Ordnungmachen angezapft.

Heiligen Sie die einfachen Dinge

Der **biblify**-Weg besteht nicht nur aus Aufräumen, Ordnen oder Weggeben von Dingen. Je klarer Ihre Lebens- und Arbeitsfelder werden, desto mehr können Sie sich öffnen für die unsichtbare Weisheit, die auch hinter dem einfachsten Gegenstand stecken kann. Dabei sind Sie in bester Gesellschaft: Auffällig viele große Mystiker haben über schlichte Alltagsgegenstände meditiert. Gleich, welcher Weltreligion sie angehören – immer schauten sie durch ein Ding wie durch ein Fenster auf die dahinter liegende verborgene Ganzheit. Damit werden die materiellen Dinge zu heiligen Zeichen der Nähe Gottes, die darauf warten, von Ihnen berührt zu werden.

Das Kleid

Gott selbst ist unser Gewand, das uns aus Liebe umhüllt, uns umgreift und umfängt und vor allem uns ermuntert. In zärtlicher Liebe umkreist er uns, um uns niemals zu lassen. *Juliane von Norwich (englische Mystikerin 1343–1413)*

Die Badewanne

Alles Sein ist in Gott gebadet. *Meister Eckhart (deutscher Mystiker 1260–1328)*

Das Kissen

Ich höre Gott zu meiner Seele sagen: Du bist mein allerweichstes Schlummerkissen, mein schönstes, liebstes Bett, mein heimlichster

Ruheplatz, meine tiefste Sehnsucht, meine höchste Herrlichkeit. *Mechthild von Magdeburg (deutsche Mystikerin 1210–1282)*

Das Putztuch

Wenn jemand etwas Tadelnswertes am Gesicht seiner Seele findet, dann wische er es ab mit dem zarten Tuch der Menschlichkeit Christi. Er hüte sich aber davor, rau oder bitter an seinen Flecken herumzureiben, nämlich ohne sich der göttlichen Güte bewusst zu sein; denn wenn er zu hart reibt, zerreißt er mehr, als dass er heilt. *Mechthild von Hackeborn (deutsche Mystikerin 1241–1299)*

Das Papier

Das Allerfeinste ist es, wenn du dein Herz wie ein weißes Blatt Papier bereitest und offenlegst. Weißt du, warum? Dann kann die göttliche Weisheit das darauf schreiben, was ihr gefällt. Gottes Liebe braucht ja Platz, damit sie sich dir zeigen kann. Weißt du, was du dafür tun kannst? Du kannst dich für ein Weilchen aus dem alltäglichen Geschehen zurückziehen. Und du schweigst ein bisschen, ohne irgendetwas zu tun oder gar erkennen zu wollen. *Miguel de Molinos (spanischer Mystiker 1628–1696)*

Der Bleistift

Das, was der Bleistift für mich ist, wenn ich geschlossenen Auges mit seiner Spitze den Tisch abtaste – dies sollen wir für Christus sein. Wir haben die Möglichkeit, Mittler zu sein zwischen Gott und jenem Teil der Schöpfung, der uns anvertraut ist. Es bedarf unserer Einwilligung, dass er durch uns hindurch seine Schöpfung wahrnehme. Mit unserer Einwilligung bewirkt er dieses Wunder. *Simone Weil (französische Mystikerin 1909–1943)*

Der Gartenrechen

Selbst wenn ihr euch körperlicher Arbeit widmet, die physischen Einsatz verlangt, sollte

eure Seele nicht von ihrem Haften am Göttlichen ablassen. Bei allem, was ihr tut, entfernt euch nicht von Gott. So werden selbst die Gegenstände, die ihr benutzt, erhabener, weil *ihr* sie benutzt habt.
Moses Chaim Luzzatto (italienisch-jüdischer Mystiker 1707–1746)

Ihr Lieblingsgegenstand

Haben Sie ein Stück, das Sie besonders mögen, das vielleicht eine Erinnerung, ein Geheimnis oder sonst eine liebevolle Geschichte für Sie in seinem Inneren aufbewahrt? Dann schämen Sie sich bitte nicht dafür, dass es Dinge gibt, von denen Sie sich nicht trennen wollen, sondern machen Sie es wie die oben dargestellten Mystikerinnen und Mystiker: Beschreiben Sie mit wenigen, vielleicht poetischen Worten, was genau die Faszination dieses Gegenstands für Sie ausmacht. Welchen Schatz Ihrer Seele er damit aufbewahrt, und wie Sie mit diesem materiellen Ding einen Durchblick in die nichtmaterielle reiche Welt der Spiritualität gewinnen können. Besonders schön wäre es, wenn Sie einen Bezug zwischen Ihrem Gegenstand und einer Person aus der Bibel herstellen können – wenn es Ihnen also gelänge, Ihren Lieblingsgegenstand zu **biblifyen**.

biblify your money

*Gehen Sie auf biblische Weise
mit Ihren Finanzen um*

Auffallend viele Gleichnisse Jesu drehen sich um Geld: anvertraute Talente, verlorene Groschen, Lohn für Arbeiter im Weinberg. Sogar märchenartige Geschichten finden sich im Neuen Testament: Jesus gibt dem Petrus den Auftrag, einen Fisch zu angeln, in dessen Maul er ein Zweigroschenstück finden wird. Mit dem soll er die Tempelsteuer bezahlen. Jesus kann wettern über die Ungerechtigkeit der Reichen, aber er setzt sich zu ihnen an den Tisch. Er lebt selbst als weitgehend besitzloser Wanderprediger, aber nicht als Asket, sondern wird von seinen Zeitgenossen als »Fresser und Weinsäufer« verspottet.

In all diesen Erzählungen findet sich ein sympathisch entspanntes Verhältnis zum Thema Finanzen, das in unseren Tagen vorwiegend verbissen betrachtet wird. **biblify** bedeutet, sich zu befreien aus den vielfältigen falschen Vernetzungen des Geldsystems und vorzudringen zu dem wahren, inneren Reichtum des Lebens.

Schauen Sie Ihr Geld mit den Augen Jesu an

»Zeigt mir mal eine Münze«, sagt Jesus, als seine Gegner ihn durch eine Fangfrage zum Thema Tempelsteuer aufs Glatteis führen wollten. Wessen Name und Bild auf der Münze stehe, wollte Jesus von ihnen wissen. Sie antworteten, dass der Kaiser darauf abgebildet wäre. Und Jesus sagte daraufhin den berühmten Satz:

> *»Gebt dem Kaiser, was dem Kaiser gehört.*
> *Und Gott, was Gott gehört.« (Matthäus 22,21)*

Aus dieser simplen Reaktion Jesu lässt sich eine intelligente **biblify**-Methode machen: Schauen Sie Ihr Geld an. Sie werden die Abkürzung der europäischen Zentralbank darauf entdecken und eine Europakarte. Dadurch wird klar, dass Geld etwas zu tun hat mit dem Staat,

den Ländern Europas. Dass es nicht wirklich Ihr privates Eigentum ist, sondern dass damit eine Verpflichtung und ein Vertrauen gegenüber der Allgemeinheit verbunden ist.

Geld ist Geld, denken viele. Aber bei näherem Hinsehen werden Sie merken, dass es ausgesprochen unterschiedliche Arten von Geld gibt. Je nachdem, wie Sie es erworben haben, werden Ihre persönlichen Finanzen Sie glücklich machen oder unglücklich. Sie werden Ihnen helfen oder Ihnen Kummer und Sorgen bereiten. Obwohl sich Geld immer in Zahlen auf dem Kontoauszug ausdrücken lässt, variiert der innere Wert von Geld ausgesprochen stark. Hier die fünf wichtigsten Grundformen von Einkünften. Dazu Ratschläge, wie Sie jeweils das Beste daraus machen können.

Selbst erarbeitetes Geld

Das ist die seelisch gesündeste Form von Geld: Ausgehandelt zwischen zwei Partnern, gezahlt wird nach getaner Arbeit, es gibt keine Dritten, die noch etwas davon abbekommen. Zu Jesu Zeiten war das die häufigste Art des Einkommens. In der gesellschaftlichen Realität von heute gibt es diese Urform verdienten Geldes fast nur noch in der Form von Schwarzgeld, in eng begrenzten Ausnahmeregelungen oder im privaten Bereich (wenn Sie Ihren Kindern Geld geben fürs Autosaubermachen). Freiberufler und Handwerker, die für eine erbrachte Leistung eine Rechnung stellen, erleben noch diesen unmittelbaren Zusammenhang von Leistung und Entlohnung, auch wenn sie danach von ihren Einnahmen Steuern abziehen müssen.

Auf diese Weise verdientes Geld wiegt schwer und ist subjektiv viel wert. Nur selten wird es zum Fenster hinausgeworfen. Was Sie mit solchem direkt eingenommenen Geld kaufen, halten Sie in Ehren.

Nachteil: Bei direkt verdientem Geld muss die Entlohnung angemessen sein. Haben Sie deutlich mehr erhalten, als Ihnen selbst die Arbeit wert war, kann es beschämen. War es zu wenig, kränkt es. Jesu Gleichnis von den Arbeitern im Weinberg thematisiert diese Problematik schon in der Bibel: Alle Arbeiter, auch die erst am Abend begonnen hatten, erhalten den gleichen Tageslohn. Das Ergebnis: Die den ganzen Tag arbeiten mussten, murren.

biblify-Tipp: Geld wie zu Jesu Zeiten

Sorgen Sie dafür, dass Arbeitende nach getaner Arbeit mit richtigem Bargeld in Kontakt kommen. Manche Unternehmer zahlen die Erfolgsbeteiligung in bar, eigenhändig und mit einem Wort der Anerkennung aus. Damit bekommen die Mitarbeiter ein sehr enges Verhältnis zu ihrer eigenen Arbeit. Holen Sie sich Ihr Einkommen einmal komplett in bar ab, legen Sie es vor sich und genießen Sie stolz, mit eigener Hände Arbeit diesen Schatz erwirtschaftet zu haben. Wenn Sie auch Ihre Ausgaben mit diesen Scheinen begleichen, erleben Sie das gute Gefühl, für eigene Leistung Lohn erhalten zu haben.

Verdientes Geld

In unserem Land die häufigste Form von Einnahmen: ein monatlich fest vereinbarter Betrag, den Sie dafür erhalten, dass Sie jemand anderem Ihre Arbeitskraft zur Verfügung stellen.

Nachteil: Der Zusammenhang zwischen Arbeitskraft und verdientem Geld gerät im modernen Sozialstaat oft aus dem Blick. Die Grundidee stammt aus dem Beamtensystem: Der Staatsdiener wurde vom Staat »versorgt« und stand ihm dafür ganzheitlich zur Verfügung. Ist der Beamte zu krank oder zu alt zum Arbeiten, läuft seine Versorgung weiter. Der eigentlich gute Solidaritätsgedanke kann zu Ungerechtigkeiten führen: Wer schuftet, bekommt möglicherweise ebenso viel wie einer, der häufig »krank feiert«. Der Schwerpunkt verlagert sich von »Geld für Leistung« zu »Anspruch auf Geld«.

biblify-Tipp: Sehen Sie den größeren Rahmen

Machen Sie sich und anderen immer wieder den Zusammenhang zwischen Ihrer Arbeit und dem Gehalt klar. Sagen Sie nach gelungenen Arbeiten: Dafür bekomme ich mein Geld! Denken Sie auch als Angestellter mit dem gesunden Stolz eines Selbstständigen. Vermeiden Sie Formulierungen wie »Ich arbeite für meinen Chef«, sondern sagen und denken Sie »Ich arbeite für die ABC-Maschinenwerke« oder »Ich sorge dafür, dass gute Nahrungsmittel produziert werden«. Wenn es in Ihrem Unternehmen Möglichkeiten gibt, Miteigentümer zu werden, machen Sie mit!

Gewonnenes Geld

Lotto- und andere Gewinne beruhen darauf, ein Risiko in Kauf zu nehmen. Ihr Lottoeinsatz geht an den meisten Samstagen zu 100 Prozent verloren. Auch überdurchschnittliche Kursgewinne bei Aktien sind (wie die meisten Verluste) nicht auf die Produktivkraft der dahinter stehenden Unternehmen zurückzuführen, sondern auf die Aktivitäten der Spekulanten.

Nachteil: Gewonnenes Geld ist »leicht«. Spielgewinne werden häufig wieder verspielt oder versoffen. Um die Jahrtausendwende gab es gewonnenes Geld teilweise sogar auf dem Gehaltszettel, wenn ein Teil des Lohns in Form von Aktienoptionen ausgezahlt wurde (die dann im Kurs explodierten oder abstürzten). Das verleitete etliche Arbeitnehmer der New Economy zu unüberlegten Anschaffungen, überteuerten Immobilien, riskanten Geldanlagen – der typische Umgang mit »leichtem« Geld.

biblify-Tipp: Würdigen Sie die Anstrengungen der anderen

Machen Sie sich klar, dass Ihre Gewinne von anderen Menschen stammen und nicht aus Ihrer eigenen Arbeit. Wenn Sie diese Menschen würdigen, können Sie es schaffen, auch diese Art Geld zu behalten. Geben Sie von gewonnenem Geld stets einen deutlichen Teil an andere zurück, etwa in Form einer Spende.

Geschenktes Geld

Geldgeschenke drücken stets eine emotionale Bindung aus: Wenn die Oma dem Enkel Geld zusteckt oder ein Verstorbener seinen Nachkommen ein Erbe hinterlässt – er will dadurch nicht nur Geld, sondern immer auch Liebe geben.

Nachteil: Geschenktes Geld ist »bindend«. Es ist nie frei von Emotionen, Abhängigkeiten und möglichem Streit (wer hat mehr »Liebe« bekommen?). Das Erbrecht versucht, auf einem Gebiet Gerechtigkeit herzustellen, wo das eigentlich nicht möglich ist.

biblify-Tipp: Schaffen Sie etwas, das bleibt

Betrachten Sie ein Erbe immer als unverdientes Geschenk, auch wenn Sie juristisch einen »Anspruch« darauf hätten. Damit Ihnen das Erbe bleibt, sollten Sie im Andenken an den Schenker am besten etwas Bleibendes anschaffen. Würdigen Sie ihn, bewahren Sie aber auch Ihre eigene Würde. Prüfen Sie, ob Sie mit dem Geschenk »eingekauft« werden. Falls diese Gefahr besteht, lehnen Sie es lieber ab. Oder (meist die weniger verletzende Lösung) schenken Sie etwas davon in anderer Form zurück.

Zu Unrecht erworbenes Geld

Wenn Sie Ihr Geld nicht halten können, verspielen, »auf den Kopf hauen« oder deutlich über Ihre Verhältnisse leben: Prüfen Sie, ob Sie vielleicht ein später Profiteur von unredlich erworbenem Geld sind. Hat ein Vorfahre sich auf

Kosten anderer bereichert, etwa durch Unregelmäßigkeiten während des Dritten Reichs? Oder durch Spekulationen, bei denen andere viel Geld verloren haben?

Nachteil: In Familien mit derartiger Vergangenheit gibt es häufig eine Tendenz zur »Selbstbestrafung«. Selbst wenn das Unrecht schon lange vergangen ist, werden spätere Erben eines illegal oder unmoralisch erworbenen Vermögens häufig nicht froh damit.

biblify-Tipp: Erforschen Sie die dunklen Kanäle

Wenn Sie einen Verdacht haben, dass Teile des Familienvermögens auf unrechte Weise entstanden sind, gehen Sie ihm nach. Wenn er sich bestätigt, können Sie möglicherweise einen Ausgleich schaffen, indem Sie bewusst eine nennenswerte Summe einem sozialen Zweck zuführen, der Sie emotional berührt. Bestätigt sich Ihr Verdacht nicht, segnen Sie in Gedanken das Vermögen, das Ihnen Ihre Vorfahren oder Verwandten überlassen haben.

Rechnen Sie mit dem Jobeljahr

Der Dichter Johann Nestroy hat einmal so schön gesagt: »Die Phönizier haben das Geld erfunden. Aber warum nur so wenig?« Seit etwa 40 Jahren läuft in der Weltwirtschaft ein einzigartiges Experiment: Man hat Nestroys lustig gemeinten Seufzer ernst genommen. 1971 haben die USA die Golddeckung des Dollars offiziell aufgehoben. Seitdem erhöhen die Notenbanken aller Nationen stetig die Geldmenge, und seit den ersten Anzeichen einer Krise des internationalen Geldsystems übersteigt diese Erhöhung alle bisherigen Vorstellungen.

Irgendwann geht jede Party zu Ende

Eigentlich sind das traumhafte Zustände: Wer Geld braucht, bekommt welches geliehen. Privatleute, Regierungen, Firmen verschulden sich ohne Ende. Immobilien steigen weltweit im Preis, und wer zur richtigen Zeit auf den Zug aufsprang, konnte ohne Arbeit durch den allgemeinen Preisanstieg kräftige Gewinne machen. In vielen Ländern führte die Schwemme günstig erhältlichen Geldes zu einer Phase märchenhafter Projekte. Aber jetzt geht die Party zu Ende, sagen viele. Und wer bezahlt? Recht einfach: Jeder, der einem anderen etwas geliehen hat, kriegt es nicht mehr zurück.

Ihr sollt das fünfzigste Jahr heiligen und im Land eine Freilassung für alle ausrufen. Jeder Israelit, der seinen ererbten Grundbesitz verpfändet hat, bekommt ihn wieder zurück. Wer sich einem anderen als Sklave verkauft hat, darf zurückkehren zu seiner Sippe. In so einem Erlassjahr soll jeder seinen Besitz an Grund und Boden zurückerhalten. Dies müsst ihr berücksichtigen, wenn ihr von einem anderen Israeliten Land kauft oder es ihm verkauft. Der Preis richtet sich nach der Zeitspanne bis zum nächsten Erlassjahr. Sind es noch viele Jahre, ist der Preis höher. Sind es nur noch wenige, ist er entsprechend niedriger. Gekauft wird dabei nicht das Land selbst, sondern die Zahl der Ernten. (3. Mose/Levitikus 25,10–17)

In biblischen Zeiten gab es das »Jobeljahr« oder Erlassjahr: Alle 49 Jahre wurden alle Schulden gelöscht. Dahinter stand die Überzeugung:

Nichts auf dieser Erde gehört uns wirklich. Wir bekommen alles nur geliehen. Kein Guthaben, keine Schuld ist wirklich von Dauer. Wie an dem Text aus Moses ausführlichem Gesetzbuch zu sehen ist, geht es dabei noch nicht um Geld, sondern um Leibeigenschaft,

Grundbesitz und Ernten. Selbst ohne Geldsystem hatte offenbar schon eine Art Kreditwesen begonnen. Es ging zu wie heutzutage bei einer Warenterminbörse: Weil Grundbesitz grundsätzlich im Besitz einer Sippe blieb und nicht verkauft werden konnte, war man dazu übergegangen, die zukünftigen Ernteergebnisse einem anderen zu versprechen und dafür von ihm im Voraus Dienst- oder Sachleistungen zu erhalten.

Der Unterschied zwischen Armen und Reichen

Dadurch verschoben sich wohl bald die Gleichgewichte: Fleißige, Clevere und Glückliche konnten Besitz anhäufen; andere blieben diesen Besitzenden etwas schuldig. Damit sich das nicht aufschaukelte zu einer Gesellschaft von ein paar Superreichen und einem Heer Besitzloser, war das Erlassjahr eine kluge Einrichtung der frühesten Wirtschaftsfachleute.

biblify-Tipp: Leisten Sie sich den Blick von weit oben

Vielleicht, das wäre der **bib-lify**-Aha-Effekt angesichts dieser klugen jüdischen Regelung, muss man so ein Jobeljahr gar nicht verordnen. Irgendwann kommt es ganz von selbst. Möglicherweise hatte man schon damals die Erfahrung gemacht, dass auf Schulden basierende Wirtschaftssysteme nicht länger als etwa fünf Jahrzehnte funktionieren. In den letzten Jahrhunderten konnte der Gegenbeweis nie erbracht werden – immer gab es vor dem Ablauf von 50 Jahren einen Krieg, eine Naturkatastrophe, einen politischen

Umsturz oder sonst ein Ereignis, das zu einer totalen Neuordnung des Geldsystems führte.

Das derzeit seit 1945 laufende Experiment in den großen Industrieländern ist die längste Friedenszeit der neueren Geschichte. Es wird sich zeigen, wie weit sich die fünf systemtypischen Jahrzehnte noch ausdehnen lassen. Mit dem klugen Blick der Bibel wissen Sie jedenfalls, dass es keinesfalls unendlich lange gutgehen kann.

biblify your time

Gehen Sie auf biblische Weise mit Ihrer Zeit um

»Schaut die Vögel an unter dem Himmel.« Jesus ließ sich Zeit, so hat man in vielen Geschichten den Eindruck. Von Eile und Hetze ist in der Bibel nie etwas zu spüren, das Leben spielte sich damals bestimmt gemächlicher ab als heute. Trotzdem ist in allen biblischen Berichten eine Dynamik zu spüren. Es dreht sich nichts sinnlos im Kreis, sondern ein Ziel soll erreicht werden, es läuft auf etwas hin. Aus diesen beiden Zutaten – Gelassenheit und Wille – besteht das **biblify**-Rezept für einen gesunden Umgang mit der Zeit, dem wertvollsten Rohstoff des Lebens.

Beginnen Sie nie mit dem Kleinkram

Einer der effizientesten Zeitplanungstipps, der mir und vielen anderen Menschen immer wieder geholfen hat, lässt sich in einem Satz sagen: Beginnen Sie Ihren Arbeitstag nicht mit der E-Mail. Dieser Rat hat es sogar zu internationalen Ehren gebracht: Julie Morgenstern, weiblicher Oberguru der US-Büroorganisationsszene, hat 2008 einem ihrer Bücher diesen Tipp als Titel verpasst: »Don't Check Your E-Mail in the Morning«.

biblify-Tipp: E-Mail erst nach dem Mittagsläuten

E-Mail steht hier stellvertretend für den ganzen Kleinkram, das alltägliche Mikromanagement, fertig zu werden mit den Unterbrechungen und Störungen, den 1000 kleinen Ablenkungen und eigenen Unkonzentriertheiten. Das Problem: Wenn Sie Ihren Tag mit E-Mail & Co. starten, beginnen Sie nicht aktiv, sondern reaktiv. Sie agieren nicht, Sie reagieren. Ihr inneres Zeitraster schaltet auf kleinkariert, auf das Ausfüllen kleiner Kästchen. Sind Sie erst einmal so konditioniert, ist es ausgesprochen schwierig, im Lauf des Tages umzuschalten auf große, visionäre Aufgaben. Am Ende des Tages singen Sie dann das alte Lied: Warum habe ich so wenig erreicht? Warum ist wieder so viel liegen geblieben?

Das große U

Die Lösung heißt: Beginnen Sie mindestens einmal in der Woche mit etwas Großem. Mit einer Aufgabe, die meistens unangenehm ist. Deswegen nennt man solche Jobs in der Organisationstheorie große U. Ein Tipp, der in einigen Unternehmen tatsächlich vom Chef eingeführt wurde. Ich kenne mehrere Firmen, in denen von höchster Stelle akzeptiert wird, dass E-Mails erst am Nachmittag beantwortet werden. So kann der Vormittag genutzt werden für wirklich wertschöpfende Arbeit.

Der geistige Vater dieser Methode ist der Arbeitsmethodiker Gustav Großmann (gestorben 1973). »Sich selbst rationalisieren« hieß sein Hauptwerk. Seine entscheidende Idee war, stets die unangenehmen Arbeiten voranzustellen und sich mit den leichteren danach zu belohnen.

So sinnvoll der Kniff mit dem großen U ist, er hat einen entscheidenden Nachteil: Es ist nicht besonders motivierend, etwas Unangenehmes zu tun. Ich habe es an mir selbst immer wieder gemerkt, wie sich ganze Bataillone meines Unbewussten auflehnen gegen das große U und ich doch wieder aufgeschoben habe, was das Zeug hält.

Das große B

Deswegen schlage ich eine feine, aber entscheidende Änderung dieses Ratschlags vor. Nennen Sie die wichtigen, großen Aufgaben in Ihrem Leben nicht große U, sondern große B. Das steht für **biblify**, für den großen, weiten Blick auf Ihr Leben. Für Ihre persönliche Bibel, an der Sie selbst weiterschreiben.

biblify-Tipp: Sehen Sie die Bibel-Perspektive

Fragen Sie sich: Welche der Aufgaben, die heute von mir erledigt werden müssen, bringen mich auf meinem Lebensweg wirklich weiter? Welche sind es wert, als Geschichte in meinem persönlichen Buch des Lebens aufgezeichnet zu werden?

Nur wenige dieser großen B werden sich an einem einzigen Vormittag erledigen lassen. Doch es ist wichtig, endlich einmal anzufangen und den ersten Schritt zu tun. Daraus entwickelt sich häufig eine Dynamik, die Sie mitreißt und anspornt, die große Aufgabe zu schaffen.

Nutzen Sie den richtigen Zeitpunkt

Aller Augen warten auf dich, und du gibst ihnen ihre Speise zur rechten Zeit. (Psalm 145,15)

Viele Menschen sehnen sich danach, ihre Zeit besser in den Griff zu bekommen. Aber das geht nicht. Die Uhr tickt weiter, egal, welche Tricks Sie auch anwenden. Die zentrale **biblify**-Idee beim Umgang mit der Zeit ist der Gedanke vom »richtigen Zeitpunkt«. Für alles gibt es so eine »rechte Zeit«, und Stress entsteht nur, wenn Sie diesen Punkt nicht akzeptieren: Sie möchten etwas schneller haben, oder Sie verpassen die passende Zeit.

Hier vier einfache Prinzipien, mit denen Sie den guten Zeitpunkt besser erwischen werden.

Es ist gut genug

Kein Mensch kann alles. Jeder ist einzigartig, er kann einige wenige Dinge besser als andere, und vieles können andere besser. Perfektion ist unmenschlich. Sagen Sie Adieu zu all Ihren Träumen von Vollkommenheit und makelloser Organisation.

biblify-Tipp: Bekennen Sie sich zum Gut-genug-Konzept

War der siebte Pullover, den Sie anprobiert haben, wirklich so viel passender als der erste? Hat es sich gelohnt, dass Sie Ihren Bericht zwei Stunden lang überarbeitet haben? Haben Sie die E-Mail nicht sofort beantwortet, weil Sie später ganz besonders sorgfältig und ausführlich antworten wollen? Finden Sie gerade bei Routineaufgaben den Gut-genug-Zeitpunkt. Bei Post (ob elektronisch oder auf Papier) ist es fast immer der Moment unmittelbar nach dem ersten Lesen. Da haben

Sie die besten Ideen, die höchste Motivation zum Formulieren und werden die Antwort schneller als irgendwann sonst schreiben. Öffnen Sie Ihren (elektronischen) Briefkasten daher nur, wenn Sie auch Zeit zum Beantworten haben.

Legen Sie (vor allem bei nervigen) Arbeiten stets einen Zeitpunkt fest, bis zu dem Sie fertig sein möchten: 30 Minuten für das ungeliebte Protokoll der letzten Sitzung (auch wenn es kein literarisch wertvolles Protokoll wird, mehr Zeit ist das Ding nicht wert!); 20 Minuten fürs Bügeln (dann bleiben die Unterhemden eben ungebügelt); 10 Minuten für das Telefonat mit Frau Schwätzle (sonst wird bei ihr daraus immer eine Dreiviertelstunde).

Handeln Sie gemeinsam

Konzentrieren Sie sich auf das, was Sie gut können und mit Begeisterung tun. Lernen Sie etwas Neues, wenn Sie es schon immer einmal können wollten – sonst nicht. Nehmen Sie Hilfe an, wo immer Sie können. Verbünden Sie sich mit Menschen, die das können, was Ihnen fehlt. Delegieren Sie auch Aufgaben, die Sie vielleicht schneller oder besser erledigen könnten. Aber geben Sie den anderen eine Chance!

biblify-Tipp: Sehen Sie sich als Körperteil einer Gemeinschaft

Man kann die Gemeinde Christi mit einem Körper vergleichen, der viele Körperteile hat. Ein Körper besteht nicht aus einem einzigen Teil, sondern aus vielen Teilen. Wie könnte ein Mensch hören, wenn er nur aus Augen bestünde? Gott will, dass es keine Uneinigkeit im Körper gibt, sondern jeder Teil sich um den anderen kümmert.
(1. Korinther 12,12.14.17.25)

Machen Sie sich keine Vorwürfe, wenn Sie auf bestimmten Gebieten nicht so gut sind wie die anderen. Stehen Sie zu Ihrer ureigenen Kombination von Begabungen. Sie haben die Mischung, die gerade gebraucht wird. Was Sie nicht können, können andere. Vermeiden Sie jede Art von Opferrolle. Wenn sich im Körper ein Organ aufopfert, bekommt es von den anderen keinen Beifall, sondern im Gegenteil: Es wird ermahnt, sich zu schonen, damit sein Ausfall nicht zum Schaden wird für den gesamten Körper.

Für Sie passt es so

Lernen Sie Ihre typischen Zeitmuster kennen. Sind Sie ein Morgenmensch oder arbeiten Sie am besten in der Nacht? Kommen Sie schnell auf die richtige Lösung oder brauchen Sie längeren Anlauf? Für welche Ablenkungen sind Sie besonders anfällig?

biblify-Tipp: Knüpfen Sie Ihren eigenen Zeitteppich

Meine Zeit steht in deinen Händen. (Psalm 31,16)

Dieser berühmte Psalmvers heißt wörtlich übersetzt eher: »In deinen Händen werden meine Angelegenheiten gelingen.« Das bedeutet: Lassen Sie sich nicht in Zeitmuster zwängen, nur weil es Ihr Chef, Ihr Partner, irgendwelche Vorschriften oder antrainierte Arbeitsmethoden so wollen. Gönnen Sie sich Pausen und energiereiche Zeiten (in denen Sie »ranklotzen«) gleichermaßen. Arbeiten Sie so, wie es für Sie optimal ist. Schaffen Sie sich Metaphern für die Zeit, die gut sind für Sie: Sehen Sie die Zeit nicht als etwas Großes, das über Ihnen hängt und Sie belastet – sondern beispielsweise als einen Teppich, in den Sie selbst Ihre eigenen Muster knüpfen dürfen; nicht als etwas, das Ihnen andere wegnehmen oder stehlen, nicht als ein knappes Gut, das Ihnen zwischen den Fingern zerrinnt – sondern als ein großes Geschenk, das Ihnen von Gott anvertraut worden ist.

Nutzen Sie den Moment

Es wird immer wieder Arbeiten geben, die Sie nicht mögen und zu denen Sie sich zwingen müssen. Wenn Sie aber immer nur gegen Ihren inneren Schweinehund ankämpfen, haben Sie wahrscheinlich den falschen Beruf. Fragen Sie sich: Was gibt mir Schwung (englisch: momentum)? Arbeiten Sie in Fahrtrichtung Ihrer eigenen Begeisterung, folgen Sie Ihrem inneren Kompass.

biblify-Tipp: Seien Sie barmherzig mit sich und anderen

Die Frucht des Geistes aber ist Liebe, Freude, Friede, Geduld, Freundlichkeit, Güte und Treue. (Galater 5,22)

Lieben Sie Ihre Arbeit? Macht sie Ihnen Freude? Herrscht an Ihrem Arbeitsplatz Frieden? Haben Sie bei Ihrer Arbeit Geduld mit sich und anderen? Bleiben Sie dabei freundlich und gütig? Können Sie gegenüber Ihrem Arbeitgeber und Ihren Kunden dabei treu und ehrlich sein?

Entwickeln Sie Techniken, mit denen es Ihnen leichter fällt, sich auf die augenblickliche Arbeit zu konzentrieren. Schalten Sie Störungen aus und den Anrufbeantworter ein. Ein paar Beispiele:

Frau A. zündet sich eine Duftkerze an ihrem PC-Arbeitsplatz zu Hause an, wenn sie eine Schreibarbeit erledigen muss und dabei nicht abgelenkt werden will. Sie mag den Duft der Kerze und hat außerdem Angst, etwas könnte in Brand geraten, wenn sie aufsteht und die Kerze unbeaufsichtigt brennen lässt.

Herr B. telefoniert am liebsten im Stehen, weil seine Stimme dann mehr innere Stärke hat und er schneller auf den Punkt kommt.

Frau C. hat einen dicken Aktenstapel auf den Besucherstuhl in ihrem Büro gelegt, weil sich immer wieder liebe Kollegen gemütlich darauf niedergelassen hatten, um mit ihr zu tratschen. Sie selbst war von den vielen Unterbrechungen so genervt, dass sie zu dieser etwas brachialen Zeichenhandlung gegriffen hat. Wenn wichtiger Besuch kommt, wird der Stuhl natürlich schnell und lächelnd von ihr freigeräumt.

Wenn Sie in Ihrer Arbeit stecken bleiben und nicht weiterkommen, gönnen Sie sich eine Pause. Aber setzen Sie sich Limits: Vereinbaren Sie mit sich, dass Sie erst nach frühestens einer Stunde Arbeit die erste Pause machen dürfen. Und begrenzen Sie die Unterbrechung auf zehn Minuten.

biblify your work

Gehen Sie auf biblische Weise mit Ihrer Arbeit um

In der Bibel wird viel gearbeitet. Es wird berichtet, wie Menschen ihre Viehherden hüten, wie sie Tiere schlachten und zubereiten, wie sie essen und feiern. Wie sie Häuser und Städte bauen, wie sie Schlachten schlagen und Verletzte pflegen, wie sie Opferriten einhalten, Tempel errichten und pflegen, wie sie Handwerkskünste erlernen und ausüben. Das Wort Arbeitslosigkeit ist in der Bibel unbekannt, weil es das Phänomen der »festen Stelle« praktisch nicht gab.

Managen Sie Ihren Job wie Noah

Die Sintfluterzählung beruht sicher auf einer historischen Erfahrung. Aber so, wie sie jetzt in der Bibel steht, hat sie die Form einer großen Sage (und wird in den heiligen Büchern der Nachbarländer Israels mit ganz ähnlichen Fakten, aber anderen Personen erzählt). Trotzdem – oder gerade deswegen – lässt sich aus der Noahgeschichte und seiner

Rettungsaktion mit der Arche einiges für Ihr Arbeits- und Berufsleben lernen.

biblify-Tipp:
Denken Sie weit voraus

Als Noah begann, die Arche zu zimmern, gab es noch keinen Wetterbericht. Trotzdem hatte er die Zeichen der Zeit erkannt. Verlassen Sie sich nicht auf die üblichen Medien allein. Nutzen Sie Ihr persönliches Netzwerk, um sich mit eigenen Augen und Ohren ein Bild zu machen. Wenn Sie mit einem Unternehmen zusammenarbeiten, sollten Sie es immer mit eigenen Augen gesehen haben. Wenn Sie eine Arbeit »nach außen« delegieren, sollten Sie diese Person persönlich getroffen und möglichst auch einmal ihren Arbeitsplatz gesehen haben. So können Sie viel eher spüren, falls sich etwas zusammenbraut.

biblify-Tipp: Hören Sie nicht auf Kritiker

Hören Sie lieber auf Ihr Herz und die Wahrheiten, die Sie in der Stille, im Nachdenken und im Gebet erfahren. Und dann tun Sie, was zu tun ist. Die Nachbarn Noahs haben sich bestimmt an die Stirn getippt, als Noah mit dem Riesenschiff seinen eigenen Vorgarten blockiert hatte. Aber als der Regen nicht mehr aufhörte, wurden sie nachdenklich.

biblify-Tipp: Suchen Sie Mitstreiter

Entwickeln Sie Projekte immer mit einem oder mehreren Mitarbeitern. Zwei Köpfe begreifen mehr als einer. Aber nehmen Sie Menschen, die auf Ihrer Wellenlänge liegen und Ihre Ideen nicht prinzipiell ablehnen. Steigen Sie aus Teams aus, in denen Sie immer nur gebremst werden. Lassen Sie sich dabei nicht hetzen, denn Geschwindigkeit ist nicht immer ein Vorteil: An Bord der Arche waren wahrscheinlich Geparden und Schnecken. Sie erreichten genau gleichzeitig das rettende trockene Land. Und achten Sie auf Gegner in den eigenen Reihen. In der Arche waren Spechte und Holzwürmer während der Reise eine ebenso große Gefahr wie die schweren Stürme draußen.

biblify-Tipp:
Bevorzugen Sie einfache Lösungen

Vielleicht gab es noch andere Ideen gegen die Sintflut: komplizierte Tauchgeräte, wasserdichte Hauskonstruktionen, raffinierte Wetterkanonen. Überlebt hat nur der simple Einfall mit dem Schiff. Die Arche wurde von Amateuren gebaut, während professionelle Spezialisten die Titanic konstruiert hatten.

biblify-Tipp:
Steuern Sie den höchsten Berg an

Wer zu kleine Ziele anpeilt, wird vom nächsten Sturm weggerissen. Und verlieren Sie während der Reise nicht das große Vertrauen, das Sie zu dieser abenteuerlichen Reise hat aufbrechen lassen. Ganz gleich, wie düster die Lage erscheint – hinter dem Sturm wartet auf Sie ein wunderbarer Regenbogen.

Nutzen Sie die Mose-Strategie

Mit den fünf Büchern Mose beginnt das Alte Testament, und Nummer 2 bis 5 handeln vom Auszug (lateinisch: Exodus) des versklavten Volks Israel aus der Gefangenschaft in Ägypten. Wahrscheinlich wurde durch die anschließende Wanderung durch die Wüste aus einem Haufen semitischer Hirtenstämme überhaupt erst ein Volk mit einem gemeinsamen Nationalbewusstsein. Die Berichte über Mose und seine Leute schildern viele legendenhafte, archaische Situationen. Deswegen eignen sie sich besonders gut als Sinnbilder für jede Art von Führung – sei es die Führung eines Unternehmens, einer Arbeitsgruppe, einer Schulklasse oder einer Familie.

Kleiner Tipp am Rande: Bitte sagen Sie nie »Moses«. Der Mann hieß Mose (hebräisch ausgesprochen »moschä«). Im Deutschen gibt es zwar den Genitiv (»Moses Gesetze«) und den jüdischen Vornamen (Moses Mendelssohn), aber der historische Stammesführer hat kein »s« am Schluss.

biblify-Tipp: Beenden Sie die Sklaverei

Nicht nur ein paar Jahre, sondern viele Jahrhunderte lebte das Volk Israel unter der ägyptischen Knute und dachte, das muss so sein. Bis Mose kam und seine Leute zur Eigenverantwortlichkeit motivierte. Das war anfangs für viele unpraktisch, und sie begannen zu murren. Auf lange Sicht aber – und das gilt für Wirtschaft, Bildungswesen und Kindererziehung – gibt es keine Alternative zur Freiheit.

Bestehen Sie auf Freiheit

Lassen Sie sich bei Ihrem Kampf um Freiheit nicht beirren, nicht von der eigenen Mannschaft, nicht von der Wissenschaft, der Politik und nicht von den großen Bossen. Selbst nach neun Katastrophen, die über sein Land hereinbrachen, widersetzte sich der Pharao immer

noch hartnäckig dem Gedanken, die Israeliten als eigenständiges Pro-
fitcenter zu akzeptieren. Die meisten hätten spätestens hier aufgegeben. Aber Mose hielt noch eine Runde durch, und nach der zehnten
Plage stimmte der Pharao der Neuorganisation seiner Ägypten AG
tatsächlich zu.

biblify-Tipp: Delegieren Sie von Anfang an

Moses erste Amtshandlung, nachdem er von seinem obersten Chef
mit der israelitischen Führungsposition beauftragt worden war: Er
machte seinen Bruder Aaron zum Vize.

Jeder Chef braucht einen Chef über sich

Akzeptieren Sie die Tatsache, dass auch Führungskräfte selbst Führung
brauchen. Mose hatte beim Zug durch die Wüste zwar 40 Jahre lang
unangefochten die pole position inne, aber vor ihm ging noch einer:
Gott selbst, am Tag als Wolke und in der Nacht als Feuersäule.

biblify-Tipp:
Reservieren Sie sich
Zeit zum Feiern

Der Auszug aus Ägypten geschah in ausgesprochen moder-
nem Tempo: sofort, just-in-time.
Aber am Abend wurde noch Abschied gefeiert, mit Passahlamm-
braten und einem speziell dafür
entwickelten Schnellgebäck, den
ungesäuerten Broten. So viel Zeit
muss sein!

biblify-Tipp: Vertrauen Sie auf Wunder

Moses wissenschaftliche Berater wussten, dass sich Meerwasser niemals wie eine Mauer auftürmen kann. Er selbst aber, wie man weiß, pfiff drauf – zum Wohle seiner Leute. Vergessen Sie dabei jedoch nie, Ihre Leute gut zu versorgen. Gerade in Krisenzeiten müssen Mitarbeiter genug zum Lebensunterhalt haben. Moses Catering war legendär: Manna und Wachteln, direkt vor dem Zelteingang. Bio-Kost, täglich frisch und genug für alle.

Fassen Sie sich kurz

Mose beschränkte sich auf gerade mal zehn Gebote, die auf zwei steinerne A4-Seiten gepasst haben. Die enthielten die komplette Unternehmensphilosophie und ein hochwirksames »mission statement«: ... auf dass du lange lebst in dem Land, das dir der Herr, dein Gott, geben wird.

biblify-Tipp: Vergessen Sie Ihre Herkunft nicht

Mose hatte die bestmögliche Ausbildung der damaligen Welt erhalten. Nachdem die Frau des Pharaos das Findelkind in einem Schilfkörbchen im Nil gefunden hatte, genoss der kleine Mose die luxuriöse Erziehung am königlichen Hof Ägyptens. Aber er hat nie vergessen, dass er aus einfachsten Verhältnissen stammte. Und? Moses Name ist bis heute in Erinnerung geblieben, der des damaligen Pharaos nicht.

biblify-Tipp: Stellen Sie sich auf Wüstenzeiten ein

Es läuft nicht immer so, wie sich Mitarbeiter und Management das erträumen. Stattdessen wird es immer wieder Klagen geben über die neue Einfachheit – von denen, die lieber nach hinten schauen statt nach vorn. Wer sich von liebgewordenen Gewohnheiten und ägyptischen Fleischtöpfen verabschiedet hat, sollte das Ziel vom Gelobten Land vor Augen behalten. Nur das trägt ihn durch die Wüstenjahre.

Stellen Sie sich außerdem auf etwas besonders Schockierendes ein: Dass Ihre schlimmste Wüstenzeit möglicherweise erst nach dem Erreichen des Ziels für Sie beginnt. Nach 40 Jahren in der Wüste erreichte Mose endlich das Gelobte Land, aber er selbst durfte nicht mehr hinein. Mit dem Blick auf die so lange ersehnten bewaldeten Hügel und das perlende Wasser des Jordans musste er sterben – was nach jüdischem Glauben nicht das Erreichen des Paradieses, sondern eher eine endlose Wüstenzeit bedeutet. Trotzdem starb Mose hochzufrieden, denn die Vision für sein Volk war wahr geworden. Sie bauen nicht nur für sich selbst, sondern für alle nach Ihnen kommenden Generationen.

Schauen Sie sich etwas ab vom Geschäftsführer Jesus

Zwölf Jünger sind, das würde heute jeder Unternehmensberater bestätigen, bereits eine kleine Firma. Er entwickelte im Umgang mit seinen Leuten einen eigenwilligen Führungsstil, von dem sich im Sinne von **biblify** aber einiges lernen lässt.

Übrigens: Nicht nur Vorstände, Geschäftsführer und Manager von Firmen gelten offiziell als »Führungskraft«. Nach Schätzungen des Manager-Magazins gibt es rund 2,2 Millionen Führungskräfte in Deutschland, also Menschen, die andere motivieren, beaufsichtigen und für sie verantwortlich sind. Dabei nicht erfasst sind die vielfältigen Führungsaufgaben von Eltern, Lehrern, Sporttrainern oder Gruppenleitern. Die Chancen stehen also recht gut, dass die folgenden Tipps für Führungskräfte auch Sie betreffen.

Sehen Sie das Leben als permanentes Fest

Wahrscheinlich feierte Jesus so gerne, weil er während einer Party zur Welt gekommen war: mit himmlischer Sternenshow, großem Engelschor und exotischem Besuch mit teuren Geschenken. Sein erstes Wunder, von dem berichtet wird, ist die Verwandlung von Wasser in Wein (nicht umgekehrt!) während einer Hochzeit. Er lud sich gern bei ungewöhnlichen Menschen zum Essen ein (auch bei solchen, über die andere die Nase rümpften) und machte aus dem Abend ein unvergessliches Fest. Wenn das Volk zusammenströmte, um ihn anzuhören, achtete er darauf, dass das niemand mit leerem Magen tun musste. In seinen Gleichnisgeschichten wimmelt es geradezu von Festbanketten und Feten mit frisch geschlachteten Kälbchen und selbstgebackenem Fladenbrot. In der Nacht vor seiner Verhaftung hielt er mit seinen Freunden das traditionelle Passahmahl, und als er ihnen nach seiner Auferstehung am See Genezareth erschien, überraschte er seine Leute mit einem selbstgemachten Frühstück.

biblify-Tipp: Saure Wochen, frohe Feste

Sorgen Sie als Führungskraft immer dafür, dass die Menschen in Ihrem Verantwortungsbereich nicht nur gemeinsam arbeiten, sondern auch gemeinsam feiern können. Sehen Sie die grundlegenden Bedürfnisse wie Trinken und Essen nicht als störende Ablenkung von der Arbeitszeit, sondern als wichtigen Bestandteil. »Wer nicht arbeitet, soll auch nicht essen« (2. Thessalonicher 3,10) lautet zwar ein antikes Sprichwort, doch es gilt auch umgekehrt: Wenn Ihre Leute arbeiten, haben sie ein Recht auf die Freude und die Zeit, sich vernünftig und in Gemeinschaft zu ernähren.

Vergeuden Sie Ihre Zeit nicht damit, andere zu verurteilen

Jesus stellte mehrfach fest, dass er gekommen sei, um zu helfen – und nicht, um zu urteilen. Sich mit den schlechten Eigenschaften anderer Menschen zu befassen, hielt er offenbar für Energieverschwendung. Eine der eindrucksvollsten Geschichten dazu ist diese:

Die Schriftgelehrten und Pharisäer brachten eine Frau, beim Ehebruch ergriffen, stellten sie in die Mitte und sprachen zu ihm:»Meister, diese Frau ist auf frischer Tat beim Ehebruch ergriffen worden. Mose aber hat uns im Gesetz geboten, solche Frauen zu steinigen. Was sagst du?« Das sagten sie aber, um ihn in Versuchung zu führen und dann zu verklagen. Aber Jesus bückte sich und schrieb mit dem Finger auf die Erde. Als sie ihn weiter fragten, richtete er sich auf und sprach zu ihnen:»Wer unter euch ohne Sünde ist, der werfe den ersten Stein auf sie.« Und er bückte sich wieder und schrieb auf die Erde. Als sie aber das hörten, gingen sie weg, einer nach dem andern, die Ältesten zuerst. Jesus blieb allein mit der Frau, die in der Mitte stand. Jesus richtete sich auf und fragte sie:»Wo sind sie, Frau? Hat dich niemand verurteilt?« Sie antwortete:»Niemand, Herr.« Und Jesus sprach:»So verurteile ich dich auch nicht. Geh hin und sündige ab jetzt nicht mehr.« (Johannes 8,3–11)

Jesus beherrscht die Kunst, ohne Strafpredigt oder anklagende Beschuldigungen Menschen zur Barmherzigkeit zu bewegen, die gerade noch eine Todesstrafe durchführen wollten.

biblify-Tipp: Führen Sie mit Blick nach vorn

Wenn Führungskräfte ihre Mitarbeiter nur beurteilen, sehen sie dabei unweigerlich nach hinten. Wenn sie Menschen *ver*urteilen, verbauen sie ihnen sogar die Zukunft. Visionäres Management bedeutet, sich nicht auf die Fehler der Vergangenheit zu konzentrieren, sondern auf die Möglichkeiten in der Zukunft. Wenn Sie Ihren Leuten etwas zutrauen, werden Sie Wunder erleben.

Vom legendären IBM-Chef Thomas Watson erzählt man sich folgende Geschichte: Ein leitender Mitarbeiter hatte einen verhängnisvollen Fehler begangen und dadurch dem Unternehmen einen Schaden von fast zwei Millionen Dollar zugefügt. Völlig zerknirscht ging er zu Watson, seinem obersten Chef, und bat um seine Entlassung. Der sagte nur: »Sind Sie wahnsinnig? Gerade haben wir zwei Millionen Dollar in Ihre Ausbildung investiert!«

Nehmen Sie es in Kauf, ausgelacht zu werden

Die großen Gestalten in der Bibel haben sich nie darum gekümmert, was wohl die Nachbarn denken: Archenbauer Noah, Dickschädel Mose, Prophet Jesaja (der drei Jahre lang nackt durch die Stadt lief) und natürlich Jesus. Er zog feierlich in die Hauptstadt ein – auf einem Esel. Er bezahlte seine Steuern – mit einer Münze, die er in einem Fisch fand.

Jesus schämte sich auch nicht für seine Emotionen. Er kämpfte sich eine Nacht lang im Garten von Gethsemane durch seine Angst vor dem Sterben:

Einen Steinwurf weit von den Jüngern kniete sich Jesus nieder und betete: »Vater, wenn du es willst, erspare mir diesen Kelch des Leidens. Aber es soll dein Wille geschehen, nicht meiner.« Da erschien ihm ein Engel vom Himmel und gab ihm Kraft. In seiner Todesangst betete Jesus noch heftiger, und sein Schweiß tropfte wie Blut auf den Boden. (Lukas 22,41–43)

Führungskräfte dürfen keine Angst davor haben, für verrückt gehalten zu werden oder eine schlechte Presse zu haben. Wenn Sie es schaffen, Ihren Mitarbeitenden das gemeinsame Ziel plastisch und attraktiv vor Augen zu malen, wird es zweitrangig, welche Figur Sie dabei machen.

Als Führungskraft müssen Sie kein Supermensch sein, der alles Negative herunterschluckt und sich so kaputt macht. Zeigen Sie Gefühle und stehen Sie dazu. Dann wird es auch für Ihre Mitarbeiter leichter.

Werben Sie Menschen an

Jesus hat andere Menschen nicht nur begeistert, sondern er hat sie in die Verantwortung genommen. »Folge mir nach« lautet der berühmte Satz in seinen Einstellungsgesprächen. Darin steckt das Vertrauen, dass der Angesprochene das kann. Aus zwölf handverlesenen Mitarbeitern, denen er enorme Aufgaben zutraute, wurde so eine weltweite Organisation.

Als Führungskraft brauchen Sie den Mut, andere verbindlich zu verpflichten. Es ist einfach, eine zündende Präsentation zu halten. Aber es gehört Mut dazu, um die Unterschrift unter dem Auftrag zu bitten. Es ist nicht unbedingt schwer, eine Sitzung zu leiten. Aber es kostet Überwindung, konkrete Arbeitsanweisungen zu erteilen. Sehen Sie dem anderen in die Augen und sagen Sie: »Ich verlasse mich auf Sie.« Besonders wirksam: Führen Sie den guten alten Handschlag wieder ein. Halten Sie die Hand des anderen fest, blicken Sie ihn fest an und lassen Sie nicht eher los, bis der andere aktiv seine Zusage bestätigt hat.

Finden Sie Ihr biblisches Arbeitsmotto

Die wichtigsten modernen Arbeitstechniken finden sich (zum Teil in versteckter Form) schon in der Bibel. Hier eine kleine Auswahl solcher Bibelstellen, mit denen Sie Ihren Beruf **biblifyen** können.

Effizienz

Seid beim Ausführen genau so eifrig wie beim Planen.
(2. Korinther 8,11)

Setzen Sie jeden Tag wenigstens *eine* Kleinigkeit Ihres persönlichen Vereinfachungsprogramms konkret um. Statt: »Man müsste alle Schränke total ausmisten und neu ordnen« sagen Sie: »Ich mache mich heute an das Fach mit den Socken und morgen an das mit den T-Shirts.« Halten Sie Ihre Aufgaben realistisch und überschaubar. Viele kleine Schritte führen auch zum Ziel.

Stürzen Sie sich nicht Hals über Kopf in Ihren Arbeitstag nach dem Motto »mal sehen, was kommt«. Verwenden Sie den Beginn Ihrer Arbeitszeit mit einer Liste, was Sie heute überhaupt schaffen wollen. Selbst wenn Sie nur 1 oder 2 Prozent Ihrer Tageszeit zur Planungszeit machen – die Effektivität des restlichen Tages wird sich dadurch drastisch erhöhen!

Kreativität

Lerne zu gebrauchen, was vor Augen ist,
statt nach anderem zu verlangen. (Prediger Salomo 6, 9)

Ein äußerst wirksamer Satz, der Ihre kreative Energie fördert: Jammern Sie nicht über das, was gerade fehlt oder nicht zu haben ist, sondern durchforsten Sie Ihre inneren Schätze. Schauen Sie auf Ihr inneres Guthaben (Was kann ich gut?), nicht auf Ihre Schulden (Was müsste ich eigentlich noch alles schaffen!). Ihre geistigen und materiellen Vorräte warten nur darauf, von Ihnen auf eine neue, kreative Weise eingesetzt zu werden.

Lernbereitschaft

Auch ein Hohlkopf kann noch Verstand annehmen und ein junger Wildesel noch zum Menschen werden. (Hiob 11,12)

Glauben Sie an Ihre lebenslange Lernfähigkeit und an die der anderen. Selbst wenn Sie schon viel wissen und große Kompetenzen entwickelt haben: Auf irgendeinem Gebiet sind auch Sie völlig »unterbelichtet« und können sich vergnügt in die Schlange der Anfänger einreihen. Lebenslang lernen können gehört zu den Topqualitäten, die Sie im 3. Jahrtausend brauchen.

Genuss

Versage dir die Freude des Augenblicks nicht, und verschmähe nicht deinen Anteil am Genuss. (Sirach 14,14)

Bauen Sie in Ihren Tagesablauf einen festen »Augenblick der Freude« ein, und füllen Sie ihn mit etwas Genüsslichem: Ihrer Lieblingsmusik am Morgen, dem Mittags-Nickerchen oder den entspannenden zehn Minuten auf dem Sofa, der Tasse Tee oder dem Latte macchiato am Nachmittag, dem Spaziergang nach dem Abendessen, dem Blick in den Himmel, dem Glas Rotwein oder der warmen Milch vor dem Schlafengehen.

Sinnfindung

Achtet sorgfältig auf eure Lebensweise. Lebt nicht unbewusst, sondern wie Menschen, die wissen, worauf es ankommt. (Epheser 5,15)

Je bewusster Sie selbst – bei allen äußeren Zwängen – Ihren Tag gestalten und ihm Ihren persönlichen Stempel aufdrücken, desto weniger werden Sie sich als Opfer der Umstände oder lustlos fühlen. Üben Sie sich täglich in der Kunst, die sinntragenden und wirklich wichtigen Elemente Ihres Alltags zu erfassen. Schreiben Sie pro Tag eine sinnvolle Tat, Erfahrung oder Begegnung auf. Sagen Sie einem anderen Menschen, wie dankbar Sie sind, dass es ihn gibt.

Ausstrahlung

Wer gütig blickt, wird gesegnet werden. (Sprüche 22,9)

Mit Freundlichkeit und Güte verändern Sie Ihr eigenes Herz und Ihre Umwelt. Segnen heißt: gütig und wohlwollend auf etwas blicken. Versuchen Sie, einen Tag lang alles, was Sie mit der Hand berühren, zu segnen. Sie werden eine gute Kraft in sich spüren. Erweitern Sie die Übung: Segnen Sie alle Räume, in die Sie während eines Tages kommen. Segnen Sie innerlich alle Menschen, mit denen Sie an einem Tag zu tun haben. Das tut besonders gut bei schwierigen Zeitgenossen und führt zu erstaunlichen Veränderungen.

biblify your body

*Gehen Sie auf biblische Weise
mit Ihrer Gesundheit um*

In biblischen Zeiten brauchten die Menschen keine Fitnessgeräte, kein Jogging und keine Diät. Das normale Leben war körperlich anstrengend genug. So anstrengend, dass die Lebenserwartung weit niedriger war als heute. Gleichzeitig gab es damals viele Krankheiten, die sich inzwischen gut heilen lassen: durch Viren hervorgerufene Erblindung oder den heute als Hansen-Krankheit bezeichneten Aussatz (Lepra).

Die Heilungen Jesu spielen eine große Rolle bei seiner Verkündigung der Guten Nachricht Gottes. Damit wird klar: Glaube ist nicht nur ein geistiges Phänomen, er hat positive Auswirkungen auf den Körper und das gesamte alltägliche Leben. Und doch geschieht die Heilung über den Geist. Jesus hat nicht operiert oder Medikamente verteilt, sondern er hat die wunderbaren Eigenkräfte des Körpers genutzt. Den Körper **biblifyen** heißt in diesem Sinne, diese heilende Kraft Jesu zu erfahren. Hier ein paar Anregungen, wie Sie das in Ihrem alltäglichen Leben verwirklichen können.

Befreien Sie sich
von der Last Ihrer Versäumnisse

»Hätte ich doch damals …« Einen solchen oder ähnlichen Satz haben Sie sicher auch schon einmal formuliert. Ob im Beruf, in der Liebe oder in der Gesundheit – immer wieder gibt es Dinge, die Sie gern rückgängig machen würden. Vieles jedoch lässt sich nicht mehr verändern. Im Normalfall ärgern wir uns über solche Versäumnisse, begleitet von Wut, Trauer oder Wehmut.

Versäumnisse und alte Fehler können krank machen. Ein eindrucksvolles Beispiel liefert Jesus. Als man einen Gelähmten auf einer Bahre zu ihm durchs abgedeckte Dach herunterlässt, weil es im Haus so voll war, da heilt er den Kranken nicht sofort. Sondern sagt zu ihm:

»Mein Sohn, deine Sünden sind dir vergeben.« (Markus 2,5)

Erst danach heilt Jesus den Kranken.

Das Gefühl, etwas sehr Wichtiges verpasst zu haben, kann einen Menschen verbittern. In extremen Fällen sprechen Psychologen von

einer Verbitterungsstörung. Ein typisches Beispiel: Eine Frau mit guter Ausbildung opfert eine mögliche Karriere ihrem Mann und der Familie. Nach 20 Jahren aber, die Kinder sind schon außer Haus, wird sie von ihrem Mann wegen einer jüngeren Frau verlassen. Nun steht sie mit leeren Händen da und kommt nicht mehr darüber hinweg, dass sie damals ihre Karriere aufgegeben hat.

Leiden Sie an Verbitterung?

Dieses Krankheitsbild wird in der Medizin inzwischen nach folgendem Schema aufgeteilt: Wenn Sie mindestens alle zwei Tage an die immer gleiche Situation zurückdenken und dieses Ereignis länger als ein Jahr zurückliegt, leiden Sie an einer *leichten* Verbitterungsstörung. Von einer Verbitterung *mittleren* Ausmaßes sprechen Mediziner, wenn Sie mindestens einmal pro Tag an ein Versäumnis denken und sich dabei niedergeschlagen fühlen.

Wenn Sie fast stündlich an etwas denken müssen, was Ihnen starke negative Gefühle verursacht und Sie diese Gefühle bei Ihren alltäglichen Verpflichtungen behindern, sind Sie Opfer einer *schweren* Verbitterungsstörung.

Der Großteil der Betroffenen zählt zur ersten Gruppe. In diesem Falle brauchen Sie keine ärztliche Hilfe, sondern können selbst dafür sorgen, dass Ihre negativen Gedanken seltener werden. Dafür gibt es fünf Grundregeln, von Fachleuten »kognitive Umstrukturierung« genannt.

Wie Sie lästige Erinnerungen loswerden

1. Relativieren Sie. Jede so genannte Fehlentscheidung hat auch eine positive Seite. Die Verbitterung aber lässt Sie immer nur an das Negative denken. *Beispiel:* Sie haben ein Bewerbungsgespräch verpatzt. Weil Sie den Job nicht bekommen haben, sind Ihnen aber neue Möglichkeiten zu neuen Arbeitgebern eröffnet worden. Ein Satz, den Sie immer vor Augen haben sollten: Jedes Ende ist immer auch ein Neubeginn.

2. Bewerten Sie neu. Oft entsteht das Gefühl der Verbitterung durch eine einseitige Wertung. *Beispiel:* Sie haben es damals verpasst, den Traummann bzw. die Traumfrau anzusprechen. Machen Sie sich deutlich: Es gibt keine Traummänner und Traumfrauen. Auch Ihr Traumpartner hätte Schwächen.

3. Verkneifen Sie sich Schuldzuweisungen. Sie haben selten allein die Schuld an vermasselten Gelegenheiten, auch wenn Sie im Lauf der Verbitterung immer stärker auf Ihren eigenen Anteil sehen. Es gibt stets objektive Gründe, warum Sie in der entsprechenden Situation so und nicht anders handeln konnten. *Beispiel:* Sie haben Geld in einem Fonds angelegt, der sich als Betrug herausstellte. Den entscheidenden Teil der Schuld tragen nicht Sie mit Ihrem Leichtsinn, sondern die Betrüger!

4. Beziehen Sie die Kränkung nicht auf Ihre Person. Wenn sie abgewiesen oder schlecht behandelt wurden, beziehen Verbitterte das auf sich: »Einem anderen wäre das nicht passiert.« Doch das stimmt fast nie. Sie haben nicht versagt und Ihnen ist auch nicht als Person eine Kränkung zugefügt worden. Sie sind durch die Ereignisse nicht entwertet worden.

5. Akzeptieren Sie. Das Leben gibt und nimmt. Erst wenn Sie das ehrlich bejahen, werden Sie sich von den lästigen Gedanken befreien können. Denken Sie, wenn Sie durch Gedanken an Versäumtes belästigt werden, dass Sie auch Ja sagen können zu dem Versäumnis. Nur durch dieses Ja zur Vergangenheit können Sie Ja sagen zur Zukunft.

biblify-Tipp: Meditieren Sie den Epheserbrief

Ein schlimmer Fall von Verbitterung scheint die frühchristliche Gemeinde in Ephesus gewesen zu sein. Der Brief des Paulus an die Epheser ist eine Sammlung kluger theologischer Argumente gegen die Mutlosigkeit. Mit ausgesprochen direkten Anweisungen bemüht sich der Apostel, seine ziemlich verkanteten Freunde aus Griechenland aus ihrer geistigen Sackstraße zu holen. Vor allem die Ermahnungen am Ende des Briefs sind eine gute geistliche Arznei gegen Wehmut, Wut und alte Versäumnisse.

Über eure Lippen komme kein böses Wort, sondern nur ein gutes, das den, der es braucht, stärkt und dem, der es hört, Nutzen bringt. Jede Art von Bitterkeit, Wut, Zorn, Geschrei und Lästerung und alles Böse verbannt aus eurer Mitte. Seid gütig zueinander, seid barmherzig, vergebt einander, weil auch Gott euch durch Christus vergeben hat. (Epheser, 4,29–32)

Abnehmen à la biblify

Wenn Menschen gefragt werden, wie sie ihren Körper einschätzen, ist die häufigste Antwort: Ich bin zu dick. Nun gibt es eine riesige Zahl von Ernährungsprogrammen und Diäten, mit denen Betroffene ihr Idealgewicht zurückzugewinnen versuchen. Die nützen aber alle nichts, wenn in Ihrem Gehirn der entscheidende Schalter noch nicht umgelegt ist. Deshalb hier ein kleines **biblify**-Mentalprogramm.

Finden Sie Ihren Engel

Sie sind vielleicht schon länger unzufrieden mit Ihrem Körperprofil. Aber meist ist es ein kleines, aber einschneidendes Erlebnis, das das Fass zum Überlaufen bringt: Wie schnell Sie außer Atem kommen beim Treppensteigen. Eine dumme Bemerkung Ihrer Kollegin Karin. Oder ein Foto, das Schwager Franz geschossen hat, und auf dem Sie einfach unmöglich fett aussehen.

Ärgern Sie sich nicht über die Treppe, über Karin oder Franz, sondern nehmen Sie das ärgerliche Erlebnis als Botschaft Ihres Engels. Als Aufhänger, endlich aktiv zu werden. Zugleich ist in Ihrem Ärgernis auch schon ein schönes Ziel enthalten: Ich will wieder ohne Atemnot in den dritten Stock kommen; ich will bewundernde Bemerkungen hören; ich möchte auf Fotos so aussehen, dass ich mir selbst gefalle.

Danken Sie Ihrem Körper

Beschimpfen Sie nicht Ihren Bauch oder Ihre Oberschenkel. Behandeln Sie Ihren Körper freundlich – so viele Jahre hat er Sie treu durchs Leben getragen! Sagen Sie sich: »Ich bin ein Teil der Schöpfung, und diese Schöpfung ist gut.«

biblify-Tipp: Sprechen Sie freundlich mit Ihrem Bauch

Sagen Sie zu ihm: »Du bist zu schwer. Aber du hast auch beschlossen, etwas dagegen zu unternehmen. Wir beide zusammen schaffen das.« Mit zornigen Gewaltaktionen können Sie sich zwar einige Kilos runterhungern oder wegschwitzen, aber solange Sie nicht in guter Freundschaft mit Ihrem Körper leben, werden solche kurzfristigen Gewichtsverluste nicht dauerhaft halten. Der berüchtigte Jo-Jo-Effekt ist ein Zeichen für eine noch unversöhnte Haltung gegenüber Ihrem body.

Führen Sie Buch

Über die Hälfte der unnötigen Kalorien nehmen Sie nicht bei den großen Festtagsgelagen zu, sondern bei den kleinen Gelegenheiten zwischendurch. In der Regel aber haben sich Ess- und Naschgewohn-heiten so tief ins Unbewusste eingegraben, dass sie nur schwer zu er-kennen sind.

biblify-Tipp: Beobachten Sie sich mit Stift und Papier

Schreiben Sie – vor allem in der Bra-ten-, Stollen- und Plätzchenzeit – ge-nau auf, wie viel Sie gegessen haben. Also nicht nur »Dominosteine«, son-dern wie viel Stück. Nicht nur »ein Glas Rotwein«, sondern die genaue Menge (notfalls wiegen!). Schreiben Sie auf, wenn Sie beim Mittagessen noch eine zweite Portion genom-men haben (und stellen Sie sich die Menge vor, wenn Sie sie gleich auf einmal auf den Teller geschaufelt hätten!). Lernen Sie, das Gewicht Ihrer Nahrung einzuschätzen und mit Hilfe einer Kalorientabelle zu errechnen. Sie werden staunen, wie deutlich das auf der Waage zu se-hen ist, wenn Sie nur Süßigkeiten und Alkohol weglassen!

Essen Sie wie ein Feinschmecker

Verordnen Sie sich kleine Portionen wie in einem Gourmetrestaurant. Bestehen Sie darauf, selbst den Teller zu beladen. Lassen Sie im Gast-haus gnadenlos Reste auf dem Teller, wenn Sie Ihre Gourmetportion gegessen haben.

biblify-Tipp: Verhalten Sie sich erwachsen

Vergessen Sie alle aus Ihrer Kindheit stammenden Bräuche und Sprü-che (»Iss deinen Teller leer!« »Woanders verhungern die Menschen!«).

Genau diese Sprüche haben Ihnen zu Ihrer aktuellen Birnenform verholfen. Wenn Sie die loswerden wollen, müssen Sie die alten Gewohnheiten mit loswerden!

Klein ist gefährlich

Die schlimmsten Kalorienbomben sind kleine Naschereien zum Kaffee, fette Vorspeisen, süße Desserts und all die Winzigkeiten zwischendurch, die sich zu ansehnlichen Energiereservoirs addieren.

biblify-Tipp: Gehen Sie mit Jesus an den Brunnen

Bestehen Sie konsequent auf Wasser oder ungesüßten Tee als »Ernährung« zwischendurch. Wenn der kleine Hunger kommt, ist es meistens nur Durst! Stellen Sie sich die wunderbare Szene vor, wie Jesus sich von einer Frau am Jakobsbrunnen zu trinken geben lässt. Sagen Sie sich: »In diesem Glas Wasser, für das ich dankbar bin, ist alles, was mein Körper und mein Geist jetzt brauchen.« Lassen Sie, wenn immer möglich, das Abendessen weg.

Hungern Sie nicht

Die simple Logik »Je weniger ich esse, umso mehr nehme ich ab« stimmt nicht. Wenn Sie Ihren Körper unterversorgen, verändert und verlangsamt sich Ihr Stoffwechsel. Die Nahrung wird besser verwertet, und der Schuss geht nach hinten los. Oder Sie werden von einzelnen Hungerattacken geritten, in denen Sie alle eingesparten Kalorien wieder im Schnelldurchlauf zu sich nehmen.

Essen Sie keinesfalls weniger als 1200 kcal pro Tag. Jesus, das wird im Neuen Testament ganz deutlich, war kein Asket. Er fastete nicht dauerhaft, wie das manche seiner radikalen Zeitgenossen taten. Am schönsten ist das deutlich in der wundervollen Szene, als er nach seiner Auferstehung am See Genezareth bei seinen Jüngern erscheint, die offensichtlich wieder zum alten Fischerberuf zurückgekehrt waren: Da bereitete Jesus ihnen ein Frühstück mit Steckerlfisch überm offenen Kohlenfeuer *(Johannes 21,9)*.

Bewegen Sie sich – irgendwie

Beginnen Sie mit kleinen Schritten. Überzogene Vorsätze wie »Eigentlich müsste ich zwei Stunden Sport am Tag machen« führen dazu, sich gar nicht zu bewegen.

biblify-Tipp: Reisen Sie mehr wie Jesus

Gehen Sie mehr zu Fuß oder fahren Sie Rad (wenn es zu Jesu Zeiten Fahrräder gegeben hätte, wäre er mit seinen Jüngern bestimmt durch Galiläa geradelt). Bauen Sie Bewegung in den Alltag ein: Benutzen Sie grundsätzlich Treppe statt Lift, gehen Sie spazieren und erledigen Sie Ihre Telefonate dabei per Handy, parken Sie Ihr Auto fünf Minuten Fußweg vom Ziel entfernt.

Finden Sie Ihre Pausentaste

Essgewohnheiten zu verändern bedeutet vor allem, bestimmte Reflexe zu verändern. Wenn Sie zu denken beginnen: »Ich hatte so einen schlimmen Tag, da könnte ich doch mal eine Tafel Schokolade …«, dann setzen Sie dem einen neuen Reflex entgegen: »Habe ich echten Hunger? Will ich das wirklich essen?« Nehmen Sie das miese Gefühl vorweg, das Sie nach einer solchen Mini-Orgie haben werden. Feiern Sie lieber den Triumph, sich besiegt zu haben!

Legen Sie Fastentage ein

Bei einem Festessen haben Sie dann doch zugeschlagen, bei einer Party dem Alkohol gefrönt? Verordnen Sie sich den nächsten Tag nur Wasser und Joghurt oder eine andere Mini-Diät. Das kann nach opulentem Essen richtig angenehm sein. Sie werden staunen, wie Ihr Körper kleine Ausrutscher wegsteckt.

Vergessen Sie übertriebene Vorbilder

Extrafrust beim Fernsehen? Nehmen Sie sich nicht die Traumkörper von Filmstars oder Models zum Vorbild. »Promis haben private Trainer, sind 24 Stunden unter Beobachtung, Chirurgen beseitigen den Rest, und zum Schluss zaubern die Fotografen mit allen Tricks. Das pure Gegenteil von Wirklichkeit!«, sagt die Fitness-Expertin Jillian Michaels aus Hollywood.

Triumphieren Sie

Der wichtigste **biblify**-Tipp: Klopfen Sie sich auf die Schulter! Ein wenig Selbstlob muss Ihnen als Christ kein schlechtes Gewissen bereiten. Das berühmte Gebot der Nächstenliebe besteht aus zwei Teilen, und wenn Sie den ersten Teil ausreichend beherzigt haben, dürfen Sie sich dem lebenswichtigen Teil 2 widmen:

Liebe deinen Nächsten wie dich selbst. (3. Mose / Levitikus 19,18)

Sie dürfen sich mögen. Sie dürfen davon träumen, einen schönen Körper zu haben, für den jemand am Strand schon einmal ein Auge riskiert.

Stärken Sie die Kraft Ihres Herzens

An gebrochenem Herzen sterben – ja, das ist möglich. Manchmal sterben Witwer kurz nach dem Tod ihres Ehepartners. Manager erleiden einen Herzinfarkt, weil sie sich zu herzlich mit ihrem Job verbunden haben. Emotionaler Stress in »Herzensangelegenheiten« ist vermutlich ein größerer Risikofaktor als Rauchen. Wenn das emotionale Gehirn aus den Fugen gerät, leidet das mit ihm verbundene Herz und gibt schließlich auf.

Doch genau diese enge Verkettung von Kopf und Herz lässt sich dazu nutzen, mit mentalen Methoden Ihr Herz-Kreislauf-System zu heilen – ohne jedes Medikament. Der französische Neurologe David Servan-Schreiber hat die neueren Forschungsergebnisse der Neurobiologie in populärer Form zusammengestellt und damit bei Laien wie Fachleuten großes Aufsehen erregt.

Ihr Herz, eine Welt für sich

Das menschliche Herz hat ein eigenes Nervensystem und produziert eigenständig Hormone. Die wirken unmittelbar auf das Gehirn – das Gehirn steuert also nicht nur unsere Organe, sondern auch umgekehrt.

Das autonome Nervensystem des Körpers besteht aus zwei Strängen: Der »sympathische« setzt Adrenalin und Noradrenalin frei, steuert Kampf- und Fluchtreaktionen. Er beschleunigt wie ein Gaspedal den Herzschlag. Der andere, »parasympathische« Strang ist gleichsam die Bremse. Er produziert einen Neurotransmitter, der entspannen und den Herzschlag verlangsamen kann. Bei Säugetieren sind diese beiden Systeme in Balance und ermöglichen komplexe soziale Beziehungen: Ohne das parasympathische Bremssystem würden Männer unkontrolliert über Frauen herfallen oder bei jeder drohenden Gefahr in hemmungslose Rage geraten.

Die Wellen der Herzfrequenz

Die unmittelbare Auswirkung dieses sensiblen Balance-Systems ist die ständige Veränderung der Herzschlagfrequenz. Diese Veränderlichkeit ist normal und gesund – wenn ein Herz mit der Regelmäßigkeit eines Metronoms zu schlagen beginnt, ist das ein Zeichen für den nahenden Tod! Bei Stress, Angst, Depression oder Zorn verändert sich der Herzschlag in chaotischen, ungleichmäßigen Mustern. Wohlbefinden, Mitgefühl und Dankbarkeit dagegen führen zu gleichmäßigen Pulsveränderungen, der so genannten Kohärenz. Im Lauf des Lebens lässt die (parasympathische) Bremse nach, das (sympathische) Gaspedal aber bleibt weiter im Einsatz. Die wichtigste Voraussetzung für ein langes und gesundes Leben ist also, Ihr parasympathisches System zu trainieren. Und das ist möglich. Hier die einfache Mental-Methode für ein gesundes Herz:

Gedanken, die Ihr Herz heilen

1. Zwei Atemzüge, ganz gebremst. Atmen Sie zweimal langsam und tief ein und aus, mit einigen Sekunden Pause zwischen allen Atemzügen. Damit regen Sie Ihren Parasympathikus an und verlagern das Schwergewicht auf die »Bremse«.

2. Das Badewannen-Bild. Atmen Sie weiter und lenken Sie nach 10 bis 15 Sekunden Ihre Aufmerksamkeit auf die Herzgegend. Stellen Sie sich vor, Sie atmen durch das Herz ein und aus, das sich dadurch in einem Bad frischer, reinigender Luft wäscht. Unterstützen Sie diese Übung mit einem mentalen Bild und stellen Sie sich vor, Ihr Herz wäre ein fröhlich planschendes Kind in einer Badewanne mit warmem, sauberem Wasser.

3. Ihr Lieblingsort. Empfinden Sie in Ihrem Herzraum Wärme und Ausdehnung. Nach Jahren emotionaler Misshandlung ist das Herz manchmal müde wie ein Tier nach langem Winterschlaf. Ermuntern Sie es, indem Sie Ihren Brustraum mit dem Gefühl von Dankbarkeit füllen. Ihr Herz kann dieses Gefühl unmittelbar wahrnehmen, wie das Auge Licht empfangen kann! Wählen Sie ein Bild, das Sie besonders lieben: das Gesicht eines Kindes, eine friedliche Naturszene, eine herrliche Skiabfahrt, ein Bad in einer Meereslagune. Viele Menschen bemerken während dieser Übung, wie ein Lächeln aufkommt, das in der Brust entsteht und sich auf dem Gesicht ausdrückt. Das ist ein Zeichen von Kohärenz, also den gesunden, gleichmäßigen Veränderungen der Pulsfrequenz.

Mit Messgeräten, die den Pulsschlag auf einem Bildschirm sichtbar machen (Biofeedback), lässt sich der Lernprozess beschleunigen. Aber eigentlich sind Geräte nicht nötig, nur Geduld und Ruhe. Menschen mit Meditations- oder Yogaerfahrung kommen besonders schnell in diesen Kohärenz-Zustand.

biblify-Tipp: Machen Sie mit bei der Herz-Tausch-Aktion

Ein anderes wirksames Mentalbild beschreibt der Prophet Ezechiel (Hesekiel). Im Verlauf einer großen Zukunftsvision spricht Gott:

Ich schenke euch ein neues Herz und lege einen neuen Geist in euch. Ich nehme das Herz von Stein aus eurer Brust und gebe euch ein Herz von Fleisch. (Ezechiel 36,26)

Das steinerne Herz ist eine gute Metapher für die typischen Verhärtungen des Herzens, die letztlich selbstzerstörerisch sind. Wenn Sie die oben beschriebenen Atemübungen mit einem Gebet verstärken, erhöht sich deren Wirkung.

Ein besonders gut geeignetes Meditationswort dazu steht in den Psalmen. Wenn Sie von bösen Gedanken gequält werden oder Ihr Herz keine Ruhe geben will, sprechen Sie dieses Schriftwort im Atemrhythmus:

(Beim Einatmen:) *Erschaffe mir, Gott, ein reines Herz,*
(Beim Ausatmen:) *und gib mir einen neuen, beständigen Geist!*
(Beim Einatmen:) *Mach mich wieder froh mit deinem Heil.*
(Beim Ausatmen:) *Rüste mich aus mit einem willigen Geist!*
(Psalm 51,12 und 14)

Werden Sie von Ihrem Herz belogen?

Wenn Sie tun, was Sie ganz und gar aus vollem Herzen lieben, wird eine enorme Menge Energie in Ihnen freigesetzt. Sie werden dann mit Lust und Enthusiasmus bei der Sache sein, ungeahnte Schätze an Kreativität entdecken und eine positive Ausstrahlung auf andere haben.

Die Energiequelle Ihres Lebens

Wenn Sie es schaffen könnten, all Ihre Aufmerksamkeit auf das zu konzentrieren, was Ihrem innersten Wesen entspricht, dann würde eine Woge der Begeisterung Sie erfassen. Mit tänzerischer Leichtigkeit

könnten Sie Ihre Träume wahr
werden lassen und Wunder voll-
bringen. Frei bis zum Horizont
läge die Straße der Freiheit vor
Ihnen. Was könnte schöner sein
als das?

Wie geht es Ihnen, wenn Sie
solche Sätze lesen? Fühlen Sie etwas in Ihrem Inneren klingen oder
halten Sie das für romantischen
Schwachsinn? Wie sehr sind Sie
gefangen in Ihren vermeintlich
unabänderlichen Pflichten? Lie-
gen Ihre Träume begraben unter einem Gebirge von »Ich muss« und
»Ich darf nicht«?

Vielleicht fühlen Sie sich sogar schuldig, wenn Sie Ihre kindischen
Träume unter dem Berg Ihres Erwachsenenlebens hervorkramen. Die
Wünsche blitzen kurz auf, aber Ihre im Laufe des Erwachsenwerdens
erworbenen Blockaden sind so stark, dass Sie die Phase des Tagträu-
mens schnell wieder beenden.

biblify-Tipp: Stehen Sie zu Ihren Herzenswünschen

Eine gute Vorbereitung für die nachfolgend beschriebene Acht-Fra-
gen-Übung ist diese irritierende Stelle im Matthäusevangelium. Lassen Sie sich von dem darin enthaltenen Optimismus Jesu ermuntern,
Ihre tiefsten Herzenswünsche hervorzuholen und sie Gott vorzutra-
gen – auch die vielleicht peinlichen, unaussprechlichen.

*Bittet, dann wird euch gegeben. Sucht, dann werdet ihr finden. Klopft
an, dann wird euch geöffnet. Denn wer bittet, der empfängt. Wer
sucht, der findet. Und wer anklopft, dem wird geöffnet. Oder ist einer
unter euch, der seinem Sohn einen Stein gibt, wenn er um Brot bittet?
(Matthäus 7,7–9)*

Acht Fragen, die befreien

Die amerikanische spirituelle Trainerin Beverly Stewart hat eine Fragetechnik entwickelt, mit der Sie solche Blockaden überwinden und Ihre wahren Herzenswünsche herausfinden können.

Suchen Sie sich ein gemütliches Plätzchen, an dem Sie eine Stunde lang von niemandem gestört werden. Nutzen Sie eine Bahnfahrt, eine Flugreise oder sonst eine Pause in Ihrem Tagesablauf für die folgende Übung.

 Träumen Sie mindestens eine Viertelstunde lang völlig absichtslos vor sich hin. Dann stellen Sie sich die folgenden Fragen. Notieren Sie sich die Antworten in Stichworten auf einem Blatt Papier oder – noch besser – in Ihrem Tagebuch. Zwingen Sie sich nicht, zu jeder Frage eine Antwort zu finden. Sie brauchen auch die Reihenfolge nicht einzuhalten.

1. Ihr Herzmagnet

Wohin fühle ich mich in diesem Moment hingezogen? Und zwar intuitiv, ohne Nachdenken, ohne Verpflichtungen. Also nicht Gedanken wie »Eigentlich sollte ich mich zu meinem Ehepartner hingezogen fühlen«. Stellen Sie sich vor, Sie wären schwerelos und ein Magnet würde Sie zu der Stelle, zu dem Menschen oder zu der Tätigkeit hinziehen, an der Ihr Herz jetzt am allerliebsten sein würde.

2. Ihre Zauberzeit

Wann vergeht bei mir die Zeit wie im Flug? Bei welcher Tätigkeit können Sie alles um sich herum vergessen? Wozu haben Sie immer Lust, auch an den miesesten Tagen?

3. Ihre Mühelosigkeit

Was tue ich ohne jede Willensanstrengung? Was geht bei Ihnen wie von selbst? Wofür werden Sie von anderen am meisten bewundert?

4. Ihre geheimen Gedanken

Wohin schweifen meine Gedanken in unbeobachteten Momenten? Ständig konzentrieren Sie sich auf irgendetwas, Sie halten Ihre Worte und Ideen im Zaum. Aber wenn Sie das einmal nicht tun und ganz mit sich alleine sind, wo strebt Ihr Denken dann von ganz alleine hin?

5. Ihr Versinken

Was kann Ihre Aufmerksamkeit vollkommen fesseln? Wann vergessen Sie alles um sich herum? Wohinein können Sie eintauchen und fühlen sich darin komplett wohl?

6. Ihr Traumort

An welchen Ort reist Ihre Seele, wenn Sie tagträumen? Das kann ein realer Ort sein oder ein Platz, den es nur in der Phantasie gibt. Aber fast jeder Mensch hat so eine Situation, in die er sich blitzartig und mühelos versetzen kann.

7. Ihre Rückkehr

Wohin sind Sie am meisten zurückgekehrt? Das kann eine Tätigkeit, ein Mensch, ein Ort oder sonst etwas sein. Wieder gilt: Nach einigem Hin- und Herdenken werden Ihre Gedanken an einem Punkt hängen bleiben. Und der ist es!

8. Ihre Grenzenlosigkeit

Wenn Geld und alle familiären Verpflichtungen kein Thema wären – was würden Sie anstellen mit Ihrer Zeit? Damit klettern Ihre Herzensgedanken über die höchste Blockade. Sie ignorieren »Das geht doch nicht« und »Das darf ich nicht«. Und machen einen großen Schritt in Richtung auf Ihr Lebensziel.

biblify-Tipp: Lassen Sie Ihr Herz springen

Packen Sie am Ende alle Ihre guten Antworten auf die acht Fragen zusammen und spüren Sie die Leichtigkeit, die Sie dadurch bekommen.

Stellen Sie sich alle Ihre früheren Blockaden vor und wie Sie sie nun mit Hilfe Ihrer neu aktivierten Herzensenergie überwinden. Verknüpfen Sie diese Vorstellung in Ihrem Herzen mit den folgenden herrlichen Versen aus dem 18. Psalm. Wenn Sie in Zukunft diesen Psalm beten oder singen, wird die positive Energie Ihres Herzens aktiviert. Sie können sich dieses Psalmwort dann in schwierigen oder stressigen Situationen wie eine Arznei still oder halblaut vorsagen.

Mit meinem Gott kann ich über Mauern springen. (Psalm 18,30)

Hier noch weitere Worte aus der Bibel über das Herz. Schon beim ersten Durchlesen werden sie eine hilfreiche Wirkung auf Ihre Herzenergie haben. Behalten Sie die Worte, die Ihnen gefallen, »in Ihrem Herzen«, um sie bei entsprechenden Gelegenheiten als Ihre persönliche mentale Kraftnahrung zu nutzen.

Wenn du den Herrn, deinen Gott, suchst, so wirst du ihn finden, wenn du ihn nur von ganzem Herzen und von ganzer Seele suchst. (5. Mose/ Deuteronomium 4,29)

Höre, Israel, der Herr ist unser Gott, der Herr allein. Und du sollst den Herrn, deinen Gott, liebhaben von ganzem Herzen, von ganzer Seele und mit all deiner Kraft. Und diese Worte, auf die ich dich heute verpflichte, sollen auf deinem Herzen geschrieben stehen. (5. Mose/ Deuteronomium 6,4–6)

Salomo sprach: Verleih daher deinem Knecht ein hörendes Herz, damit er dein Volk zu regieren und das Gute vom Bösen zu unterscheiden versteht. (1. Könige 3,9)

Ein fröhliches Herz tut dem Leib wohl, ein bedrücktes Gemüt lässt die Glieder verdorren. (Sprüche 17,22)

Euer Herz lasse sich nicht verwirren. Glaubt an Gott und glaubt an mich! Euer Herz beunruhige sich nicht und verzage nicht.
(Johannes 14,1)

Weil ihr nun Kinder seid, hat Gott den Geist seines Sohnes in unser Herz gesandt, den Geist, der ruft: Abba, lieber Vater! (Galater 4,6)

Durch den Glauben wohne Christus in euren Herzen, damit ihr in der Liebe eingewurzelt und gegründet seid. (Epheser 3,17)

Die Geheimsprache Ihrer Krankheit

»Bist du wirklich der Retter, der kommen soll, oder müssen wir auf einen anderen warten?« (Lukas 7,19)

Mit dieser wichtigen Frage kamen die Anhänger von Johannes dem Täufer zu Jesus, und er antwortete ihnen mit einer bemerkenswerten medizinischen Beobachtung:

»Blinde sehen, Gelähmte gehen, Aussätzige werden rein, Taube hören, Tote stehen auf, und den Armen wird die frohe Botschaft verkündet.«
(Lukas 7,20–22)

Jesus sieht die Erkrankung eines Menschen als Sinnbild. Ein Blinder kann eine wichtige Wahrheit seines Lebens nicht sehen, bis ihm ein anderer dafür die Augen öffnet. Ein Gelähmter ist unbeweglich geworden und braucht einen, der ihn aus dieser Starre befreit. Die Heilungen Jesu haben neben dem direkten Nutzen für den Kranken immer auch eine gleichnishafte Bedeutung. Daraus lässt sich eine **biblify**-Methode ableiten.

biblify-Tipp: Lassen Sie Jesus als Heiler zu sich kommen

Wenn Jesus zu Ihnen käme, um Sie zu heilen, wohin würde er zuerst blicken? Welche Botschaft Ihrer Seele, welche Botschaft Gottes könnte in Ihrer Krankheit stecken? Was würde er zu Ihnen sagen? Jesus führt niemals klassische Krankengespräche, er fragt nicht nach der Herkunft Ihrer Erkrankung, nach Ihrem Befinden, Ihren Schmerzen. Stellen Sie sich vor, er blickt Sie einfach an und sieht den tieferen Grund Ihrer Krankheit. Diesen Punkt spricht er direkt an.

Im Folgenden beschreibe ich einige der meistverbreiteten Erkrankungen und gebe Hinweise, worauf Ihre Seele dabei hinweisen könnte. Wenn Sie dieser Geheimsprache Ihrer Seele vertrauen, werden Sie Ihre Krankheit besser bewältigen und ihr selbstbewusster entgegenwirken. Das ersetzt keine schulmedizinische Behandlung, aber jede Therapie wird effizienter, wenn Sie Ihren »inneren Arzt« mithelfen lassen. Der kann häufig in Ihrer Vorstellung die Gestalt des heilenden Jesus annehmen.

Vorsicht vor Schubladen!

Dabei geht es nicht um ein starres Schema, dass die Krankheit X immer die Bedeutung Y hat. Es gibt keine zwei gleichen Herzinfarkte, nur individuelle Patienten, die sich mit ähnlichen Krankheitsmustern auseinandersetzen. Nehmen Sie die Deutungen als Wegweiser, der die seelische Atmosphäre beschreiben möchte, die sich um eine bestimmte Krankheit herum einstellen kann. Mancher Aspekt wird zunächst verletzend und kränkend klingen, kann aber eine tiefe Wahrheit ausdrücken, die nur der Kranke selbst finden kann. Es hat sich aber immer wieder gezeigt: Was einem Kranken an der Beschreibung seiner Krankheit gar nicht passt und Abwehrreaktionen auslöst, lohnt sich meistens besonders!

Nutzen Sie die hier dargestellten Hinweise niemals, um über andere zu urteilen. Und verurteilen Sie sich nicht selbst! Der französische Philosoph und Mystiker Blaise Pascal sagte: »Krankheit ist der Ort, wo man lernt« – und keine Strafe! Suchen Sie nicht nach Ihrer Schuld oder der Schuld anderer, sondern fragen Sie sich: »Was schulde ich der Zukunft?«

Betrachten Sie Ihren Körper als den redlichsten Lehrmeister, den Sie finden können. Fragen Sie ihn: »Was fehlt mir zur Ganzheit?« Dann kann die Deutung von Krankheitsbildern ein wunderbares Hilfsmittel sein, Ihr eigenes Lebensthema klarer wahrzunehmen.

Krankheit: Erkältung, Abwehrschwäche

Das ist betroffen: Ihr inneres Verteidigungssystem.

Das steckt dahinter: Sie sagen unbewusst zu allem Nein; körperlich sind Sie zu offen für Erreger, stattdessen bräuchten Sie mehr geistige Offenheit für Anregungen; Sie kämpfen übertrieben gegen ein inneres Thema an.

Das hilft: Verbessern Sie die Abwehrmöglichkeiten Ihres Körpers durch Kneipp-Methoden, gesunde kräftige Nahrung und durch die innere Vorstellung, dass Ihr Immunsystem gerade mit Erfolg die eindringenden Keime und Viren bekämpft. Sie haben Stärken in sich, die ausgebaut werden wollen und Ihnen Kraft geben können. Steigern Sie Ihr seelisches Immunsystem. Lernen Sie, sich im Alltag fair zur Wehr zu setzen – diese Form der Aggression ist gesund!

Das ist das Ziel: Gewinnen Sie Stärke und seelische Offenheit, die Ihr Beziehungsleben vertieft. Leben Sie nach dem Motto: Mein Bewusstsein ist so offen wie möglich; mein Körper ist wehrhaft und nur offen, wo es wirklich nötig ist.

Das könnte Jesus zu Ihnen sagen: »Bleib liegen und lass deine gute Kraft in dir kämpfen.«

Krankheit: Diabetes

Das ist betroffen: Ihre Bauchspeicheldrüse, die Ihre Nahrung zerlegt; Ihr Unterscheidungsvermögen zwischen Krieg und Frieden.

Das steckt dahinter: Sie können die Süße des Lebens nicht ins Innerste (Ihrer Körperzellen) hineinlassen; Sie haben Angst, sich auf die Liebe einzulassen; Sie haben die Tendenz, wegen mangelnder Liebesfähigkeit »sauer« zu werden; Sie sind in Liebesdingen nicht auf Empfang eingestellt (Ihre Zellen öffnen sich der Glukose nicht).

Das hilft: Versuchen Sie, Angst und Enge in Ihren Liebesangelegenheiten zu erkennen. Sie brauchen mehr Klarheit hinsichtlich Nähe und Distanz. Geben Sie anderen deutliche Signale – freundlich, aber bestimmt. Halten Sie sich Ungeliebtes vom Hals, damit Sie das Leben selbst mehr genießen können. Grenzen Sie sich seelisch ab. Lernen Sie, ohne schlechtes Gewissen Nein zu sagen. Gehen Sie in die Offensive und öffnen Sie sich körperlich, geistig und seelisch.

Das ist das Ziel: Die gesunde Mitte zwischen Nehmen und Geben kennen. Liebe und emotionale Abhängigkeit zulassen. Neue Wege finden, um die Süße des Lebens in übertragener Weise zu genießen.

Das könnte Jesus zu Ihnen sagen: »Du bist voller Liebe.«

Krankheit: Bluthochdruck

Das ist betroffen: Blut und Blutgefäße; die Verkehrswege Ihrer Lebenskraft.

Das steckt dahinter: Sie stehen unter Anspannung oder setzen sich selbst unter Druck; trotz ständiger Konfliktnähe gehen Sie keine Lösung an; Sie stellen sich nicht dem Problem, sondern verharren in Verteidigungsbereitschaft und Erwartungsspannung; Sie flüchten in äußere Betriebsamkeit; Sie wollen die Kontrolle behalten und haben einen regen Widerspruchsgeist; Sie teilen aus statt mit.

Das hilft: Suchen Sie den entscheidenden Konflikt und peilen Sie eine offensive Lösung an. Reduzieren Sie die unnötigen Ausflüchte. Benennen Sie alles, was bei Ihnen dadurch unterdrückt wird. Lernen Sie, den Druck am richtigen Punkt abzulassen. Lassen Sie öfter Ihr Herz sprechen. Werden Sie ein besserer Zuhörer.

Das ist das Ziel: Sich zur eigenen Kraft bekennen, die sich einer Auseinandersetzung stellen kann. Den Blick nach innen in die eigene Tiefe wagen. Sich mit Liebe und Sorgfalt den eigenen Herzensangelegenheiten widmen.

Das könnte Jesus zu Ihnen sagen: »Dein Herz ist groß und stark.«

Krankheit: Magengeschwür

Das ist betroffen: Ihr Magen; Ihre Gefühle; Ihre Aufnahmefähigkeit; Ihr Hunger nach Erfüllung.

Das steckt dahinter: Weil Sie Ihre unverdauten Gefühle nicht äußern, müssen sie auf der körperlichen Ebene »verdaut« werden; Ihre eigene Magenwand wird mangels materieller Alternativen von Magensäure zerfressen und der Selbstzerfleischung preisgegeben; Ihr Bild: Das Leben streut Ihnen Salz in offene Wunden, die schon lange weh tun; Sie haben eine starke Abwehrspannung im Bauch; verbreitet bei Nesthocker-Typen, die den Absprung nicht schaffen.

Das hilft: Machen Sie sich Ihre Sehnsucht klar nach mütterlicher Geborgenheit, Liebe und Versorgung. Fressen Sie Konflikte nicht in sich hinein, sondern bearbeiten Sie sie bewusst. Gönnen Sie sich mehr Ruhe und Abstand, um Eindrücke besser verdauen zu können. Spielen Sie nicht länger Unabhängigkeit vor. Geben Sie die Opferhaltung des »armen Schluckers« auf. Trauen Sie sich, das zum Käfig gewordene innere Elternhaus zu sprengen.

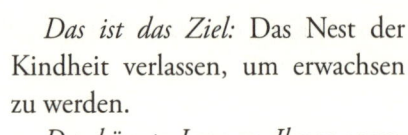

Das ist das Ziel: Das Nest der Kindheit verlassen, um erwachsen zu werden.

Das könnte Jesus zu Ihnen sagen: »Lass dich in meine Arme fallen.«

Krankheit: Rheumatismus

Das ist betroffen: Ihre Gelenke und Ihre Muskulatur; Ihre Beweglichkeit und Artikulation; Ihr innerer Motor und Ihre Kraft.

Das steckt dahinter: Ihre eingerosteten Gelenke weisen hin auf alte, überlebte Themen (Schlacken, Rheumaknoten) und blockieren Ihren weiteren Fortschritt; eine festgefahrene Situation wirkt wie ein Kolbenfresser und verhindert, dass es bei Ihnen »wie geschmiert« läuft; in den steifen Gliedern am Morgen zeigt sich mentale Starrheit gegenüber dem Leben; Sie sind blind für eigene Aggressionen, der Schmerz bleibt im Gelenk stecken; Sie tragen feindselige Impulse in sich, dürfen sie aber nicht zeigen.

Das hilft: Suchen Sie nach Wegen, sich besser zu artikulieren. Ihre starke Selbstaggression kann in eine vitale Energiequelle verwandelt werden, wenn Sie Ihre Aufmerksamkeit auf Ihre geistig-seelischen Entwicklungsmöglichkeiten lenken. Versuchen Sie, Ihre kämpferischen Übergriffe auf das Leben anderer rechtzeitig zu erkennen und zu stoppen. Durchschauen Sie Ihre eigene Tendenz zu krampfhafter Aufopferung. Packen Sie Ihre unverdauten Probleme an. Reinigen Sie Ihren Körper durch Heilfasten.

Das ist das Ziel: Sich der Aufgabe stellen, negative Kräfte (Egoismus, Unbeweglichkeit, Herrschsucht, Starrheit) aus dem unbewussten Schattenbereich zu holen; in geistig-seelischer Hinsicht an Mobilität und Wärme gewinnen.

Das könnte Jesus zu Ihnen sagen: »Steh auf und geh mit hoch erhobenem Kopf.«

Krankheit: Übergewicht

Das ist betroffen: Ihr Fettgewebe, das Sie als Überfluss und Reserve brauchen; Ihr Magen, Ihre Gefühle und Aufnahmefähigkeit.

Das steckt dahinter: Sie verkörpern äußere Fülle, aber es geht um innere Erfüllung; Essen dient Ihnen als Ersatz für Einheitsgefühl und ein überfließendes Herz; Sie haben sich eine Schutzschicht gegenüber Ihrer als lieblos empfundenen Umwelt zugelegt und sind in Ihrer Schutzburg isoliert; der Wunsch nach Ruhe führt durch das Übergewicht zu Passivität im Ausdruck der eigenen Persönlichkeit; mittels Übergewicht fliehen Sie vor Ihrer eigenen sexuellen Ausstrahlung; Ihr Körper muss ungelebte Lasten anderer mittragen; Ihre Kilos sagen, dass Sie wichtiger und mächtiger sein wollen, als Sie sind.

Das hilft: Auf zu neuen Genüssen, die nichts mit Essen zu tun haben: schöne Künste, erotische Rituale, sanfte Massagen, lustvolle Sexualität. Schaffen Sie sich einen mentalen Schutzschild aus Witz, Schlagfertigkeit und Argumenten. Je beweglicher Ihr Geist wird, desto unnötiger ist der pfundige Verteidigungsring. Stehen Sie zu Ihrem Mann- oder Frausein durch maskuline bzw. feminine Kleidung. Versuchen Sie, auf höheren Ebenen Gewicht zuzulegen. Widerstehen Sie dem Trägheitsfaktor; lernen Sie, sich im Leben durchzubeißen. Manche Belohnungen, die Ihnen zustehen, müssen Sie sich erst erkämpfen. Gestalten Sie mit regelmäßigen Fastenzeiten Ihren Übergang zu neuen Mustern und Gewohnheiten. Sorgen Sie für regelmäßige Bewegung (Walking, Laufband, Rudergerät) im Sauerstoffgleichgewicht.

Das ist das Ziel: Es geht um eine umfassende Liebe zum Leben, die Körper, Seele und Geist einschließt. Je mehr Sie an seelischem Gewicht und geistiger Bewusstwerdung zunehmen, desto öfter erfahren Sie, dass Sie wichtig sind und nicht übergewichtig sein müssen. Sie weiten Ihren Einflussbereich nicht mehr körperlich aus, sondern auf anderen Ebenen, die Ihnen innere Erfüllung bringen.

Das könnte Jesus zu Ihnen sagen: »Ich sehe dich.«

Krankheit: Hexenschuss, Bandscheibenvorfall

Das ist betroffen: Ihre Bandscheiben, die den weiblichen Pol der Wirbelsäule bilden, und die Wirbelsäule selbst, die für Beweglichkeit, Halt und Aufrichtigkeit sorgt.

Das steckt dahinter: Ein weiblicher, weicher Aspekt wird von zwei harten männlichen Elementen unter Druck gesetzt; ein innerer Druck, unter dem Sie stehen, bricht sich plötzlich Bahn; Sie sind überlastet, der Druck geht Ihnen »auf die Nerven«; wichtige Lebensfragen bei Ihnen sind verschoben oder eingeklemmt; Sie sind nicht aufrichtig (und wurden dafür gedemütigt); Sie sind rechthaberisch und können nicht nachgeben; Sie suchen ohne Erfolg nach Anerkennung.

Das hilft: Stellen Sie sich (auch als Mann) Ihrer »weiblich-nachgiebigen« Seite; prüfen Sie, was in Ihrem Leben anders »ausgerichtet« sein sollte; »renken« Sie Beziehungsprobleme wieder ein; nutzen Sie die äußere Ruhigstellung zum Nachdenken über mehr innere Beweglichkeit. Geben Sie rechtzeitig dem inneren Druck nach.

Das ist das Ziel: Gestalten Sie Ihr Leben bewusst polar, indem Sie selbst für Spannung und Entspannung, Härte und Sanftheit sorgen;

werden Sie aktiver und beweglicher; seien Sie aufrichtig und zugleich bescheiden, so ersparen Sie sich Demütigungen; verabschieden Sie sich vom Leistungszwang; gehen Sie den Weg der bedingungslosen Liebe.

Das könnte Jesus zu Ihnen sagen: »Lass los.«

Krankheit: Hörsturz

Das ist betroffen: Ihre Ohren, das Thema ist »Auf was kann ich hören?«.

Das steckt dahinter: Äußerlich erleben Sie eine extreme Überforderungssituation, wobei Sie schlagartig Ihre Hörfähigkeit einbüßen;

prüfen Sie, welche Aussagen bei Ihnen passen und zum Kern Ihres seelischen Problems führen: »Ich kann das nicht mehr hören«, »Ich habe so viel um die Ohren«, »Kannst du nicht hören?«; Hörsturz ist ein abrupter Rückzug in die innere Welt, leider in ungesunder Form. Wovon wollen Sie sich distanzieren? Bei Ohrgeräuschen: Welche äußeren Stimmen werden durch Innengeräusche überdeckt? Bei Innenohrschwerhörigkeit: Warum schalten Sie das Hören auf einer inneren Ebene ab?

Das hilft: Sorgen Sie rechtzeitig für Rückzugsmöglichkeiten; stellen Sie sich besser darauf ein, plötzliche Entscheidungen zu verkraften; hören Sie mehr auf die eigene innere Stimme und gehorchen Sie ihr (auch in Beziehungsproblemen); schirmen Sie sich vor Hektik ab (Auszeit, Meditation, Maßhalten), bevor ein Hörsturz für extreme Abschirmung sorgt.

Das ist das Ziel: Ihre Krankheit kann Ihnen helfen, auf Ihre eigene innere Stimme zu vertrauen und auf sie zu hören. Sie lernen, auch anderen gut zuzuhören und den leisen Tönen zu lauschen.

Das könnte Jesus zu Ihnen sagen: »Geh mit mir in die Wüste, dort höre ich dir zu.«

Krankheit: Asthma bronchiale

Das ist betroffen: Ihre Lunge mit den Themen Kontakt, Kommunikation und Freiheit sowie Ihr Abwehrsystem, bei dem es um Verteidigung geht.

Das steckt dahinter: Ein weites Spektrum von sechs Problemkreisen. 1. Sie finden keine Balance zwischen Geben und Nehmen; Sie drohen daran zu ersticken, dass Sie zu viel nehmen und zu wenig geben; Sie haben Sehnsucht nach Liebe, ohne sie selbst geben zu können. 2. Sie wollen sich abschotten. Sie wollen keinen Kontakt, kapseln sich ab, fliehen ins Ideelle oder Formalistische; Sie haben Angst vor dem Schritt in die Freiheit und Selbstständigkeit. 3. Sie wissen nicht, wohin mit Ihrer Aggression. Ihre Aggression bleibt in der Lunge stecken, und Sie müssen »vor Wut nach Luft schnappen«. 4. Sie sind gefangen zwischen Macht und Ohnmacht. Mit Ihren schlimmen Anfällen erwidern Sie den Druck von Menschen, deren Dominanz Sie gerade erlebt haben; Sie haben Sehnsucht nach »reiner Luft«, klären aber Ihre Konflikte nicht gern; Sie würden gerne über den Dingen stehen, können es aber nicht; Asthma ist die Träne, die »nach innen geweint wird«. 5. Es geht um Sexualität, Liebe und Schmutz. Sie wehren die dunklen Lebensbereiche ab, neigen zu Kopflastigkeit; Verlagerung der Sexualität (Schleimproduktion) in die Brust. 6. Sie sehnen sich nach mehr Freiheit und Raum für sich. Sie können in Ihrer jetzigen Situation nicht frei atmen und nicht Sie selbst sein; Ihre Mitmenschen lassen Ihnen zu wenig Raum zur Entfaltung.

Das hilft: 1. Konzentrieren Sie sich während einer Atemtherapie darauf, die Balance des Atems zwischen Geben und Nehmen zu erforschen. 2. Wagen Sie mehr Offenheit. 3. Benennen Sie Ihre Wut. Machen Sie sich mit Worten Luft! 4. Lernen Sie, sich durchzusetzen, ohne über die Asthmaanfälle Druck auszuüben. 5. Lassen Sie alles, was Sie meiden, wieder zu und setzen Sie sich damit auseinander. 6. Nehmen Sie sich Ihren Raum zur Selbstverwirklichung.

Das ist das Ziel: Stellen Sie sich vor, dass Ihr Bewusstsein der unerschöpfliche innere Raum ist, den Sie einnehmen können. Hier ist

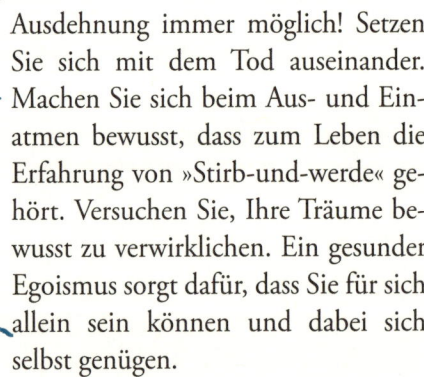

Ausdehnung immer möglich! Setzen Sie sich mit dem Tod auseinander. Machen Sie sich beim Aus- und Einatmen bewusst, dass zum Leben die Erfahrung von »Stirb-und-werde« gehört. Versuchen Sie, Ihre Träume bewusst zu verwirklichen. Ein gesunder Egoismus sorgt dafür, dass Sie für sich allein sein können und dabei sich selbst genügen.

Das könnte Jesus zu Ihnen sagen: »Gib mir deine Hand, ich gebe dir unendlich Raum.«

biblify your friends

*Gehen Sie auf biblische Weise mit Ihren Freunden
und Bekannten um*

Jesus baute sich ein Netzwerk aus Freunden, die er sich persönlich aus-
suchte. Lassen Sie sich von Jesus ermutigen, Ihre freundschaftlichen
Beziehungen nicht dem Zufall zu überlassen.

Biblische Freunde, die Sie haben sollten

Freunde und Freundinnen brauchen Sie auch dann, wenn Sie den
Mann oder die Frau fürs Leben gefunden haben. Denn dieser einzige
Mensch kann unmöglich all Ihre Wünsche und Bedürfnisse erfüllen.
Die gute Nachricht: Viele Freunde müssen Sie nicht haben, aber es
sollten ein paar von ihnen die folgenden Eigenschaften haben, die sich
auf Personen aus der Bibel zurückführen lassen. Auch wenn ich dabei
immer die männliche Form verwende, gibt es jeden Typ von Freund
selbstverständlich auch als Freundin.

1. einen Lebensfrohen (Salomo)

Wenn Ihnen der Kick fehlt oder Sie das Gefühl haben, in einem Hamsterrad zu stecken: Rufen Sie Ihren »Salomo« an. Seine (oder ihre) Markenzeichen sind Optimismus und Spontaneität, mit der Sie zu unkonventionellen Aktionen ermuntert werden. Ihr Salomo sieht Sie positiv und glaubt an Sie. Mit ihm können Sie eine wilde Radtour machen, eine lustige Spielerunde zusammentrommeln, sich zu einem erfrischenden Outfit überreden lassen oder neue Farben an Ihren Schlafzimmerwänden ausprobieren. Ihr Salomo macht Ihnen Mut, wenn Sie von finanziellen Sorgen geplagt werden, denn Salomo sieht die Guthabenseite des Lebens.

Er hat den inneren Reichtum eines wissenden Herzens, das auf Gott zielt. Weil in seinem Leben Gott die Mitte ist, hat er eine klare Hierarchie der Werte und kann gut beurteilen, was wirklich wichtig ist und was nicht.

2. einen Reisebegleiter (Paulus)

Wenn sich das gebuchte 3-Sterne-Hotel als völlig heruntergekommen erweist oder der verpasste Anschluss Ihre ganze Reiseplanung durcheinanderbringt, brauchen Sie einen flexiblen und unkomplizierten Menschen an Ihrer Seite. So jemand wie Paulus, der maßlose Strapazen auf seinen vielen Reisen ausgehalten hat – weil diese Reisen nicht nur äußere Touren waren, sondern aus tiefster Innerlichkeit motiviert waren.

Mit Ihrem Paulus haben Sie nicht nur einen idealen Reisegefährten, sondern können auch andere Projekte in Angriff nehmen. Ihr Paulus (bzw. Ihre Paula) erkennen Sie an einem wichtigen Detail: Mit ihm können Sie tiefschürfende Gespräche führen, müssen es aber nicht.

3. einen Verlässlichen (Josef im Neuen Testament)

Von unschätzbarem Wert ist ein Freund, der Ihnen aus Zuneigung (und nicht aus Boshaftigkeit oder Eifersucht) stets die ungeschminkte Wahrheit sagt. Wenn der Richtige die Botschaft überbringt, können Sie auch unangenehme Fakten über sich ertragen. Ihr Josef darf Ihnen sagen, dass Sie aus dem Mund riechen. Dass Ihre neue Brille nicht originell, sondern peinlich ist. Ihr Josef steckt Ihnen, welche Gerüchte über Sie kursieren. Sie finden Ihren Josef, indem Sie umgekehrt fragen: Wer in meinem Umkreis erträgt selbst immer die Wahrheit über sich?

Josef, der Verlobte Marias, empfängt im Traum die Botschaften seines Engels und vertraut ihnen. Er erfährt so die Wahrheit über sich und seine Lebensaufgabe.

4. einen Geheimen (Nikodemus)

Sie brauchen einen Menschen, bei dem Ihre intimsten Probleme, Ihre kühnsten Pläne und persönlichsten Freuden gut aufgehoben sind. Absolute Voraussetzung dazu ist Verschwiegenheit. Das gelingt am besten, wenn dieser Freund nicht in Ihrer unmittelbaren Umgebung lebt, sondern Sie ein Treffen vereinbaren müssen, so wie zu Jesus damals nachts der gelehrte Nikodemus kam. Manchmal genügt auch ein Kontakt per Mail. Eine Sonderform so eines Wüstenfreunds ist ein Therapeut, der »bezahlte Freund«. Der ist vor allem in Ländern wie den USA üblich, in denen die sozialen Kontakte ziemlich formell geregelt und intime Freundschaften selten sind.

Mit Ihrem Nikodemus reden Sie in einer Art Geheimsprache. Er versteht Details Ihres Innersten, die sonst keiner versteht. Frauen sagten dazu früher »Busenfreundin«.

5. einen ganz anderen (Johannes der Täufer)

Mit den meisten Ihrer Freunde sind Sie durch Gemeinsamkeiten verbunden: Alter, sozialer Status, Beruf, Hobby, Familiensituation, Lebensstil passen meist gut zusammen. Ihr Horizont erweitert sich jedoch durch Menschen aus einer anderen Altersstufe, einem anderen Kulturkreis, einer anderen sozialen Schicht, mit anderen Interessen, Lebensentwürfen und Einstellungen. Pflegen Sie mindestens eine solche Freundschaft, auch wenn Sie sich ein wenig fremd bleiben. Sie gewinnen Einblick in fremde Welten und eine neue Sicht auf Ihre eigene. Wenn Sie älter werden, ist es wichtig, wenigstens einen guten Freund aus der jungen Generation zu haben.

Jesus ließ sich von Johannes am Jordan taufen. Er machte den Ritus mit, den der Sonderling in der Wüste erfunden hatte. Aber Jesus lebte ganz anders. Er fastete nicht wie Johannes, der sich nur von Heuschrecken und wildem Honig ernährte, und er ist nicht so unvorsichtig wie Johannes. Der hatte König Herodes direkt persönlich angegriffen und wurde deswegen verhaftet.

Sehen Sie die guten Eigenschaften in anderen

»Die besten Dinge im Leben sind nicht die Dinge.« Auf dieser einfachen Einsicht beruht die Arbeit der amerikanischen Pädagogin Linda Kavelin-Popov. »Eltern sind besorgt, ihren Kindern materielle Sicherheit zu geben. Doch sie übersehen, wie viele wertvolle nichtmaterielle Schätze sie ihren Kindern vermitteln können.« Das Wertvollste, was sich im Kern aller Kulturen, Traditionen und Religionen findet, sind nach Kavelin-Popovs Erfahrung die erstrebenswerten menschlichen Eigenschaften, die man früher als Tugenden bezeichnet hat. Sie unterscheidet Tugenden von Werten.

Werte sind zum großen Teil kulturspezifisch, und die Ziele vieler Religionen sind gegen andere Religionen gerichtet. Worin sich die verschiedenen Kulturen aber erstaunlich ähneln, sind die guten Charakterqualitäten, die vom einzelnen Menschen erwartet werden. Sie werden in jeder Kultur auf verschiedene Weise praktiziert, aber über diese Grenzen hinweg gewürdigt und eignen sich in einer multikulturell werdenden Welt als Maßstäbe der Erziehung. Linda Kavelin-Popov hat das virtuesproject.com gegründet (auf Deutsch: tugendprojekt.de) und verschiedene Strategien entwickelt, mit denen die von ihr angeleiteten Pädagogen in Kindergärten und Schulen auch bei »schwierigen« Kindern erstaunliche Fortschritte erzielen.

Ihre Erkenntnisse lassen sich auch im Umgang von Erwachsenen nutzen – gegenüber Freunden, Bekannten, Mitarbeitern und bei vielen täglichen Gelegenheiten.

Würdigen Sie verborgene Tugenden

Wenn Sie einem anderen Menschen begegnen (gleich welchen Alters), sehen Sie ihn wohlwollend an und respektieren Sie seine Würde. Schauen Sie nicht in erster Linie auf seine Schwächen und Probleme, sondern auf seine Möglichkeiten, seine vielleicht verborgenen Talente und seine innere Schönheit. Sagen Sie sich: In ihm sind Tugenden versteckt, die ich noch nicht sehen kann.

Beispiel: Im Mittelalter war es Brauch, dass sich der Lateinlehrer zu Beginn seines Unterrichts vor seinen Schülern verbeugte, weil vor ihm zukünftige Bürgermeister, Professoren, Ärzte und Gelehrte saßen.

Erkennen Sie Lernmomente

Gerade Auseinandersetzungen und Konflikte bieten beste Möglichkeiten, um Ihren eigenen Charakter und den Ihrer Gegner zu kultivieren. Voraussetzungen dafür sind die Demut und das Vertrauen, dass alle Beteiligten aus Fehlern lernen können. Dann wird aus einem Stolperstein eine Stufe, aus einem Wutausbruch ein Aha-Erlebnis.

Beispiel: Zwei Kinder streiten mit den Fäusten darüber, wer Recht hat. Sie trennen beide, verurteilen mit klaren Worten die Gewaltbereitschaft und ermahnen beide streng. Sprechen Sie aber am Schluss jedem der Beteiligten Tugenden zu: »Ich bewundere, wie *selbstbewusst* du warst und nicht einfach nachgegeben hast. Und du hast deine Meinung mit großer *Entschlossenheit* verteidigt.«

Loben Sie tugendbewusst

Die Sprache prägt den Charakter. Mit der Wahl Ihrer Worte können Sie andere Menschen ermutigen und inspirieren. Die Sprache der Tugenden hilft, Beschimpfungen und Verletzungen durch gegenseitigen Respekt und gesundes Selbstbewusstsein zu ersetzen.

Beispiel: Sagen Sie als Lob nicht einfach »Super!« oder »Das hast du toll gemacht«. Benennen Sie die gute Eigenschaft des anderen mit dem klassischen Tugendbegriff: »Das war *mutig* von dir.« »Ich finde, hier haben Sie wirklich *Großzügigkeit* bewiesen.«

Entdecken Sie Tugendreservoirs

Gesellschaft und Tradition setzen heute weniger Grenzen als früher, die Verantwortung des Einzelnen wird immer wichtiger. In den Gemeinschaften muss das geübt werden: in Familie, Schule, Kindergarten, Gemeinde, Verein, Firma. Je mehr sie von Tugenden getragen werden, um so sicherer, gesünder und glücklicher fühlen sich deren Mitglieder.

Beispiel: Beurteilen Sie Zeitungsberichte, TV-Serien, Spielfilme, Idole, Computerspiele usw. nicht von außen, sondern betrachten Sie sie durch die verständnisvolle Brille der Tugenden. Entdecken Sie, dass der tollpatschige Spongebob die Tugenden der *Herzensreinheit* und *Freundschaft* verkörpert (und dadurch in schreckliche Situationen gerät). Oder dass die martialischen Ballerspiele die Tugenden der loyalen *Treue* und *Einsatzbereitschaft* hochhalten.

Bieten Sie spirituelle Begleitung

Bleiben Sie aufmerksam, hören Sie mit Mitgefühl und Anteilnahme zu. So helfen Sie anderen, das Beste in sich zu entdecken und an eine gute Zukunft zu glauben. Ermutigen Sie dazu, Konflikte friedlich zu lösen und bewahren Sie damit Menschen vor Depressionen, Zorn und Trauer.

Beispiel: Wenn bei einer Unterhaltung über nicht anwesende Menschen schlecht gesprochen wird, lenken Sie das Gespräch auf die guten Eigenschaften dieser Person. Lassen Sie sich nicht abschrecken durch Ablehnung oder Gekicher. Jeder Mensch hat ein Recht darauf, das positive Potential eines Menschen zu erfahren und dann auch an sich selbst zu entdecken.

Die Liste der Tugenden

Es ist gar nicht so einfach, die Tugenden in ein einheitliches System zu bringen. In der Bibel findet sich keines. Aus der Bergpredigt Jesu lassen sich die folgenden Tugenden herausdestillieren: Gerechtigkeit, Barmherzigkeit, Sanftheit, Reinheit des Herzens und Friedfertigkeit. In den Briefen des Neuen Testaments gibt es Aufzählungen schlechter und guter menschlicher Eigenschaften, die so genannten Tugendkataloge. Im Epheserbrief (3,5–4,1) werden dabei aufgezählt: Erbarmen, Freundlichkeit, Demut, Sanftmut, Geduld, Vergebung, Liebe, aber auch die Unterordnung der Frau unter den Mann und bei Kindern Gehorsamkeit in allen Dingen.

Tugenden sind einem fortwährenden Wandel unterworfen. Bestimmte menschliche Eigenschaften werden stärker herausgehoben (bei uns derzeit Eigenverantwortung und Selbstständigkeit), andere rücken in den Hintergrund oder fliegen (wie die Unterordnung der Frau) ganz heraus.

Als die vier klassischen Grundtugenden gelten *Weisheit, Gerechtigkeit, Tapferkeit* und *Mäßigung*. Aristoteles bezeichnet diese vier als den Weg zu einem geglückten Leben. Das gelingt, wenn ein Mensch die in ihm angelegten Möglichkeiten verwirklicht.

Die altchristliche Theologie zählte zu diesen vier weltlichen Tugenden noch die drei göttlichen Tugenden *Glaube, Hoffnung* und *Liebe* (aus dem 1. Brief des Paulus an die Korinther 13,13).

Bescheidenheit, Verlässlichkeit und Aufrichtigkeit galten im Mittelalter als die klassischen Tugenden eines Ritters. Der Dichter Heinrich von Mügeln entwickelte um 1355 eine Lehre mit zwölf Tugenden: Weisheit, Gerechtigkeit, Mäßigkeit, Starkmut, Wahrheit, Barmherzigkeit, Friedfertigkeit, Güte, Demut, Glaube, Hoffnung und Liebe.

Im Bürgertum kamen neue Tugenden hinzu, die das soziale Miteinander auf engem Raum besser regeln sollten: Ordentlichkeit, Pflichtbewusstsein, Sparsamkeit, Fleiß, Sauberkeit und Pünktlichkeit. Die oft zitierten »preußischen Tugenden« sind kein festgelegter Katalog von Eigenschaften. Die Könige Friedrich Wilhelm I. und sein Sohn Friedrich der Große verstanden sich als moralische Vorbilder. Sie fügten den genannten Tugenden unter anderem noch Bescheidenheit, Toleranz (»jedem das Seine«), Härte gegen sich selbst, Selbstverleugnung, Unbestechlichkeit, Unterordnung und Zurückhaltung hinzu (»Mehr sein als scheinen«).

biblify-Tipp: Die Tugend des Tages

Tugendprojekt.de zählt 52 Tugenden auf, die sich zum Teil ähneln und überschneiden. Hier habe ich sie zu Themengruppen zusammengefasst. Lesen Sie diese Aufzählung durch, am besten halblaut, und spüren Sie Ihre Emotionen zu jedem einzelnen Wort. Manche werden Ihnen gefallen (»Das finde ich auch bei mir«), bei anderen wird sich vielleicht Ihr Widerstand regen.

Nehmen Sie in jedem Fall einen Begriff mit in Ihren Tag. Machen Sie ihn zu Ihrem »Thema des Tages« und erwecken Sie damit einen jahrtausendealten bewährten Wert zu neuem Leben.

Demut

Dazu gehören: Dankbarkeit, Bescheidenheit, Mäßigung, Höflichkeit.

Das Wort Demut kommt vom mittelhochdeutschen Wort diomuoti, »Mut zum Dienst«. Ein biblisches Urbild für einen demütigen Menschen ist der Hauptmann von Kapernaum, der Jesus um Heilung seines Knechtes bittet, aber gleich hinzufügt:

> »Herr, ich bin es nicht wert, dass du mein Haus betrittst. Sprich nur ein Wort, dann wird mein Diener gesund.« (Matthäus 8,8)

In leicht abgewandelter Form (statt »Diener« heißt es dann »Seele«) hat dieser Ausspruch Eingang gefunden in die Liturgie vor allem der katholischen Kirche. Es ist der Satz, mit dem sich die Gemeinde vorbereitet auf den Empfang des Sakraments der Eucharistie (Abendmahl). Demut meint nicht die falsche kriecherische Unterwerfung, sondern die Erkenntnis des realen Unterschiedes zwischen Jesus und dem Hauptmann. Demut ist die Einsicht, dass wir Menschen unendlich zurückbleiben hinter der Vollkommenheit Gottes.

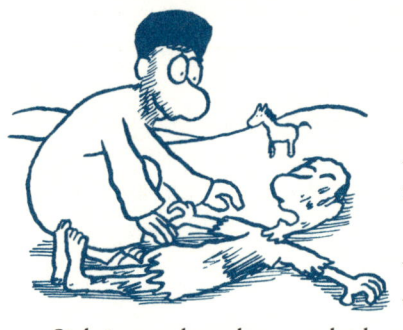

Erbarmen

Dazu gehören: Barmherzigkeit, Verzeihung, Vergebung.

Das Wort Erbarmen leitet sich her vom althochdeutschen Wort »barm«, was so viel meint wie »Schoß, Busen«. Sich jemandes erbarmen bedeutet also im Ursinn, ihn auf den Schoß zu setzen und ans Herz zu ziehen. Das biblische Urbild des erbarmungsvollen Menschen ist wieder einmal ein Nichtjude: der barmherzige Samariter in der Gleichnisrede, die Lukas (10,25–37) überliefert: Ein Mann fällt auf dem Weg von Jerusalem nach Jericho unter die Räuber. Ein Priester geht vorüber, ebenso ein frommer Levit. Der den Ausgeplünderten als Menschen behandelt – nämlich erbarmungsvoll –, ist ausgerechnet ein vom Volk Israel verachteter Samariter.

Ehrlichkeit

Dazu gehören: Aufrichtigkeit, Integrität, Wahrhaftigkeit, Loyalität, Verbindlichkeit, Verantwortung.

Ehrlichkeit betont den Aspekt der Ehre in der persönlichen Lebensführung: Wer nicht ehrlich ist (und lügt oder betrügt), verspielt seine Ehre und sein Ansehen bei anderen. Unter den biblischen Personen können als besonders ehrlich gelten: Hiob, der Gott ins Angesicht hinein widersteht. Thomas, der nicht an den Auferstandenen glauben möchte, bevor er nicht die Hand in die Wunde an dessen Seite gelegt hat. In der Bibel wird Ehrlichkeit (auch wenn sie peinlich wirkt) niemals kritisiert, sondern als beispielhaft herausgestellt. Scharf geht Jesus dagegen mit den heuchlerischen Schriftgelehrten ins Gericht:

> *»Gierig reißen sie das Vermögen der Witwen an sich. Dabei tarnen sie ihre Absichten mit langen Gebeten.«* *(Markus 12,40a)*

Gerechtigkeit

Dazu gehören: Großzügigkeit, Mut.

Gerechtigkeit ist der soziale Zustand, in dem jeder »das Seine« bekommt, also das, was ihm zusteht. In der Bibel gibt es nicht nur Gerechtigkeit gegenüber Menschen, sondern auch eine Gerechtigkeit gegenüber Gott, dem Dank, Lob, Ehre und Anbetung zustehen. Biblische Gerechtigkeit erschöpft sich dabei nicht in bloßer Zuteilung von Werten, auf die man ein Recht hat. So wird Josef, der Bräutigam Marias, »gerecht« genannt (Matthäus 1,9), weil er den Mut hatte, bei seiner schwangeren Braut zu bleiben, obwohl er sie nach gängigem Recht hätte verstoßen können.

Entschlossenheit

Dazu gehören: Zielstrebigkeit, Selbstbehauptung, Selbstdisziplin, Selbstvertrauen.

Entschlossenheit ist die Kraft, das als richtig Erkannte zielstrebig zu realisieren, auch gegen innere und äußere Widerstände. Die Vätergestalten des Alten Testaments waren allesamt entschlossene Leute: Noah, der die rettende Arche baut (1. Mose / Genesis 6–9). Abraham, der auf Gottes Weisung hin in die Fremde zieht (1. Mose / Genesis 12) und mit Gott um die Rettung Sodoms feilscht (1. Mose / Genesis 18). Oder Jakob, der einen Ringkampf mit einem Engel durchsteht und sich am Schluss dessen außergewöhnliche Kraft sichert:

»Ich lasse dich nicht los, es sei denn, du segnest mich.«
(1. Mose / Genesis 32,27)

Fleiß

Dazu gehören: Eifer, Einsatz, Enthusiasmus, Zuverlässigkeit.

Fleiß ist eine Tugend, die in der Bibel eher selten vorkommt. Umso häufiger findet sich der Eifer:

Der Eifer für dich verzehrt mich. (Psalm 119,139)

Paulus, der diese Tugend besonders zu lieben schien, ruft die Gemeinde von Rom auf:

Lasst nicht nach in eurem Eifer, lasst euch vom Geist entflammen und dient dem Herrn! (Römer 12,11)

Paulus hat auch keine Hemmungen, sich selbst als gutes Beispiel zu beschreiben:

In der Treue zum jüdischen Gesetz übertraf ich die meisten Altersgenossen in meinem Volk und mit dem größten Eifer setzte ich mich für die Überlieferungen meiner Väter ein. (Galater 1,14)

Sauberkeit

Dazu gehören: Ordnung, Organisationsvermögen.

Sauberkeit gehört historisch gesehen zu den bürgerlichen Sekundärtugenden und wird in der Bibel nicht erwähnt. Als Jesus die Geldwechsler und Händler aus dem Jerusalemer Tempel verjagte, empfand Martin Luther dies jedoch als einen ordnenden Akt, mit dem Jesus die spirituelle Verschmutzung beseitigen wollte – und gab diesem Abschnitt die treffende Überschrift »Reinigung des Tempels«.

Geduld

Dazu gehört: Durchhaltevermögen.

Die Tugend der Geduld findet sich in der Bibel nirgends nachdrücklicher verkörpert als bei Hiob, dem tragischen Mann, dem Schritt für Schritt alles genommen wird, bis er elend in der Asche sitzt. Nur eines kann dem geduldigen Dulder Hiob nicht genommen werden: sein unerschütterlicher Glaube. Ausführlich behandelt wird dieser Höhepunkt jüdischer spiritueller Literatur ab Seite 254.

Einigkeit

Dazu gehört: Zusammenarbeit.

Im Johannesevangelium hält Jesus eine große Abschiedsrede, in der er seinen Jüngern eine Art Testament hinterlässt. Einer der zentralen Begriffe in diesem eindrucksvollen geistigen Vermächtnis ist das Wort Einheit:

Alle sollen eins sein: Wie du, Vater, in mir bist und ich in dir bin, sollen auch sie in uns sein, damit die Welt glaubt, dass du mich gesandt hast. (Johannes 17,21)

Angesichts dieses letzten Wunsches Jesu ist die Trennung der Christenheit in Konfessionen eine Wunde, ein Skandal und ein offener Widerspruch gegen den Gründer.

Freundlichkeit

Dazu gehören: Freude, Kreativität.

Die Freundlichkeit ist eine biblische Tugend, die man am besten an Jesus selbst ablesen kann. Jesus war ein Mann der Freundschaft: als er Männer und Frauen in seine Nähe rief, mit Zöllnern und Sündern speiste. Als er sich berühren, im Schlaf stören, in die Häuser der Verrufenen einladen und um sofortige Heilung angehen ließ. Und als er den Menschen in seiner Nähe das große Wort sagte:

> *»Ich nenne euch nicht mehr Knechte; denn der Knecht weiß nicht, was sein Herr tut. Vielmehr habe ich euch Freunde genannt; denn ich habe euch alles mitgeteilt, was ich von meinem Vater gehört habe.«* (Johannes 15,15)

Sanftmut

Dazu gehören: Friedlichkeit, Abstand, Behutsamkeit, Flexibilität.

Wahrscheinlich gibt es keine Person in der Bibel, die zärtlicher, intuitiv erkennender, instinktsicherer gezeichnet ist als Maria von Magdala. Besonders das 20. Kapitel des Johannesevangeliums zeichnet sie als große Sanftmütige, als sie in Tränen vor dem leeren Grab steht und von zwei Engeln getröstet wird. Anschließend kommt es zu einer wunderbaren Begegnung zwischen Tag und Traum, einem Hauch von Berührung mit dem Auferstandenen:

> *Jesus sagte zu ihr: »Maria!« Da wandte sie sich ihm zu und sagte auf Hebräisch zu ihm: »Rabbuni!«, das heißt: Meister. Jesus sagte zu ihr: »Halte mich nicht fest.«* (Johannes 20,16–17)

In allen Erzählungen, in denen Maria Magdalena und Jesus vorkommen, wird stets sorgfältig der Abstand gewahrt zwischen dem Menschlichen und dem Göttlichen, zwischen zärtlicher Freundschaft und erotischer Liebe – wie immer das Verhältnis der beiden zueinander auch gewesen sein mag.

Toleranz

Dazu gehören: Respekt, Rücksichtnahme, Verstehen.

Eine klassische (und für viele ärgerliche) Geschichte über Toleranz findet sich im 10. Kapitel des Lukasevangeliums: Jesus kehrt ein im Haus der Marta. Sie übt an Jesus die hohe Kunst der Gastfreundschaft, ihre Schwester Maria aber sitzt ihm zu Füßen und lauscht ihm. Jesus weist Martas Klage über die »faule« Maria zurück:

> *»Marta, Marta, du machst dir viele Sorgen und Mühen. Aber nur eines ist notwendig. Maria hat das Bessere gewählt, das soll ihr nicht genommen werden.« (Lukas 10,41–42)*

Der große christliche Mystiker Meister Eckhart hat diese Aufforderung Jesu zum Respekt vor der jeweils eigenen Rolle so interpretiert: »Da sprach Christus, als ob er sagen wollte: Gib dich zufrieden, Marta, auch sie hat den besten Teil erwählt. Dies soll ihr nicht fehlen. Das Höchste, was Kreaturen zuteilwerden kann, das soll ihr werden: Sie soll heilig werden wie du.«

Liebe

Dazu gehören: Liebenswürdigkeit, Fürsorglichkeit, Hilfsbereitschaft, Idealismus, Mitgefühl, Taktgefühl, Vertrauen.

Diese größte und erste aller Tugenden ist Gegenstand eines eigenen Kapitels in diesem Buch: Nutzen Sie die Energie des Hohen Lieds der Liebe (Seite 122).

Anti-Lügen-Training

Ein gutes Beispiel für die Anwendung einer der biblischen Tugenden ist die Ehrlichkeit. Täglich werden Sie mit großen und kleinen Situationen konfrontiert, in denen Ihr Sinn für Aufrichtigkeit auf die Probe gestellt wird. Ein paar Beispiele:

Eine Mutter ist gestresst. »Sag Tante Anna, dass ich beim Einkaufen bin«, instruiert sie flüsternd ihre Tochter, die den Anruf der Tante entgegengenommen hat.

Ein Vertreter ist bei seinem wichtigsten Kunden zum Essen eingeladen. Obwohl er weiß, dass ihm die Ente mit Blaukraut schwer im Magen liegen wird, preist er das Essen als sein Lieblingsgericht.

Ein Vater hat riesigen Kummer mit den Schulproblemen seines Sohnes. Trotzdem beschreibt er ihn bei allen Kollegen als fleißig und begabt, um ihm den baldigen Einstieg in das Unternehmen zu ermöglichen.

Eine junge Frau hat als Kind traumatische Erfahrungen durch sexuellen Missbrauch gemacht. Sie traut sich aber nicht, ihrem Freund davon zu erzählen, weil er sie sonst verlassen könnte.

Wodurch die Wahrheit blockiert wird

So gut wie jede Lüge hat zu tun mit Angst: Angst vor negativen Konsequenzen für sich selbst, für den anderen oder für die Beziehung.

Hinter dem Gebot des Mose »Du sollst kein falsches Zeugnis ablegen!« steckt eine alte Menschheitserfahrung: Unwahrheit kann Beziehungen belasten oder zerstören. Allerdings kann auch Wahrheit zu Konflikten führen. Doch wenn Sie sich die Konsequenzen der Wahrheit auf lange Sicht vor Augen malen, werden Sie sehen, dass am Ende auch in unangenehmen Wahrheiten eine gute Zukunft für alle steckt.

Wahrheit fördert Wahrheit. Die Mutter zeigt ihrer Tochter durch ihr Vorbild, dass Notlügen akzeptabel sind. *Besser:* Sie ergreift den Telefonhörer selbst und verspricht, am nächsten Tag zurückzurufen.

Wahrheit ermöglicht Veränderung. Der Vertreter bekommt beim nächsten Mal womöglich wieder sein »Lieblingsessen« vorgesetzt. *Besser:* Er lobt das Essen, bittet aber mit Hinweis auf seinen empfindlichen Magen um eine kleine Portion.

Wahrheit entspannt. Der Vater ist in permanenter Sorge um die berufliche Zukunft seines Sohnes. *Besser:* Er spricht offen über seinen Kummer. So bekommt er von anderen vielleicht Tipps für eine bessere Ausbildung. Und er schürt im Unternehmen nicht übertriebene Erwartungen an seinen Sohn, an denen der früher oder später scheitern wird.

Wahrheit vertieft Beziehungen. Durch ihre Zurückhaltung erscheint die junge Frau möglicherweise kontaktscheu. *Besser:* Sie steht zu ihren Problemen und erfährt von ihrem Freund Verständnis und Nähe. Bekommt sie das nicht, wäre er auf lange Sicht nicht der richtige Partner für sie.

Wege aus der höflichen Notlüge

Manche Notlügen entstehen aus Höflichkeit. Sie sagen die Unwahrheit, um eine Kränkung zu vermeiden. Zeigen Sie Ihre Wertschätzung stattdessen auf andere Weise.

Beispiel: Ihre Partnerin kommt frustriert aus dem Büro, weil sie keine Prämie erhalten hat. Geben Sie jetzt keine – womöglich überzogene – Einschätzung ihrer Leistung ab (»Du bist doch 100-mal tüchtiger als deine Kollegen«). Sondern reagieren Sie einfach nur mitfühlend: »Das tut mir leid. Das ist bestimmt eine riesige Enttäuschung für dich.«

Seien Sie ehrlich zu sich selbst

Ehrlichkeit fällt besonders schwer, wenn es nicht um Sachen, sondern um Sie selbst geht. Nur wenn Sie sich selbst akzeptieren, können Sie sich öffnen und anderen Ihr wahres Ich zeigen. Verbinden Sie Eigenschaften, die Sie an sich selbst nicht mögen, mit einem Vorteil. Jede Schwachstelle birgt eine Gabe! Dann fällt es leichter, zur Wahrheit zu stehen.

Beispiel: »Weil ich Angst habe, vor anderen zu sprechen, bin ich ein guter Zuhörer.« »Meine Herkunftsfamilie war nicht stabil. Dadurch bin ich früh selbstständig geworden.« »Ich habe furchtbare Höhenangst. Ich glaube, dadurch habe ich eine Art siebten Sinn für Gefahren entwickelt, die andere für harmlos halten.«

Nutzen Sie die Energie des Hohen Lieds der Liebe

Die Liebe ist langmütig und freundlich,
die Liebe beneidet nicht, sie prahlt nicht,
sie bläht sich nicht auf.
Sie verletzt nicht,
sie sucht nicht ihren eigenen Vorteil,
sie lässt sich nicht erbittern, sie rechnet das Böse nicht an.
Sie freut sich nicht über die Ungerechtigkeit,
sie freut sich aber über die Wahrheit.
Sie erträgt alles, sie glaubt alles, sie hofft alles, sie duldet alles.
(1. Korintherbrief 13,1–6)

Wäre das nicht großartig, wenn es für diese Liebe, die Paulus in seinem berühmten »Hohen Lied der Liebe« besingt, Fitnessübungen gäbe wie für Ihr Herz-Kreislauf-System? Wenn Sie nicht nur den Muskel Ihrer Blutpumpe, sondern auch die emotionalen Fähigkeiten Ihres Herzens trainieren könnten? Hier ein paar Übungen, mit denen sich Liebe und Mitgefühl tatsächlich verbessern lassen.

Mitgefühl statt Projektion

Empathie nennt man die Eigenschaft, sich in einen anderen einzufühlen. Diese Vernetzung mit dem Herzen des anderen ist eine Voraussetzung für jede Art von Liebe. Doch häufig wird Empathie verwechselt mit Projektion.

biblify-Tipp: Schalten Sie Ihren inneren Beamer ab

Beispiel: Sie werden von Ihrer Frau ermahnt, bei diesem Wetter eine Mütze aufzusetzen. Sie meinen, sich in sie hineinzuversetzen und sagen: »Du redest wie meine Mutter.« In Wahrheit ist das aber eine Projektion, denn die Idee kommt von Ihnen: *Sie* kommen sich vor wie ein Kind, das eine Anweisung empfängt. *Sie* schalten Ihren inneren Beamer in den Kindheits-Modus. Eine empathische Antwort wäre: »Du machst dir Sorgen um meine Gesundheit.« Empathie deutet und bewertet nicht, sie beobachtet nur genau die aktuellen Empfindungen des anderen. Wenn Sie empathisch reagieren, fühlen Sie nicht Ihre Verletzung (»Ich bin doch kein Kind mehr!«), sondern Sie schützen sich (»Du sorgst dich, das ist nett von dir. Aber ich kann für mich selbst sorgen«). Das ist anfangs schwer, aber es lässt sich üben.

biblify-Tipp: Sammeln Sie Geschichten wie die Brüder Grimm

Normalerweise hören Sie anderen Menschen zu und warten auf Pausen, in denen Sie selbst etwas sagen können. Das ist aber ziemlich passives Hören. Trainieren Sie eine Woche lang, anderen Leuten nicht nur zuzuhören, sondern sie aktiv interessiert so lange zu fragen, bis sie eine kleine Begebenheit erzählen, die für sie typisch ist. Stellen Sie sich vor, Sie wären einer der Gebrüder Grimm und sammeln solche symbolhaltigen Geschichten.

Hören Sie Lieder und Filmdialoge ebenfalls mit Brüder-Grimm-Ohren. Sie werden merken, wie nah Sie dem Herzen eines Menschen kommen, wenn Sie nicht nur wertend sagen: »Bernhard ist ein ängstlicher, junger, verliebter Mann«, sondern eine Story von ihm kennen: Wie er beim ersten Treffen mit seiner Angebeteten vor lauter Aufregung eine volle Tasse Latte macchiato in seine Aktentasche gekippt hat. Dadurch werden Sie nicht nur ein mitfühlender Mensch, sondern auch ein guter potenzieller Drehbuchautor.

biblify-Tipp: Machen Sie es wie Robert de Niro

Robert de Niro, wohl einer der besten US-Schauspieler, ahmt fortwährend die Körpersprache anderer Menschen nach, um sich in sie hineinzuversetzen. Folgen Sie seinem Beispiel. Imitieren Sie, während Sie mit jemandem sprechen oder ihm zuhören, dessen Gesichtsausdruck, seine Körperhaltung, seine Art zu reden, einzelne Gesten. Keine Sorge, das wirkt nicht ungezogen. Solange Sie es nicht übertreiben, wird es Ihr Gegenüber gar nicht merken.

Das frappierende Ergebnis: Sie spüren dabei schon nach wenigen Minuten so eine starke Übereinstimmung und können sich so tief in die Gedankengänge des anderen versetzen, dass er Sie möglicherweise für einen Hellseher hält.

biblify-Tipp: Tauschen Sie den Körper

Eines Morgens im Körper eines anderen aufzuwachen – das ist ein nachdenklicher Spaß in etlichen so genannten Bodyswitch-Hollywoodkomödien. In Gedanken können Sie das auch selbst durchführen. Wenn Sie irgendwo unter Menschen sind (in der U-Bahn, während eines Meetings, beim Warten in einer Schlange), wählen Sie sich eine Person aus und tauschen Sie mit ihr die Gestalt. Ping! und Sie sind der unglaublich dicke bärtige Hip-Hopper in dem Trainingsanzug da drüben. Spüren Sie, wie das ist, so einen gewaltigen Körper mit sich herumzuschleppen, sich aber zugleich enorm von ihm geschützt zu fühlen. Erleben Sie seinen riesigen Durst, seinen Appetit, seine Kraft und seine Schwerfälligkeit.

Wieder Ping! und Sie sind die angriffslustige Frau am Konferenztisch gegenüber. Sie spüren plötzlich, was an Ihnen diese Frau so wütend macht und wie Sie sich verhalten müssten, um ihre Aggression zu stoppen.

Eine Person, die Sie anfänglich abstoßend oder unsympathisch fanden, wird Ihnen dadurch bald eigenartig vertraut vorkommen. Probieren Sie diese Übung unbedingt aus, denn sie ist ein hervorragendes Heilmittel gegen Arroganz und Vorurteile. Versetzen Sie sich in wunderschöne Körper (auch des anderen Geschlechts) und unscheinbare, in starke und schwache, und entdecken Sie Ihre ungeahnte neue Gabe, das zu können.

biblify-Tipp: Lassen Sie Ihre Liebe leuchten

Für die nächste Stufe der Empathie gehen Sie an einen Ort, den Sie mögen und an dem Sie ungestört allein sind. Lesen Sie mehrmals das Hohe Lied der Liebe, das über diesem Kapitel steht. Stellen Sie sich vor, wie der Inhalt dieser Worte während des Lesens in Sie hineinströmt – wie flüssiges, warmes Licht, das Sie von innen strahlen lässt. Ein Glühen, das Sie still und zufrieden macht. Wenn Sie wollen, stellen Sie sich vor, dass dazu eine Melodie in Ihnen erklingt, ein schwebender Klang oder ein Rauschen von Wasser oder Wind. Genießen

Sie dieses Gefühl mindestens eine Viertelstunde lang mit geschlossenen Augen.

Gehen Sie danach zu einem Menschen, den Sie mögen, und geben Sie ihm von dem flüssigen Licht in Ihnen ab. Stellen Sie sich vor, dass die Energie dabei noch zunimmt und in Ihnen immer mehr von dieser Liebe produziert wird. Sie werden spüren, wie tatsächlich Energie aus den Worten des Apostels Paulus in Ihnen ist, die auch für andere Menschen spürbar ist.

Der schwarze Gürtel in Sachen Mitgefühl

Diesen höchsten Grad der großartigen Fähigkeiten Ihres Herzens erwerben Sie, wenn Sie die Vorstellung mit dem flüssigen goldenen Licht auch bei Menschen anwenden, die Ihnen gleichgültig sind oder sogar unsympathisch. Forcieren Sie diesen Vorgang nicht, wenn er nicht von selbst kommt. Und tun Sie ja nicht so als ob.

Menschen, die diese Übungen durchgeführt haben, berichten von einem Gefühl der Verbundenheit mit allen Lebewesen und der ganzen Welt, das ihre Einsamkeit völlig verschwinden ließ. Vor allem Männer waren erstaunt, dass sie viel weniger Konflikte mit ihrer Partnerin hatten. Empathie ist eine phantastische Fähigkeit Ihres Herzens, und die Kraft des Hohen Lieds der Liebe ist eine kostenlose Energiequelle. Es wäre eine Schande, sie verkümmern zu lassen.

biblify-Tipp: Sprechen Sie das Hohe Lied der Liebe neu

Ersetzen Sie in dem Text des Paulus das Wort »die Liebe« durch »ich«. Dann heißt es also: »Ich bin langmütig und freundlich, ich beneide nicht, ich prahle nicht, ich blähe mich nicht auf ...«

Können Sie das so sprechen? Wenn ja, dann werden Sie merken, welch enormer Anspruch im Hohen Lied der Liebe steckt, aber auch welche Kraft und Größe.

biblify your love

*Gehen Sie auf biblische Weise
mit Ihrem Partner um*

Von der Liebe ist in der Bibel viel die Rede, auch von der Liebe zwischen Mann und Frau. Die ist in unserer Zeit offenbar sehr schwierig geworden. Ein hoher Prozentsatz von Ehen und Beziehungen scheitert, denn die Rollen von Mann und Frau haben sich in den letzten Jahrzehnten drastisch verändert. Um die Liebe zu Ihrem Partner oder Ihrer Partnerin zu **biblifyen**, fangen Sie am besten ganz am Anfang der Bibel an.

Lernen Sie von Adam und Eva

Es ist eine ganz normale menschliche Schwäche, dass wir uns manchmal zurücksehnen nach früher. Damals, als wir so wahnsinnig verliebt waren. Als wir uns nur anzusehen brauchten und glücklich waren, diesen wunderbaren Menschen gefunden zu haben. Als wir uns die Wünsche gegenseitig von den Augen abgelesen haben. Ja, da lebten wir im Paradies! Aber jetzt?

Erforschen Sie Ihr inneres Paradies

Der Traum vom Paradies steckt tief in unserer Seele. Ebenso die Empfindung, dass wir gerade mal wieder daraus vertrieben werden – herausgeworfen aus dem Garten Eden. Höchste Zeit, sich einmal die Originalgeschichte anzusehen. Wie war denn das genau mit dem Paradies?

Es gibt eine bemerkenswerte Theorie über die Frühgeschichte der menschlichen Gesellschaft, die ihren Niederschlag in diesem Mythos gefunden hat. Der amerikanische Philosoph Ken Wilber meint, dass die Erzählung von der Vertreibung aus dem Paradies die Erinnerung an einen der massivsten Schocks in der Geschichte der frühen Menschheit aufbewahrt. Es war der Übergang von der Gartenbau- zur Ackerbaugesellschaft, und er ist verbunden mit einer revolutionären Veränderung der Geschlechterrollen. Heute, inmitten einer weiteren Revolution im Verhältnis von Männer- und Frauenmustern, ist es wichtig und reizvoll, sich mit dem Umbruch von damals zu beschäftigen.

Der Garten Eden hat wirklich existiert

Viele Jahrtausende lang hatten die Vorfahren der Menschen buchstäblich im Paradies gelebt, vermutlich irgendwo im heutigen Ostafrika. Es waren wohl wirklich »Vorfahren der Menschen«, denn diese frühen Zweibeiner sahen uns heutigen Menschen vielleicht ähnlich, waren  vom Verhalten her aber noch eher Tiere. Sie lebten als Horde, waren Allesfresser, ernährten sich aber hauptsächlich von Pflanzen. Die Männer lebten für sich und bekamen vom Reich der Frauen und Kinder nicht viel mit. Sorgen um die Nahrung musste sich niemand machen, denn es wuchs genug von selbst. Das Leben bestand ähnlich wie bei einer Affengruppe im Zoo hauptsächlich aus Essen und Rumhängen. In der Paradieserzählung ganz am Anfang der Bibel wird diese Zeit beschrieben:

> *Und Gott der Herr pflanzte einen Garten in Eden gegen Osten hin und setzte den Menschen hinein, den er gemacht hatte. Gott der Herr ließ aufwachsen aus der Erde allerlei Bäume, verlockend anzusehen und gut zu essen. Gott der Herr nahm den Menschen und setzte ihn in den Garten Eden, dass er ihn bebaute und bewahrte. (1. Mose/Genesis 2,8.9.15)*

Die frühen Menschen in der Gartenbauära haben sich um die Pflanzen gekümmert. Sie haben gelernt, welche essbar sind und welche nicht. Viel Pflege war aber nicht nötig, es wuchs überall und massenweise.

Die Vertreibung war eine Naturkatastrophe

Aber dann gab es einen gravierenden Einbruch in der Vegetation der Erde, vielleicht eine Klimakatastrophe, ein Vulkanausbruch oder was auch immer. Es gibt verschiedene Theorien, wann das gewesen sein könnte – vor 20 000 oder auch 100 000 Jahren. Es muss auch nicht alle damals auf der Erde wohnenden Menschen betroffen haben. Aber für eine große Zahl von ihnen verdorrte der Garten. Das Essen wuchs ihnen nicht mehr in den Mund hinein. Die Horden begannen zu wandern, suchten nach lebensfreundlicheren Gefilden. Einige entdeckten, dass man für die Nahrung auch sorgen konnte: im Frühjahr etwas anbauen und im Herbst ernten. Oder auf die Jagd gehen. Oder Tiere züchten. Das alles konnte nur gelingen, wenn die Menschen neue Fähigkeiten entwickeln: den Wechsel der Jahreszeiten beobachten, der Natur auf die Schliche kommen, Waffen bauen, das Feuer beherrschen.
Diese Nahrungskatastrophe wird auch in der Bibel beschrieben, und zwar als Fluch:

Verflucht sei der Acker um deinetwillen! Mit Mühsal sollst du dich von ihm ernähren dein Leben lang. Dornen und Disteln soll er dir tragen, und du sollst das Kraut auf dem Feld essen. Im Schweiße deines Angesichts sollst du dein Brot essen. (1. Mose / Genesis 3,17–18)

Vor allem aber verlangte der Schock in der Ernährungssituation eine Umstellung der Rollen von Männern und Frauen. Das war ein Schock, mit dessen Auswirkungen wir noch heute zu tun haben.

Die Mann-Frau-Revolution der Frühgeschichte

Die Frauen waren im Hordendasein fast pausenlos beschäftigt mit dem Schutz, der Ernährung und der Betreuung der Kinder. Damit der Ackerbau, die Jagd oder die Viehzucht gelingen konnten, war es vorbei mit dem entspannten Leben der männlichen Vor-Menschen. Es kam zu einer gewaltigen sozialen Revolution. Einiges deutet darauf hin, dass sie von den Frauen ausging. Es wurde ein unausgesprochener

Vertrag geschlossen: Ihr Männer helft mit bei der Nahrungsbeschaffung, und dafür bekommt ihr innerhalb unserer Gemeinschaft die führende Position.

Zu der Frau sprach Gott der Herr: Dein Verlangen soll nach deinem Mann sein, und er soll dein Herr sein. (1. Mose / Genesis 3,16)

Damit wurden die Weichen gestellt in eine ganz neue Welt: die Welt der Ackerbauern und Viehzüchter, die Welt der Wissenschaft, Kultur – und auch die Welt der Musik, der Kunst, der Malerei, der Religion.

Der große Schock bedeutete nicht nur ein völliges Umkrempeln der sozialen Strukturen. Durch ihn kam es zur Entwicklung des Bewusstseins, wahrscheinlich durch die natürliche Auslese: Wer den notwendigen geistigen Fortschritt nicht geschafft hat, ist früher oder später verhungert.

Die Entwicklung eines denkenden und planenden Bewusstseins ist das eigentliche Thema der Paradieserzählung in der Bibel. Es ist schwierig, so etwas Unanschauliches wie den menschlichen Geist darzustellen. Der Erzähler der Paradiesgeschichte verwendet daher einen wunderbaren Trick und stellt den Geist dar durch ein Symbol:

Gott der Herr stellte eine Regel auf für den Menschen und sprach: Du darfst essen von allen Bäumen im Garten, aber von dem Baum der Erkenntnis des Guten und Bösen darfst du nicht essen, denn an dem Tag, an dem du davon isst, wirst du sterben. (1. Mose / Genesis 2,16–17)

Um diesen letzten Satz zu verstehen, muss man sich von der erzählten Handlung ziemlich weit lösen. Adam war nicht der erste Mensch. Vor ihm gab es Tausende von Generationen nicht-bewusster Menschen. Adam steht für *den einen* Menschen, der den gewaltigen Schritt zum Bewusstsein getan hat. Und in diesem Sinne war er dann doch der erste, der den Namen Mensch verdient hat.

Das Licht der Bewusstwerdung

»An dem Tag, an dem du davon isst, wirst du sterben« heißt: An diesem Tag wirst du aus dem Dunkel des Tierlebens in das Licht des Menschenlebens treten. Du wirst das Bewerten lernen, die Wirklichkeit in Gut und Böse einteilen. Vor allem wirst du begreifen, dass es den Tod gibt. Aber nicht nur das. Du wirst auch begreifen, dass es das Gegenteil vom Tod gibt, die Geburt eines Kindes.

Das klingt jetzt verwunderlich. Wenn Adam nicht buchstäblich der erste Mensch ist, sondern der erste *bewusste* Mensch, dann müsste er doch schon einmal mitbekommen haben, wie ein Kind geboren wird. Das muss aber keineswegs so gewesen sein. Bei vielen Tieren halten sich die Frauen bei der Geburt ganz bewusst von den Männern fern. Die Paradieserzählung ist von einem Mann geschrieben. Aus seiner Sicht beginnen die weiblichen Mühen der Geburt erst jetzt, mit seiner Bewusstwerdung.

Deswegen sagt Gott in der Paradieserzählung auch zur Frau, dass er ihr viel Mühsal schaffen will, wenn sie schwanger ist. Und dass sie unter Mühen ihre Kinder gebären soll.

Bei der neuen Sicht auf die Paradiesgeschichte wird deutlich: Es musste einfach passieren, dass jemand vom Baum der Erkenntnis isst. Das war keine Laune des Menschen oder eine Lust am Ungehorsam, sondern die Natur selbst. Eine drohende Katastrophe, die zur Entscheidung zwingt: Aufwachen oder untergehen.

Nicht Schuld, sondern Notwendigkeit

Das heißt aber auch: Die Frage nach der Schuld an der Vertreibung erledigt sich. In der Bibel findet sich auch gar kein Hinweis darauf:

Die Schlange war listiger als alle Tiere auf dem Feld, die Gott der Herr gemacht hatte. Sie sprach zur Frau: Ihr werdet keineswegs an den Früchten dieses Baumes sterben, sondern Gott weiß: An dem Tag, an dem ihr davon esst, werden eure Augen aufgetan, und ihr werdet sein wie Gott und wissen, was gut und böse ist. Die Frau sah, dass von dem Baum gut zu essen wäre, eine Lust für die Augen und verlockend, weil er klug machte. Und sie nahm von der Frucht und aß und gab ihrem Mann, der bei ihr war, auch davon, und er aß. (1. Mose/Genesis 3,1–6)

Später verstecken sich die beiden vor Gott. Zum ersten Mal haben sie ein Gefühl für richtig und falsch. Sie wissen: Sie haben gegen eine Regel verstoßen. Aber Gott klagt nicht an. Er fragt nur: Warum? Und Adam sagt: Ich bekam ihn von der Frau, die du mir gegeben hast. Und die Frau sagt: Die Schlange betrog mich.

Sie weisen beide die Verantwortung von sich, und das wurde jahrhundertelang als die Urschuld, die Ursünde des Menschen angesehen. Wenn man die moralische Brille jedoch einmal absetzt, müsste man sehen: In Wirklichkeit ist es die Urtat, die Urrettung der menschlichen Spezies. Die Frau schiebt es nicht auf die Schlange, sondern es war tatsächlich die Schlange, die alles in Gang bringt! Die Schlange als Symbol für die größere Vernunft der Natur, den Willen zum Überleben in einer feindlich gewordenen Welt.

Sehnsucht nach dem Paradies ist lebensgefährlich

Diese neue Sicht auf die alte Paradieserzählung ist nicht eine intellektuelle Spielerei, sondern eine ganz enorm wichtige **biblify**-Einsicht. Immer wieder ändern sich die Verhältnisse um uns herum, und eine der hinderlichsten Fragen ist die Frage nach der Schuld. Wir hätten es gern, dass eine politische Partei schuld ist an den großen Veränderungen der Bevölkerungsstruktur und den großen Wellenbewegungen der Konjunktur. Oder dass es die skrupellosen Banker waren, die das Geldsystem zum Einsturz gebracht haben. Wir hätten es gern, dass unser Partner schuld ist an den gewaltigen Veränderungen, denen unser Körper, wir selbst, jede Ehe und jede Gemeinschaft unterworfen ist. Der oder die ist schuld, das wäre so einfach. Wenn der oder die nicht wäre, dann könnten wir einfach wieder zurück ins Paradies.

biblify-Tipp: Enttarnen Sie Ihr falsches Paradies

»War das nicht wunderbar, als wir so unglaublich ineinander verliebt waren?« Ja, das war wunderbar. Aber es ist fatal, diesen Ausnahmezustand vom Anfang einer Liebesbeziehung zum Maßstab zu machen für die gesamte Laufzeit. Liebe verändert sich, wird reifer, sachlicher, praktischer, tiefer. Fragen Sie sich bei jedem Vorwurf, den Sie Ihrem Partner laut oder leise machen: Kann er/sie wirklich etwas dafür? Was gibt es für andere Gründe?

Ich stelle mir vor, wie sich die Menschen während der großen Ernährungskatastrophe auch zurückgesehnt haben. Warum kann es nicht wieder so sein wie früher? Vieles von dieser Sehnsucht ist in der biblischen Paradieserzählung noch zu spüren. Zugleich aber enthält sie in sehr kluger Weise den Ausweg: den Baum der Erkenntnis.

An ihm hängen noch viele Früchte, die darauf warten, vom Menschen gepflückt zu werden und ihn vor den nächsten zu erwartenden globalen Katastrophen zu bewahren. Ich halte es jedes Mal für die eigentliche Versuchung, sich zurückzusehnen ins Paradies und *nicht* vom Baum der Erkenntnis zu essen.

Aus jedem Paradies, das wir glauben erschaffen oder verdient zu haben, werden wir vertrieben. Jedes Mal werden wir dabei klüger, überlebensfähiger und erwachsener. Auch in der Paradiesgeschichte selbst ist kein bisschen Platz für Nostalgie und Sehnsucht.

Gott der Herr sprach: Der Mensch ist geworden wie wir. Er weiß, was gut und böse ist. Ach, dass er bloß nicht die Hand ausstreckt und auch vom anderen Baum, dem Baum des Lebens isst und ewig lebt! Da wies ihn Gott der Herr aus dem Garten Eden, damit er die Erde bebaute, von der er genommen war. Er trieb den Menschen hinaus und ließ vor dem Garten Eden die Cherubim lagern, mit dem flammenden, blitzenden Schwert, um den Weg zum Baum des Lebens zu bewachen. (1. Mose / Genesis 3,22–24)

Der Rückweg ist versperrt, aber das ist nicht schlimm. Gott geht auch außerhalb des Gartens mit seinem Volk mit. Das ist das Thema der vielen hundert Kapitel, die im Alten Testament darauf folgen.

Der zweite Adam

So bleibt uns der Baum des Lebens entzo-
gen, aber nicht für immer. Mit Jesus kam
noch einmal ein Mensch. Den zweiten
Adam hat man ihn bald genannt, weil er es
gewagt hat, als Erster vom zweiten Baum
im Garten Eden zu essen, dem Baum des
Lebens. Als kleiner Junge habe ich mich manchmal gefragt, warum
da zwei Bäume standen im Garten Eden. Vielleicht hat dieser Baum
tatsächlich auf Jesus gewartet. Der Erzähler der Paradiesgeschichte hat
ihn vorbereitet für Jesus, der zum Paradies ja jederzeit Zugang hat. Er
war eins mit Gott dem Vater, heißt es.

Was Jesus mit seinem Leben, seinem Sterben und seinem Auferste-
hen wirklich getan hat – auch darüber liegt der Nebel des Geheimnis-
ses Gottes, so wie er über dem wahren Hintergrund der Urerzählung
vom Urparadies liegt. Aber es ist ein freundlicher Nebel, und die Geheimnisse vom Anfang vor aller Zeit verbinden sich mit den Geheim-
nissen am Ende aller Zeiten.

Bevor Jesus am Kreuz stirbt, kommt es zu einer eindrucksvollen
Szene, die die Einstellungen zum Paradies in beispielhafter Form ne-
beneinanderstellt. Der eine Mitgekreuzigte gibt Jesus die Schuld:

Wenn du der Christus bist, dann hilf dir und uns! (Lukas 23,39)

Dann kämen wir raus aus dieser furchtbaren Situation. Dann wäre
alles wieder wie vorher. Das ist der rückwärts gewandte Blick. Der
andere stellt nicht die Schuldfrage, sondern sieht nach vorn:

Denk an mich, wenn du in dein Reich kommst!

Und zu ihm sprach Jesus:

*Wahrlich, wahrlich, ich sage dir: Heute wirst du mit mir im Paradies
sein. (Lukas 23,43)*

Die Zwei-Backen-Methode

Ein **biblify**-Rat Jesu lautet:

> »*Wenn dich jemand auf deine linke Backe schlägt, halte ihm auch die rechte hin.*« *(Matthäus 5,39)*

Es wird nur selten vorkommen, dass Sie von anderen Menschen wirklich ins Gesicht geschlagen werden. Aber es gibt eine Menge anderer Möglichkeiten, Mitmenschen zu verletzen: verbale Gemeinheiten, fiese Sticheleien. Gezielt werden Gerüchte gegen Sie gestreut. Der kleinste Fehler von Ihnen wird sofort ausgenützt, um Sie herunterzumachen. Hier eine Methode, wie Sie den Ratschlag Jesu im richtigen Leben umsetzen können.

Zick-Zick-Karate

Der Vorschlag Jesu war vermutlich schon damals nicht für die direkte Anwendung in Dorfschlägereien gedacht, sondern im übertragenen Sinn gemeint. Da hilft ein kleiner Umweg über Fernost. In der japanischen Kampfkunst Karate gibt es eine Technik, die man etwa mit dem Wort Zick-Zick übersetzen könnte:

biblify-Tipp: Schlagen Sie nicht zurück

Wenn Sie von einem Angreifer nach hinten gestoßen werden, lassen Sie sich tatsächlich eine Sekunde lang zurückfallen. Aber dann kehren Sie abrupt um und ziehen den Gegner in die Richtung, in die er Sie gestoßen hat. In diese Richtung ist er wegen seines Angriffs noch orientiert, und Sie können ihn mit minimalem Energieaufwand zu Fall bringen oder wenigstens verblüffen. Der Trick: Sie antworten auf »Zick« nicht mit »Zack«, sondern ebenfalls mit »Zick« – eine jahrhundertelang erprobte Anwendung der Zwei-Backen-Methode Jesu.

In dem Film *Spanglish* (USA, 2004) beschimpft eine junge Frau ihre Mutter: »Als ich ein Teenie war, hast du gesoffen und gehurt, und jetzt bin ich wegen dir in dieser bescheuerten Lage!« Zumindest der erste Teil des Vorwurfs ist wahr. Die Mutter aber widersteht dem natürlichen Impuls, verbal zurückzuschlagen, sondern lässt sich die Karate-Sekunde lang stoßen: »Da hast du, weiß Gott, Recht, mein Kind!« Dann hält sie inne und zieht die Tochter in die Richtung ihrer Attacke: »Doch jetzt passen die Lektionen, die ich damals in meinem Leben gelernt habe, genau auf dich.« Das Ergebnis: Gleichstand. Der Angriff ist ins Leere gelaufen, die Gemeinheit verpufft. Ab jetzt kann die Diskussion sachlicher weitergeführt werden. Oder es geht in die nächste Kampfrunde. Die Eskalation jedoch ist gestoppt.

Einstecken und durchatmen

Es kommt bei der Zwei-Backen-Methode darauf an, sich den spontanen Gegenangriff abzutrainieren. Die andere Backe hinzuhalten heißt außerdem, nicht abzuhauen, sondern sich auf die vom Gegner gewählte Kampfmethode einzulassen, den ersten Schlag bewusst einzustecken und ihn dann intelligent zu parieren. Deswegen ist das richtige Stehen eine wichtige Übung bei allen fernöstlichen Kampfsportarten.

biblify-Tipp: Stehen Sie es durch

Stehen Sie zentriert, aber flexibel. Atmen Sie ruhig und bewusst. Allein das macht Sie dem Angreifer überlegen, denn der ist wütend und außer Atem. Psychologisch bedeutet das: Stehen Sie zu sich selbst, vertrauen Sie sich, finden Sie sich gut. Dann wird der Angriff Sie vielleicht schmerzen, aber nicht Ihr Selbstvertrauen erschüttern.

biblify-Tipp: Machen Sie sich unsichtbar

Meist noch klüger, als die zweite Backe hinzuhalten, ist es, physische und emotionale Gemeinheiten gar nicht erst auf sich zu nehmen. Bei den japanischen Ninja-Partisanen gibt es die »Kunst der Unsichtbarkeit«. Dazu gehört »warten, bis der Feind eingeschlafen ist« oder »auf Distanz bleiben«. Gehen Sie gemeinen Menschen aus dem Weg. Wenn Sie einen Angriff ahnen, sorgen Sie für Ablenkung und verschwinden Sie dann still.

Wenn Sie Ihr Ehepartner maßregelt

Besonders in der Partnerschaft ist das folgende Schema weit verbreitet: Der eine Partner kritisiert den anderen, als wäre der ein Kind. »Wie blöd bist du eigentlich, dass du die bunten Socken mit der weißen Bettwäsche wäschst?« Der Angreifer geht in die Elternposition und kann sich meist darauf verlassen, dass sich der andere unbewusst in die unterlegene Position eines schwachen, bei einem Fehler ertappten Kindes begibt.

biblify-Tipp: Knicken Sie nicht ein

Die **biblify**-Methode im Sinne Jesu sagt an dieser Stelle: Halt! Seien Sie kein Kind, das sich nach einer Ohrfeige weinend die Backe hält! Sie sind auch kein rotziger Pubertierender, der zum Gegenangriff übergeht oder »Du kannst mich mal!« mault. Nein – Sie sind ebenfalls in der Elternposition! Sie sind ein Erwachsener, der aufrecht stehen bleibt, die andere Backe hinhält und intelligent reagiert. Und zwar auf die klügste Weise, mit der Sie auf die emotionale Energie eines bösen Elternteils reagieren: mit der emotionalen Energie eines *guten* Elternteils.

biblify-Tipp: Bleiben Sie auf Augenhöhe

Beispiel für eine Antwort in diesem Sinne: Geben Sie dem Angreifer zunächst Recht, denn Sie haben den Fehler mit den bunten Socken ja tatsächlich gemacht. Lassen Sie sich die Karate-Sekunde lang zurückfallen: »Auweia, da hab ich echt was falsch gemacht!« Aber dann ziehen Sie den Angreifer, der Sie in gemeiner Weise als blöd hingestellt hat, in Ihre Richtung: »Das muss ich mir von dir nicht sagen lassen, dass ich blöd wäre. Das kannst du mir in einem anderen Ton sagen.« Dieser letzte Satz, der von der RTL-Supernanny stammen könnte, kennzeichnet das Muster, das der Idee Jesu mit der zweiten Backe zu Grunde liegt. Sie reden nicht wie ein Kind, sondern ebenfalls im Elternton: »Was war denn das für eine Ohrfeige? Probier es noch mal, hier ist meine andere Backe. Zeig mir, dass du es besser kannst!«

biblify your church

Gehen Sie auf biblische Weise mit Ihrer Kirche um

Jetzt wird es knifflig, denn in diesem Kapitel will ich Ihnen Ratschläge geben, wie Sie als einzelner Mensch Ihre Kirche verändern können. Da drängt sich einem das Bild von David und Goliath auf: Was kann ein Einzelner gegen so einen großen Apparat machen? Aber das Bild ist falsch. Kirche ist kein Riese, sondern ein Organismus aus vielen kleinen Gemeinden und Gruppen. Die Impulse zur Veränderung sind immer von solchen Gruppen ausgegangen: von ein paar Mönchen, die sich um einen Leiter geschart haben; von Menschen, die direkten Kontakt mit der Bibel aufnahmen; von Engagierten, die ein Hilfsprojekt aufgezogen haben.

Was dafür den Mut und die Energie geliefert hat, war so gut wie immer die Rückbesinnung auf die Originalgedanken der Bibel, die Verbundenheit mit den Menschen, die ihre Erfahrungen mit Gott aufgezeichnet haben – also das, was wir hier als **biblify** bezeichnen.

Schreiben Sie einen Apostelbrief an Ihre Kirche

Vielleicht haben Sie den Kontakt zu Ihrer Kirchen- oder Pfarrgemeinde schon seit langem abgebrochen. Sie haben es vielleicht ein paarmal probiert, am Gottesdienst teilzunehmen, aber es war einfach nicht Ihres. Viele Menschen würden gerne zu einer christlichen Gemeinde gehören, aber die Gruppe von Menschen, die sie dann an ihrem Wohnort antreffen, passt einfach nicht zu ihnen. Oder die dort tätigen Priester, Pfarrer oder Pfarrerinnen liegen ihnen nicht. Manche haben dabei ein schlechtes Gewissen oder sie sind auf eine dumpfe Weise genervt.

Ich finde: Es ist völlig normal, wenn Sie bei einem so intimen Thema wie Religion hohe Ansprüche haben und manchmal auch etwas empfindlich sind. Aber wie können Sie zu einer Gemeinschaft finden, die Ihnen entspricht? Liegt es nur an denen oder auch an Ihnen?

biblify-Tipp: Schauen Sie ab bei Paulus

Schreiben Sie Ihrer Gemeinde einen Brief, wie es der Apostel Paulus getan hat und heute getan hätte. Lernen Sie von ihm, wie man so etwas macht. Schreiben Sie so, dass Sie diesen Brief auch abschicken könnten – an den Pfarrgemeinderat, den Kirchenvorstand, den Pfarrer oder ein Gemeindemitglied, das Sie näher kennen. Ob Sie Ihr Werk dann auch wirklich weitergeben, entscheiden Sie nach dem Schreiben. Denn auch wenn niemand außer Ihnen Ihre Gedanken zu lesen bekommt – die intensive geistige Beschäftigung mit Ihrer Ortsgemeinde wird Ihr Verhältnis zu ihr positiv verändern.

Absender

Beginnen Sie, wie man normalerweise einen Brief beginnt: mit Ihrem Namen. Aber schreiben Sie, wie Paulus das gern getan hat, Ihre Beziehung zur Absicht Ihres Briefes dazu. Nennen Sie, so würde man heute sagen, Ihre spirituelle Adresse. Den 2. Brief an die Korinther beginnt Paulus mit

Paulus, ein Apostel Christi Jesu durch den Willen Gottes.
(2. Korinther 1,1)

Oder den Brief an die Gemeinde in Galatien:

Paulus, ein Apostel nicht von Menschen, auch nicht durch einen Menschen, sondern durch Jesus Christus und Gott, den Vater, der ihn auferweckt hat von den Toten. (Galater 1,1)

Den Römerbrief beginnt Paulus mit einer gut zehn Zeilen langen spirituellen Absenderangabe – er erzählt von den Propheten im Alten Testament, von der Verheißung Jesu, der aus dem Geschlecht Davids kommen wird.

Die Grundidee: Paulus nennt, wie in einer Absenderangabe üblich, seinen Namen. Aber viel größer und breiter fällt der Name dessen aus, der ihn dazu beauftragt hat.

Segen

Am Anfang wünschen Sie Ihrer Gemeinde Gutes:

Gnade sei mit euch und Friede von Gott! (1. Thessalonicher 1,1)

Auch wenn es ein noch so eigenartiger Haufen ist, machen Sie damit klar: Sie stehen gemeinsam vor etwas Größerem. Eine christliche Gemeinde ist keine Sympathiegemeinschaft und kein reiner Freundeskreis, sondern sie versammelt sich um ein Zentrum, das größer ist als sie selbst und das außerhalb menschlichen Zugriffs liegt.

Dank

Ich danke meinem Gott, sooft ich an euch denke. (Philipper 1,3)

Ich danke Gott allezeit euretwegen für das große Geschenk Gottes, das ihr durch Jesus Christus bekommen habt. (1. Korinther 1,4)

Danken Sie ehrlich. Also nur für das, was Sie wirklich gut finden. Aber das Kapitel »Dank« befreit Sie aus der undifferenzierten Lustlosigkeit, die Sie vielleicht gegenüber Ihrer Kirche befällt. Dankbar zu sein bringt immer Energie, um das zu ändern, wofür Sie zurzeit gar nicht dankbar sein können.

Ermahnungen

Ich wundere mich, dass ihr euch so bald abwenden lasst von dem, zu dem ihr eigentlich berufen worden seid, und folgt jetzt einer anderen Guten Nachricht. (Galater 1,6)

Betrachtet es als Ehrensache, dass jeder von euch ein geregeltes Leben führt. Kümmert euch um eure eigenen Angelegenheiten und arbeitet für euren Lebensunterhalt. (1. Thessalonicher 4,11)

Achtet auf eure Lebensweise. Lebt nicht wie Unwissende, sondern wie Menschen, die genau wissen, worauf es ankommt, und die ihre Zeit in der richtigen Weise nutzen. (Epheser 5,15–16)

Schreiben Sie sich alles von der Seele, was Ihnen an Ihrer Kirchengemeinde stinkt, was Sie geärgert hat, wo Sie sich nicht wohl fühlen, gelangweilt oder unwürdig behandelt. Sie werden merken: Allein das Aufschreiben solcher Klagen ist gar nicht so einfach wie gedacht. Denn nun müssen Sie Ihr dumpfes Unbehagen in konkrete Vorwürfe und Vorschläge umwandeln. Wenn Sie es aber tun, löst sich vieles und Sie werden sich freier fühlen.

Fürbitten

Betet allezeit mit Bitten und Flehen im Geist und wacht mit aller Beharrlichkeit im Gebet für alle Heiligen. (Epheser 6,18)

Darum hören wir von dem Tag an, an dem wir's gehört haben, nicht auf, für euch zu beten und zu bitten, dass ihr erfüllt werdet mit der Erkenntnis seines Willens in aller geistlichen Weisheit und Einsicht. (Kolosser 1,9)

In einer Pfarr- oder Kirchengemeinde versammeln sich viele Menschen, die etwas brauchen: Weil sie bedürftig sind, hilflos, verzweifelt, vielleicht auch nur gelangweilt oder neugierig. Versetzen Sie sich, wie Paulus das damals gemacht hat, in diese Menschen hinein. Und erbitten Sie stellvertretend von Gott, was sich diese Menschen von Herzen wünschen.

Wenn Ihnen zu diesem Punkt nichts einfällt, bleibt Ihnen nichts übrig, als am nächsten Sonntag in den Gottesdienst zu gehen und sich die Leute noch einmal genauer anzuschauen. Am besten wäre es, Sie kommen mit einzelnen von ihnen ins Gespräch. Dann gehen Sie nach Hause und formulieren konkrete Bitten an Gott. Sie bringen vor Gott, was die Dame in dem altmodischen Pelzmantel oder der Mann mit den ausgebeulten Hosen am nötigsten bräuchte. Bringen Sie diese Bitten vor Gott, als wären Sie im Märchen. Sie dürfen sich alles wünschen. Das ist eine großartige Übung. Denn wenn alles möglich wäre, wirklich alles, was würden Sie anderen Menschen wünschen, was sich selbst?

Beim Aufschreiben solcher Bitten machen Menschen häufig eine verblüffende Erfahrung: Sie merken, dass für viele dieser Wünsche gar kein Eingreifen Gottes nötig ist, sondern die Menschen das selbst untereinander bestens erledigen könnten. Dass sogar einige der Dinge, die Sie als Wünsche für sich selbst erwähnen, durchaus im Rahmen Ihrer eigenen Möglichkeiten liegen. Oder, und das ist am wunderbarsten, dass Sie selbst der Engel Gottes sind, den Sie für andere erbeten.

Ausblick

Schreibe an den Engel der Gemeinde in Smyrna: So spricht er, der der Erste und der Letzte ist, der tot war und wieder lebt: Ich weiß, dass ihr unterdrückt werdet und dass ihr arm seid. Aber in Wirklichkeit seid ihr reich! (Offenbarung 2,8–9)

Im vierten Teil Ihres Briefs dürfen Sie eine Vision entwerfen. Was könnte aus diesem kleinen Grüppchen noch Großes werden? Welche Verheißung steckt in ihr, welche Zukunft ist für Ihre Gemeinde vorgezeichnet? Welchen wichtigen Baustein stellt sie dar in dem größeren Bauwerk der Weltkirche?

Anregungen dazu können Sie sich im letzten Buch der Bibel holen, der Offenbarung des Johannes. Das ist eine große Vision, eine grandiose Prophezeiung voller ausgeflippter Bilder, an der die Ausleger sich noch heute die Zähne ausbeißen. Geschrieben wurde es wohl als Trost- und Hoffnungsschreiben für verfolgte Christen. Am Ende des Offenbarungsbuches entwirft der Verfasser eine so faszinierend prachtvolle Vision vom himmlischen Jerusalem am Ende aller Zeiten, dass Sie vielleicht wie die ersten Chris-ten seufzen werden: Was ist unser derzeitiger grauer Alltag gegen all die Herrlichkeit, die auf uns wartet!

Rufen Sie eine Bibelgruppe ins Leben

Kirche besteht nicht nur aus dem gemeinsamen großen Gottesdienst und all den Gruppen im Gemeindehaus oder Pfarrheim. Ihren Anfang hat die Gemeinde Jesu in Privathäusern gemacht. Man versammelte sich in kleinen Gruppen, las das Alte Testament, später die Schriften des Neuen Testaments, sprach darüber, sang und betete gemeinsam. Die Zeit ist reif für eine Rückbesinnung auf diese **biblify**-Anfänge unserer Kirche.

Unter dem Namen »Hauskreise« gibt es unzählige solcher Gruppen in der ganzen Welt, und das seit Jahrzehnten. Die meisten gehören zu evangelischen Freikirchen, bei denen Gemeinden häufig aus einem Netzwerk solcher Hauskreise, anderer Gruppen und dem wöchentlichen Sonntagsgottesdienst bestehen. Daneben gibt es evangelische, katholische und ökumenische Hauskreise, die entweder fest zu einer Pfarrei gehören, ihr locker angeschlossen oder völlig frei sind.

Wenn Sie bei Google »Hauskreis« und den Namen Ihres Ortes eingeben, werden Sie wahrscheinlich auch in Ihrer Nähe solche Kreise finden. Die Hauskreise, die sich im Internet vorstellen, sind in der Regel interessiert an neuen Leuten und offen für Gäste. Informieren Sie sich, welcher Glaubensrichtung der gefundene Hauskreis angehört, und dann probieren Sie es mit einem Besuch.

Wagen Sie einen Anfang

Eine clevere Alternative zum Mitmachen in so einem Kreis ist: selbst einen gründen! Treffen Sie sich mit Freunden und probieren Sie die folgenden bewährten Techniken, um gemeinsam in der Bibel zu lesen und darüber ins Gespräch zu kommen. Wenn Sie den festen Plan für solch eine Gruppe haben, werden Sie in der Regel schon nach ein, zwei Monaten genügend Leute dafür zusammenhaben. Am besten trifft man sich reihum, sodass jeder einmal Gastgeber ist. Vereinbaren Sie, dass es etwas zu trinken und ein wenig zu knabbern gibt, aber keinesfalls ein Wettbewerb »Wer bewirtet am fürstlichsten« ausbrechen darf.

biblify-Tipp: Vertrauen Sie auf die Kraft des Wachstums

Jesus sagte: »Mit dem Reich Gottes ist es wie mit dem Bauern und seiner Saat: Hat er gesät, so geht er nach Hause, legt sich nachts schlafen, steht morgens wieder auf – und das viele Tage lang. Inzwischen geht die Saat auf und wächst – er weiß nicht wie. Denn von selbst bringt die Erde Frucht, zuerst die Halme, dann die Ähren und schließlich den vollen Weizen in der Ähre. Sobald das Korn reif ist, schickt der Bauer die Sichel, denn die Ernte ist da.« (Markus 4,26–29)

Befreien Sie sich von belastenden Gedanken über die Zukunft (Was soll aus uns werden? Wie lange soll es uns geben? Wie ist unser Verhältnis zur Kirche und zu anderen ähnlichen Kreisen?), sondern sehen Sie in die Zukunft und probieren Sie es einfach. Pflanzen Sie ein Samenkorn und beobachten Sie, ob es aufgeht.

Methode Bibel-Teilen

In Afrika wurde das »Bibel-Teilen« entwickelt, um Gläubige mit und ohne theologische Vorkenntnisse miteinander ins Gespräch über einen Text aus der Bibel zu bringen. Diese Methode hat sich inzwischen weltweit stark verbreitet: in christlichen Hauskreisen, kirchlichen Jugendgruppen, sogar in weltlichen Literaturtreffs. So geht's:

1. Einladen

Werden Sie sich bewusst, dass Gott in Ihrer Mitte ist. Es ist gut, wenn einer aus der Gruppe dafür ein Gebet vorbereitet hat. In weltlichen Gruppen beginnt man mit einem Gedicht oder einem Gedanken.

2. Lesen

Jeder hat den (vorher ausgesuchten) Textabschnitt vor sich, am besten als Fotokopie. Reihum liest jeder einen Satz laut vor. Danach ist Zeit, dass jeder still für sich noch einmal alles in Ruhe durchlesen kann.

3. Verweilen

Jeder sucht einzelne Worte oder kurze Sätze aus dem Text heraus, die ihm besonders aufgefallen sind, und spricht sie laut aus. Diesmal nicht reihum, sondern wer immer mag. Da-zwischen legen Sie kurze Besinnungs-pausen ein. Sie werden staunen, wie dadurch bestimmte Gedanken des Textes in ganz neuer Weise aufleuch-ten. Nach etwa einer Viertelstunde liest einer den gesamten Text noch einmal im Zusammenhang vor.

4. Schweigen

Werden Sie alle für fünf Minuten ganz still und lassen Sie im Schwei-gen Gott (oder den Autor des Textes) zu sich sprechen.

5. Austauschen

In bunter Mischung sagt jeder, was ihn im Herzen berührt oder wel-ches Wort ihn warum besonders angesprochen hat. Die anderen kön-nen ergänzen und darüber ins Gespräch kommen, aber ohne den Bei-trag eines anderen zu kritisieren. Es darf alles zur Sprache kommen, auch ungewöhnliche Gedanken. Welcher Satz hat in Ihnen Wider-stände hervorgerufen? Was lässt Sie völlig ratlos zurück?

Stellen Sie sich vor, die in dem Bibelabschnitt geäußerten Gedan-ken wären für Sie ein Nahrungsmittel wie Brot oder Wasser. Wählen

Sie ein einzelnes Wort oder einen Satz aus, der Sie besonders »satt« macht. Das ist Ihr »Wort des Lebens«. Welche Gedanken aus dem Text könnten in den kommenden Wochen für Sie so ein »Wort des Lebens« werden?

6. Handeln

Sprechen Sie über die Aufgaben, die sich auf Grund des gelesenen Texts für die Gruppe und die einzelnen Mitglieder der Gruppe ergeben. Wie weit sind Sie mit früheren Aufgaben? Welche neuen Aufgaben stellen sich? Welche Erfahrungen haben Sie mit Ihrem »Wort des Lebens« gemacht?

7. Gebet

Beten Sie miteinander. Jeder ist eingeladen, ein freies Gebet zu sprechen. Danach schließen Sie mit einem gemeinsamen Gebet (etwa das Vaterunser) und vielleicht einem Lied, das alle auswendig können. Weltliche Gruppen schließen mit einem Gedanken oder Gedicht, das einer vorbereitet hat.

Die Korea-Variante

Aus Südkorea, einem Land mit einer ganz besonders hohen Hauskreisdichte, stammt eine veränderte Version: Nach dem Punkt 2 gehen alle für etwa 15 Minuten in Zweiergruppen auseinander (wenn es nicht aufgeht, eine Dreiergruppe bilden).

Dort lesen beide noch einmal still den Text durch. Sie stellen es Ihrem Partner in der Zweiergruppe vor und erzählen kurz, warum. Dann sagt der Partner Ihnen sein »Wort des Lebens«. Hören Sie vor allem zu. Sie können Fragen stellen, sollten aber die Ansichten und die Auswahl des anderen nicht beurteilen oder kritisieren. Respektieren Sie, wie das »Wort des Lebens« jeden auf einzigartige Weise trifft.

Nach der Rückkehr in die Gesamtgruppe wird der Text noch einmal im Zusammenhang von einem Gruppenmitglied gelesen. Danach werden alle still, atmen dreimal tief durch und denken an eine Person, für die dieser Schrifttext eine ermutigende Nachricht sein könnte.

Anschließend stellt jede Gruppe die gefundenen »Worte des Lebens« vor, wobei niemand seine eigenen Gedanken sagt, sondern die seines Partners mitteilt. Das erfordert, dass jeder seinem Gegenüber gut zugehört hat.

Der Abschluss ist wie oben (Nummer 6 und 7).

Biblifyen Sie den Gottesdienst in Ihrer Gemeinde

»Ich würde so gern sonntags in die Kirche gehen, aber unser Gottesdienst hier ist so uninspiriert und langweilig. Im Urlaub habe ich großartige Gottesdienste erlebt und bin traurig, dass es bei mir zu Hause so anders ist. Haben Sie Tipps, wie ich das verändern kann?« So schrieb mir einmal eine Leserin. Ich habe mit ein paar Pfarrerskollegen über das durchaus heikle Thema gesprochen. Das war anfangs nicht leicht, denn niemand lässt seine Arbeit gern von anderen als fade bezeichnen. Dann aber kamen doch die folgenden Ideen zusammen, wie Sie mit kleinen Schritten vielleicht eine positive Revolution vor Ort in Gang bringen können (auch wenn Sie nicht der Pfarrer sind).

Bieten Sie sich an

Wenn Sie Pfarrer oder Kirchenvorsteher auf einen attraktiveren Gottesdienst ansprechen, werden Sie oft hören: »Was sollen wir denn noch alles tun, wir schaffen es ja jetzt schon kaum.« Machen Sie daher deutlich, dass Sie nicht motzen, sondern mithelfen möchten. Suchen Sie sich Mitstreiter. Einer kann kaum etwas in Gang bringen, eine Gruppe von vier oder fünf Leuten aber kann viel bewegen.

biblify-Tipp: Fangen Sie mit dem Anfang an

Der erste Eindruck bei einer Veranstaltung ist entscheidend. Herrscht in Ihrer Kirchengemeinde Gastfreundlichkeit? Sind Sie als Neue/r willkommen? Falls es in Ihrer Gemeinde noch keinen Begrüßungsdienst an der Eingangstür gibt, regen Sie einen an. Bieten Sie an, selbst mitzumachen. Menschen bevorzugen es, von etwa gleichaltrigen Personen willkommen geheißen zu werden. Eine wichtige Hilfe sind Namensschilder für die Begrüßenden. Auch der/die Pfarrer/in sollte vor und nach dem Gottesdienst im Kirchenraum anwesend sein. Für manches Gemeindemitglied ist es der Höhepunkt der Woche, mit seinem Pastor ein paar persönliche Worte gewechselt zu haben.

Schlüsselfaktor Marktforschung

Häufiges Argument gegen Veränderungen: »Das will unsere Gemeinde nicht.« Aber wurde die wirklich befragt? Kennt man die Meinung

derer, die nicht kommen? Fädeln Sie eine Umfrage ein, etwa als Beilage zum Gemeindebrief. Tenor: »Ich würde in den Gottesdienst kommen, wenn …« Wo immer solche Befragungen durchgeführt wurden, kam es zu überraschenden Resultaten. Die Menschen wünschten sich einen Gottesdienstbeginn um 11 Uhr oder am Nachmittag (Sonntag ist Ausschlaftag!), mehr Stille – und meist ganz andere Lieder.

Schlüsselfaktor Musik

Ob eine Kirche voll ist oder nicht, so das Ergebnis zahlreicher Untersuchungen, hängt zu über 60 Prozent von der Musik ab. Auch ein Starprediger kann die Bänke nicht füllen, wenn die akustische Umgebung nicht stimmt. Orgelmusik ist mit einem Anteil von 0,2 Prozent am Musikmarkt eine der unpopulärsten Gattungen. Warum versteifen sich Kirchen ausgerechnet auf dieses Segment? Schon wenn der Organist von der Empore herabsteigt und in die Tasten eines Klaviers greift, vervielfacht sich die Akzeptanz des Publikums.

biblify-Tipp: Spenden Sie Töne

Wenn Sie eine Band oder publikumswirksame Musiker kennen, vermitteln Sie die Ihrer Gemeinde. Gute Musik kostet Geld. Wenn Sie ein paar Mitstreiter finden, können Sie zusammenlegen und moderne Musik im Gottesdienst sponsern.

Weniger ist mehr

Gibt es im Gottesdienst Ihrer Gemeinde Gelegenheiten für Stille und Gebet? Oder ist alles überfüllt mit liturgischen Gesängen, Texten und Ansprachen? Können Sie sich mit den vorgetragenen Gebeten identifizieren? Die Grundidee des Gebets lautet: nach der Hand Gottes greifen und nicht nur nach den Gaben, die er in seiner Hand hält. Beten ist mehr als »bitten um«. Dazu braucht man Ruhe.

biblify-Tipp: Trauen Sie sich, um mehr Stille zu bitten

Oft wird aus einem mühsam zu ertragenden Gottesdienst eine froh machende Veranstaltung, wenn Dinge mutig weggelassen werden.

Machen Sie den Verantwortlichen Vorschläge, wann und wie im Gottesdienstablauf Ruhephasen und Raum für Besinnung eingebaut werden könnte. Bleiben Sie hartnäckig, lassen Sie sich nicht beim ersten Mal schon abweisen.

Bis sich etwas ändert, können Sie schon auf eigene Faust mehr meditative Ruhe in den Gottesdienstbesuch bringen: Kommen Sie mindestens 20 Minuten vor Beginn und genießen Sie die Stille in diesem besonderen Raum. Durch die Menschen, die in ihm gebetet, gefeiert und gesungen haben, ist eine Energie entstanden, die Sie in der Ruhe vor dem Gottesdienst spüren und in sich aufnehmen können.

Finden Sie Ihr persönliches Bibelwort

Besonders in der evangelischen Kirche gibt es eine alte Tradition, zu verschiedenen Gelegenheiten des Lebens einen Bibelspruch zu wählen. Immer mehr Katholiken entdecken das und machen begeistert mit.

Der Taufspruch

Viele Menschen sind mit der Bibel stärker vernetzt, als sie ahnen. Wenn Sie getauft wurden, haben Sie mit großer Wahrscheinlichkeit einen Taufspruch bekommen. Eltern wählen aus dem reichen Fundus der Bibel ein bestimmtes, treffendes Wort für diesen kleinen Menschen, der vor dem großen Start ins Leben steht.

biblify-Tipp: Finden Sie die erste Bibelstelle Ihres Lebens

Wenn Sie getauft wurden, finden Sie das Bibelwort, das am Anfang Ihres Lebens stand, in Ihrem Stammbuch. Meist ist die Taufe auf der

Rückseite der Abstammungsurkunde (früher: Geburtsurkunde) eingetragen. Bei älteren Menschen findet sich oft ein Eintrag auf den ersten Seiten der Familienbibel. Falls nicht, können Sie im Büro Ihrer Taufkirche nach Ihrem Taufspruch fragen, auch noch nach über einem halben Jahrhundert. Die Adresse finden Sie mal wieder am einfachsten übers Internet (Namen Ihrer Kirche und des Ortes eingeben, z. B. »Gnadenkirche Dachau«), dort steht dann auch die E-Mail-Adresse des Pfarrbüros.

Ihr Taufspruch lässt möglicherweise Rückschlüsse zu, warum Ihre Eltern Sie auf die Welt gebracht haben, was damals ihre Erwartungen an Sie waren und welche Lebensaufgabe sie Ihnen zugedacht haben.

Der Konfirmationsspruch

Weil bei uns in den meisten Fällen Kinder als Säuglinge getauft werden, war der Täufling selbst nicht mit bei der Auswahl »seines« Wortes beteiligt. Das ist beim Bibelwort zur Konfirmation oder Firmung anders. Das Wort, das der junge Mensch aussucht, soll ihn im Herzen berühren und wie eine Vorgabe sein, die er mit dem Leben einholen möchte. Aber es ist auch ein Wort von außen, von Gott, ein Versprechen, eine Verheißung.

»Schau mal – es ist wirklich so gekommen!«, sagte mir einmal jemand, der sich als Konfirmationsspruch »Siehe, ich mache alles neu!« ausgesucht hatte (Offenbarung 21,5). Er erzählte eine bewegte Lebensgeschichte mit Höhen und Tiefen und überraschenden Wendungen – aber rückblickend konnte er dankbar feststellen, dass dabei alles immer wieder neu wurde.

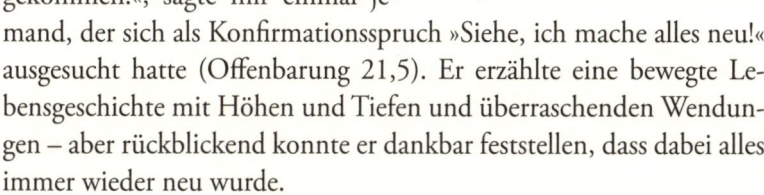

Das Bibelwort zur Hochzeit

Der letzte der klassischen Orte, an denen man einen Bibelspruch wählt, ist die kirchliche Trauung. Zwei Menschen kommen in die Kirche, weil sie ihren weiteren Weg für immer gemeinsam gehen wollen. Sie ahnen vielleicht, dass sie es allein nicht schaffen. Ihre Kraft ist zu klein. Sie brauchen die Güte und Liebe Gottes. Und sie wollen ein Wort, das ihnen Mut macht und Gottes Liebe konkretisiert.

Der Bibelspruch jetzt gleich

Zu all diesen Anlässen gibt es großartige Bibelverse. Einige, auch einige ungewöhnliche, möchte ich gleich vorstellen, damit Sie sich daraus für die nächste Taufe, Konfirmation oder Trauung bedienen können. Aber **biblify** ist eine Einladung, die über Standardanlässe hinausgeht. Wie wär's mit einem Bibelwort, das Sie sich wählen, wenn Sie eine neue Stelle antreten? Oder einem Spruch für Ihre neue Wohnung? Oder einfach jetzt gleich, als Überschrift für Ihren persönlichen Start, ab jetzt Ihr Leben zu **biblifyen**?

biblify-Tipp: Regeln für den Umgang mit Bibelsprüchen

Wählen Sie Ihren Bibelspruch mit dem Herzen.
Probieren Sie Ihren Bibelspruch aus – wie eine wertvolle Erwerbung, zu der Sie eine Zeitlang ein Rückgaberecht haben.
Schreiben Sie Ihren Bibelspruch auf und deponieren Sie ihn an einem Ort, an dem Sie immer wieder über ihn stolpern.
Vertrauen Sie diesem Spruch, auch wenn es im Moment schwerfällt. Ein Bibelspruch entfaltet seine Wirkung auf die lange Distanz.
Erinnern Sie sich regelmäßig an Ihren Bibelspruch. Oft verstehen Sie die Wege Gottes erst im Rückblick.

Die besten Taufsprüche

Ein Segen sollst du sein. (1. Mose/Genesis 12,2)

Gott sagt dieses Wort zu Abram, kurz nachdem er ihm Mut gemacht hat, aufzubrechen aus seinem Land und wegzuziehen in ein neues. Ein alter Spruch sagt: »An Gottes Segen ist alles gelegen.« Segen ist in der Bibel ein zentraler Begriff. Auf einem Menschen, einem Plan, einem Ort kann Segen liegen. Segen ist das Gute, das von Gott zu etwas Irdischem hinzukommen muss, damit es nicht verdirbt, sondern sich entfalten und wachsen kann zu dem, wozu es Gott bestimmt hat.

Der Herr segne dich und behüte dich; der Herr lasse sein Angesicht leuchten über dir und sei dir gnädig; der Herr hebe sein Angesicht über dich und gebe dir Frieden. (4. Mose/Numeri 6,24–26)

Dieses berühmte Segenswort bekommt Mose von Gott übermittelt, um es an seinen Bruder Aaron und dessen Söhne weiterzugeben. Daher heißt dieser Segen, der auch am Ende der meisten Gottesdienste gesprochen wird, aaronitischer Segen.

Es soll dir niemand widerstehen dein Leben lang.
Ich will dich nicht verlassen noch von dir weichen. (Josua 1,5)

Behüte mich wie den Augapfel im Auge,
birg mich im Schatten deiner Flügel. (Psalm 17,8)

Das Bild vom »Augapfel« ist eine geniale Metapher. Unser Auge zuckt zusammen, wenn auch nur eine Fliege in die Nähe kommt. Denn der Augapfel ist weich, verletzlich und nicht zu ersetzen. So wie der menschliche Körper instinktiv seinen Augapfel schützt, so sehr ist Gott interessiert am Wohlergehen seiner Menschen.

Gott hat seinen Engeln befohlen, dass sie dich behüten auf all deinen Wegen und dich auf Händen tragen. (Psalm 91,11–12)

Felix Mendelssohn-Bartholdy hat diesen Psalmvers zur Grundlage eines wunderbaren Liedes gemacht: »Denn er hat seinen Engeln …«

Herr, deine Güte reicht, soweit der Himmel ist,
und deine Treue, soweit die Wolken ziehen. (Psalm 36,6)

Von allen Seiten umgibst du mich
und hältst deine Hand über mich. (Psalm 139,5)

Ich danke dir, dass ich so wunderbar gemacht bin;
staunenswert sind deine Werke. (Psalm 139,14)

Der ganze Psalm 139 ist eine Fundgrube für wunderbare Worte. Hier wird ein liebevolles Bild vom Menschen gezeichnet, wie Gott ihn kennt und liebt und an ihn denkt.

Fürchte dich nicht; denn ich habe dich erlöst; ich habe dich bei deinem Namen gerufen; du bist mein. (Jesaja 43,1)

Etwa 1726 hat Johann Sebastian Bach eine wunderbare doppelchörige Motette über diesen Text geschrieben, der zu den wichtigsten und schönsten Texten im ganzen Alten Testament gehört.

Ich bin das Licht der Welt. Wer mir nachfolgt, wird nicht im Finstern gehen, sondern er wird das Licht des Lebens haben. (Johannes 8,12)

Dieses Wort passt so gut zur Taufe, weil es die Symbolik der Taufkerze aufgreift. Es verbindet sich hervorragend mit den Wünschen der Eltern, Paten und Verwandten, dass es hell sein solle auf dem Lebensweg des neugetauften Kindes.

Freut euch, dass eure Namen im Himmel aufgeschrieben sind! (Lukas 10,20)

Seht, wie groß die Liebe ist, die der Vater uns geschenkt hat: Wir heißen Kinder Gottes und wir sind es. (1. Johannesbrief 3,1)

biblify-Tipp: Fühlen Sie sich frei

Sie können einen Taufspruch natürlich auch für eine Hochzeit verwenden, einen Hochzeitsspruch zur Konfirmation usw. Oder Sie suchen selbst in der Bibel nach dem für Sie passenden Wort. Am ehesten werden Sie fündig in den Psalmen, bei Matthäus (besonders in den Kapiteln 5 und 6), im 1. Korintherbrief und im 1. Johannesbrief. Nehmen Sie sich auch Freiheit bei der Übersetzung – ob Luther, Einheitsübersetzung, Gute Nachricht, eine andere oder sogar eine Kombination aus mehreren.

Es hat sich allerdings gezeigt, dass die manchmal altehrwürdige typische Bibelsprache besser geeignet ist als eine moderne Übersetzung, um sich ein Bibelwort ein Leben lang zu merken. Unsere Seele liebt archaische Formulierungen – das lässt sich in jedem Fantasyfilm sehen. Die großen Herrscher dort reden nie Slang, sondern befleißigen sich einer erhabenen Sprache.

Die besten Konfirmationssprüche

Du sollst deinen Nächsten lieben wie dich selbst.
(3. Buch Mose/Levitikus 19,18)

»Liebe – und dann tu, was du willst« hat der berühmte Kirchenlehrer Augustinus einmal den gesamten ethischen Anspruch der Bibel zusammengefasst. Nächsten- und Selbstliebe – eines nicht ohne das andere – ist das zentrale Thema des Christseins.

Lass dich durch nichts erschrecken und verliere nie den Mut; denn ich, der Herr, dein Gott, bin bei dir, wohin du auch gehst! (Josua 1,9)

Bei Gott ist kein Ding unmöglich. (Lukas 1,37)

Ein hilfreicher Konfirmationsspruch, weil er den Menschen, der ihn für sich aussucht, etwas Entscheidendes lehrt: Christen dürfen hoffen über alle Hoffnung hinaus. Gott möchte uns überraschen. Denken Sie nicht zu klein von ihm.

Der Herr ist mein Fels und meine Burg und mein Erretter, mein Gott, auf den ich mich verlasse. (Psalm 18,3)

Der Herr ist mein Hirte; mir wird nichts mangeln. (Psalm 23,1)

Muss ich auch durch eine finsterere Schlucht, so fürchte ich kein Unheil, denn du bist bei mir. (Psalm 23,4)

Das war der Lieblingsspruch des großen Philosophen Immanuel Kant: »Ich habe in meinem Leben viele kluge und gute Bücher gelesen. Aber ich habe in ihnen allen nichts gefunden, was mein Herz so still und froh gemacht hätte, wie die vier Worte aus dem 23. Psalm: Du bist bei mir.«

Der Herr ist mein Licht und mein Heil; vor wem sollte ich mich fürchten? (Psalm 27,1)

Meine Hilfe kommt vom Herrn, der Himmel und Erde gemacht hat. (Psalm 121,12)

Die auf den Herrn vertrauen, kriegen neue Kraft; sie bekommen Flügel wie Adler. Sie laufen und werden nicht matt, sie gehen und werden nicht müde. (Jesaja 40,31)

Ein großartiger Konfirmationsspruch für ein Leben voller Kühnheit und Energie, das richtige Wort für einen starken Start ins Leben.

Gott sagt: Fürchte dich nicht, denn ich bin mit dir. Ich helfe dir. (Jesaja 41,10)

Es ist dir gesagt, Mensch, was gut ist und was der Herr von dir fordert: nämlich Gottes Wort halten und Liebe üben und demütig sein vor deinem Gott. (Micha 6,8)

Ein ungewöhnlicher Konfirmationsspruch, der gut zu jungen Menschen
passt, die arg nassforsch sind und meinen, sie wüssten schon alles über das
Leben. Die Bibel aber lobt den Menschen, der »hört«.

Ihr seid das Salz der Erde. (Matthäus 5,13)

Ich bin bei euch alle Tage bis an der Welt Ende. (Matthäus 28,20b)

Ich bin der Weg, die Wahrheit und das Leben. (Johannes 14,6)

In der Bibel wird Wahrheit nicht auf Flaschen abgezogen oder in Lehr-
sätzen abgepackt. Was Wahrheit ist und wie Leben geht, das erfahren
Menschen, indem sie sich einlassen auf eine lebendige Beziehung mit
Jesus. Indem sie mitgehen wie damals die Jünger.

Wo der Geist des Herrn ist, da ist Freiheit. (2. Korinther 3,17)

Gott hat uns nicht den Geist der Furcht gegeben, sondern den Geist der Kraft, der Liebe und der Disziplin. (2. Timotheus 1,7)

Es ist eine wunderbare Sache, dass das Herz fest werde durch Gnade. (Hebräer 13,9)

Leben bedeutet Wachstum: äußeres Wachstum mit reich werden, erfolgreich sein, Unabhängigkeit erlangen. Und inneres: ein seelisch »schöner«, charakterfester und aufrichtiger Mensch werden wollen. Gott, das wird hier versprochen, hilft bei diesem Wachsen.

Die besten Bibelworte zur Hochzeit

Wenn ihr mich von ganzem Herzen sucht,
will ich mich von euch finden lassen. (Jeremia 29,13)

Ich liebe die, die mich lieben und die mich suchen, finden mich.
(Sprüche 8,17)

Dieser Trauspruch erinnert daran, dass eine Hochzeit der Beginn eines großen gemeinsamen Projektes ist. »Liebe«, sagt Antoine de Saint Exupéry, »besteht nicht darin, in den anderen hineinzustarren, sondern darin, gemeinsam nach vorne zu blicken.« Ehen, die eine gemeinsame religiöse Basis haben und ein gemeinsames spirituelles Ziel, sagen die Statistiker, haben eine signifikant höhere Haltbarkeit als andere.

Wenn ich mit Menschen- und mit Engelszungen redete, hätte aber die
Liebe nicht, so wäre ich wie tönendes Erz oder eine klingende Schelle.
(1. Korinther 13,1)

Die Liebe ist langmütig und freundlich, die Liebe eifert nicht,
die Liebe prahlt nicht; sie bläht sich nicht auf. (1. Korinther 13,4)

Nun aber bleiben Glaube, Hoffnung und Liebe, diese drei;
aber die Liebe ist die größte unter ihnen. (1. Korinther 13,13)

Viele Brautpaare wählen sich einen Trauspruch aus »Erster Korinther dreizehn«. Die Stadt Korinth, an deren christliche Gemeinde der Apostel Paulus diesen Brief schrieb, muss eine Art Las Vegas der Antike gewesen sein, eine Hafenstadt mit viel Sex und Fun, aber nicht so viel echter Liebe. Wahrscheinlich hat Paulus sein »Hohes Lied der Liebe« deshalb dorthin adressiert. Viele Kenner halten diesen hymnenartigen Text für einen der schönsten in der Bibel überhaupt.

Wo zwei oder drei in meinem Namen versammelt sind,
da bin ich mitten unter ihnen. (Matthäus 18,2)

Ihr seid das Licht der Welt. (Matthäus 5,14)

Wo euer Schatz ist, da ist euer Herz. (Matthäus 6,21)

Ein starkes Wort zu Beginn einer Ehe, die mehr sein will als ein Vertrag über eine Zugewinngemeinschaft! Wenn das Materielle der Schatz ist, wird Ihr Herz auf die Vielzahl der materiellen Dinge abgezogen. Wenn aber die Liebe der große Schatz des gemeinsamen Lebens ist, finden sich die Herzen von Mann und Frau an dem einen, alles verbindenden göttlichen Punkt.

Bittet, so wird euch gegeben; sucht, so werdet ihr
finden;
klopft an, so wird euch aufgetan werden. (Matthäus 7,7)

Ich bin bei euch alle Tage bis an das Ende der Welt.
(Matthäus 28,20)

Manche Menschen haben am Anfang ihrer Ehe neben aller Liebe auch gemischte Gefühle: Wird alles gutgehen? Werden wir unser Wort halten können? Wo die eigenen Kräfte versagen könnten, beginnt das Vertrauen auf die Kraft Gottes. Jesus hat sie uns versprochen. Er wird Sie an keinem Tag Ihrer Ehe verlassen.

Wo zwei oder drei in meinem Namen versammelt sind,
da bin ich mitten unter ihnen. (Matthäus 18,2)

Ihr seid das Licht der Welt. (Matthäus 5,14)

Daran werden alle erkennen, dass ihr meine Jünger seid:
wenn ihr die Liebe untereinander habt. (Johannes 13,35)

Bleibt in meiner Liebe. (Johannes 15,9)

Wir wissen, dass Gott bei denen, die ihn lieben,
alles zum Guten führt. (Römer 8,28)

Alles, was ihr tut, geschehe in Liebe. (1. Korinther 16,14)

Lasst uns nicht mit Wort und Zunge lieben,
sondern in Tat und Wahrheit. (1. Johannesbrief 3,18)

Seid fröhlich in der Hoffnung, geduldig in der Traurigkeit,
und lasst nicht nach im Gebet. (Römer 12,12)

Nehmt einander an, wie auch Christus uns angenommen hat.
(Römer 15,7)

Einer trage des anderen Last,
so werdet ihr das Gesetz Christi erfüllen. (Galater 6,2)

Gott ist die Liebe, und wer in der Liebe bleibt, der bleibt in Gott und
Gott in ihm. (1. Johannesbrief 4,16)

Lasst uns einander lieben, denn er hat uns zuerst geliebt.
(1. Johannes 4,19)

Denn die Liebe ist stark wie der Tod. (Hohelied Salomos 8,6)

Dies ist ein ganz besonderer Trauspruch, zu dem etwas Mut gehört.
Er erinnert daran, wie unglaublich stark das erotische Begehren sein
kann – wie der Tod. Gott hat uns als leidenschaftliche Menschen ge-

schaffen. Aber Liebe ist noch stark in anderer Weise: Den Partner zu pflegen, wenn er bettlägerig oder dement werden sollte, dazu braucht es geradezu überirdische Kräfte. Die Liebe hat solche Kräfte, wie wir bei Jesus sehen, der aus Liebe in den Tod ging.

Ich bin das A und das O, der Anfang und das Ende.
(Offenbarung 1,8)

Die besten Bibelworte fürs ganz gewöhnliche Leben

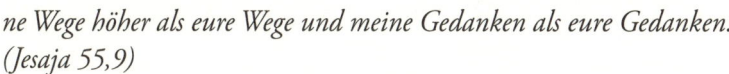

Der Herr ist meines Lebens Kraft, vor wem sollte ich mich fürchten? (Psalm 27,1 b)

So viel der Himmel höher ist als die Erde, so sind auch meine Wege höher als eure Wege und meine Gedanken als eure Gedanken. (Jesaja 55,9)

Sucht den Herrn, so werdet ihr leben. (Amos 5,6)

Alle eure Sorgen werft auf ihn, denn er sorgt für euch. (1. Petrusbrief 5,7)

Heile du mich, Herr, so werde ich heil. Hilf mir, Herr, so ist mir geholfen. (Jeremia 17,14)

Von Gottes Güte kommt es, dass wir noch leben. Seine Liebe ist jeden Morgen neu. (Klagelieder 3,22)

Ich will mich freuen am Herrn und fröhlich sein in Gott, meinem Heil. (Habakuk 3,18)

Lobe den Herrn meine Seele, und vergiss nicht, was er dir Gutes getan hat! (Psalm 103,2)

Der Herr ist nahe allen, die ihn rufen, allen, die ihn wirklich anrufen. (Psalm 145,18)

In der Welt habt ihr Angst; aber habt Mut, ich habe die Welt überwunden. (Johannes 16,33)

Die Liebe hört niemals auf. (1. Korinther 13,8)

Jede gute Gabe und jedes vollkommene Geschenk kommt von oben (wird oft verkürzt auf: »Alles Gute kommt von oben«). (Jakobus 1,17)

Sei treu bis an den Tod, so will ich dir die Krone des Lebens geben. (Offenbarung 2,10)

Der Bibelspruch für jeden Tag

Neben den großen Bibelsprüchen, die wie Mottos oder Leitmotive über dem ganzen Leben stehen, gibt es auch Bibelworte für jeden Tag. Wer schon einmal in Taizé war, kennt vielleicht das dortige »Wort für den Tag«. Auf der Website der Kommunität können Sie es lesen oder als RSS-Feed abonnieren (www.taize.fr/de_article149.html). Der jeweilige Text wird beim Mittagsgebet der Communauté de Taizé gelesen. Am Dienstag, dem 28. Juli 2009 wurde dort beispielsweise ein Stück aus dem Kolosserbrief vorgetragen und ging als folgende Kurzversion in alle Welt hinaus:

Paulus schreibt: Haltet unerschütterlich und unbeugsam am Glauben fest und lasst euch nicht abbringen von der Hoffnung, die euch das Evangelium schenkt. (Kolosserbrief 1,15–23)

Menschen in den verschiedensten Sprachen lasen das und versuchten, dieses Wort nur für heute in ihren Tag mitzunehmen. Mit diesem Bibelwort sind Sie vernetzt mit Tausenden anderer Menschen, denen ganz ähnliche biblische Gedanken wie Ihnen jetzt durch den Kopf gehen. So etwas spendet Energie!

Bibel als Tagesdosis

Die tägliche »Stille Zeit« mit Bibellesung und Gebet ist in vielen christlichen Kreisen ein guter Brauch. Bei www.erf.de können Sie unter »Glaube und Leben / Bibellese« gratis ein tägliches Bibelwort abonnieren, das Sie per E-Mail oder RSS-Feed erhalten. www.die-bibel.de bietet auch Bibelverse für besondere Gelegenheiten als SMS für Ihr Handy.

Das Wort des Monats

In der ökumenischen Bewegung der »Focolare« gibt es das »Wort des Lebens« (www.fokolar.de). Hier bekommen Sie ein Bibelwort, das jeweils einen Monat lang für alle da ist und von allen geteilt werden soll. Nehmen wir wieder den Juli 2009. Hier war es ein anspruchsvolles Wort, das in aller Welt geteilt wurde und für alle, die es zu leben versuchten, eine besondere Verbindlichkeit gewann:

Verkauft eure Habe und gebt den Erlös den Armen! Macht euch Geldbeutel, die nicht zerreißen. Verschafft euch einen Schatz, der nicht abnimmt, droben im Himmel, wo kein Dieb ihn findet und keine Motte ihn frisst. (Lukas 12,33)

Die Losungen – eine Erfolgsstory

Letztlich sind alle diese Angebote Varianten einer alten Idee, der *Losungen*. Wer im Internet nachsah (www.losungen.de), entdeckte für den 28. Juli 2009 gleich zwei Worte, eines aus dem Alten Testament:

Wir preisen dich, o Gott, wir preisen dich, und die deinen Namen anrufen, erzählen von deinen Wundern. (Psalm 75,2)

Und eines aus dem Neuen:

Der Geheilte sprang auf, lief und sprang umher und lobte Gott. (Apostelgeschichte 3,8)

Hinter den Losungen steckt eine waschechte **biblify**-Geschichte. Am 3. Mai 1728 hatte sich auf den Gütern des Grafen Nikolaus Ludwig von Zinzendorf eine begeisterte Gruppe von Männern und Frauen versammelt, die so genannte »Herrnhuter Brüdergemeine«. Seit neun Monaten schon versuchte man, Christsein intensiver zu leben. An diesem Abend gab der Graf, der die Versammlung leitete, zum ersten Mal eine »Losung« aus, in Form einer Liedzeile, die sich jeder den Tag über merken sollte. Beim Militär ist eine Losung ein vereinbartes Kennwort, um von der Wache vorbeigelassen zu werden, oder ein Wahlspruch als Lebensmotto.

Von diesem Tag an zog ein Bruder täglich von Haus zu Haus und teilte allen Bewohnern Herrnhuts die Tageslosung mit. 1731 erscheint das erste *Losungsbuch*. Zinzendorf stellte für jeden Tag ein Bibelwort und einen Gebetsvers zusammen. Die Losungen erscheinen noch heute: Für jeden Tag wird einer von 1829 Versen aus dem Alten Testament ausgelost. Das wird ergänzt durch ein passendes Wort aus dem Neuen Testament und ein Gebet oder Liedvers.

Über diese kurzen Bibelworte sind Christen auf der ganzen Welt vernetzt. Inzwischen erscheinen die Losungen in über 50 Sprachen und gehören mit 277 Jahren ununterbrochener Laufzeit zu den ganz großen Longsellern des christlichen Buchmarkts.

Bibellesen mit Lotterie-Effekt

Im christlichen Umfeld gibt es noch mehr Bibelbräuche, die ähnlich wie die Losungen auf dem Zufallsprinzip beruhen. Etwa den Brauch des »Bibelstechens«: Mit einem Messer fahren Sie in einer geschlossenen Bibel irgendwo zwischen die Seiten, öffnen das Buch an der Stelle und deuten mit dem Finger irgendwo auf die Seite. Das dort gefundene Bibelwort ist, so die Vorstellung, das Wort, das Gott jetzt direkt zu Ihnen spricht.

Eine Variante ist das »Däumeln«, wobei Sie mit dem Daumen an einer Ecke des Buchblocks entlangfahren und an einer beliebigen Stelle die Bibel öffnen.

Eine Prise Aberglauben ist in solchen Spielchen schon enthalten, denn dahinter steckt ja die Überzeugung, dass hinter dem reinen Zufall eine ordnende Hand Gottes steckt. Allerdings gibt es prominente Beispiele, wie derartige Bibelfunde den Wendepunkt in einer geistlichen Biografie darstellen können. Eine Legende über Franziskus von Assisi berichtet, wie drei Freunde durch Bibelstechen die für den Franziskanerorden grundlegenden Stellen gefunden hätten (Matthäus 19,21; Lukas 9,3 und 9,23). Wie gesagt, eine Legende.

Erklären Sie sich die Wirkung ausgeloster Bibelstellen durch eine Art geistlichen Placebo-Effekt: Wenn Ihre Erwartung sehr groß ist, kann jedes Wort für Sie zu einer wichtigen Botschaft werden. Solange Sie diesen Effekt einkalkulieren und entsprechend spielerisch damit umgehen, ist gegen solche **biblify**-Spielarten nichts zu sagen.

Lesen Sie die Bibel durch

Die Bibel ist mit einem gewissen Nimbus behaftet. »Kann ich das so einfach lesen?«, fragen sich viele, unterstützt von der unterschwelligen Meinung der Fachleute, solche alten Texte seien »schwierig« und »ohne Anleitung« nicht verständlich.

biblify your life möchte Ihnen hiermit zurufen: Pfeifen Sie auf die Fachleute! Reißen Sie die von Theologen und Kirchenfürsten im Lauf der Jahrhunderte um die Bibel errichtete Schutzmauer ein! Nehmen Sie die Heilige Schrift, als wäre sie ein ganz normales Buch wie jedes andere auch. Dazu gehört, dass Sie sich einen reizvollen inneren Ruck geben und sich sagen: »Warum soll ich das Ding nicht einmal von vorn nach hinten durchlesen?« Das ist, wenn Sie sich ranhalten, in ein paar Wochen zu schaffen. Die Bibel enthält etwa so viel Text wie drei Harry-Potter-Bände. Aber Sie können, anders als bei Joanne Rowling, beim großen Bibeldurchlesen etliches überblättern.

biblify-Tipp: biblify your Nachttisch

Legen Sie sich eine Bibelausgabe auf Ihren Nachttisch und fangen Sie an, als wäre es ein vielleicht alter, aber normaler (auf Tatsachen beruhender) Roman. Sie beginnen also ganz vorne, 1. Mose / Genesis Kapitel 1, Vers 1. Legen Sie ein Lesezeichen ein, wenn Sie nicht mehr weiterlesen wollen, und schmökern bei der nächsten Gelegenheit weiter.

Der biblify-Bibelfahrplan Altes Testament

Manche Menschen schaffen es so durch die gesamte Bibel. Vorteilhaft ist es, wenn Sie sich nicht unnötig quälen und bei Passagen, die Sie nicht fesseln, weiterblättern. Bis 2. Mose / Exodus 20 sollten

Sie auf diese Weise jedenfalls kommen, das sind schon mal fast 100 Seiten. Bis hier besteht das Alte Testament fast nur aus Geschichten, von denen Sie einige schon kennen werden und andere mit Erstaunen entdecken.

Ab dann enthalten die Mosebücher viele Aufzählungen von Einzelgesetzen, allerdings immer wieder unterbrochen durch Geschehnisse während der Reise des Volkes Israel durch die Wüste: der Bund am Sinai (2. Mose / Exodus 24), das goldene Kalb (2. Mose / Exodus 32), neue Gesetzestafeln (2. Mose / Exodus 34), Aarons Segen 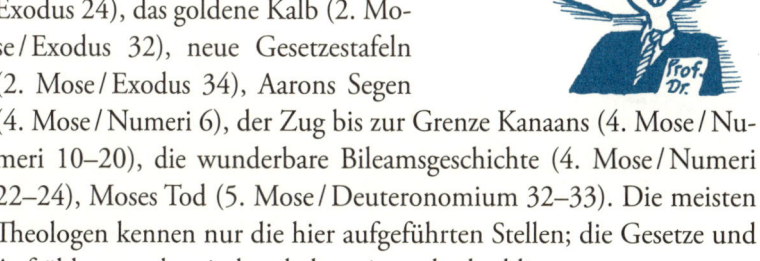 (4. Mose / Numeri 6), der Zug bis zur Grenze Kanaans (4. Mose / Numeri 10–20), die wunderbare Bileamsgeschichte (4. Mose / Numeri 22–24), Moses Tod (5. Mose / Deuteronomium 32–33). Die meisten Theologen kennen nur die hier aufgeführten Stellen; die Gesetze und Aufzählungen dazwischen haben sie auch überblättert.

Ab dem Buch Josua können Sie im normalen Romanstil weiterlesen, denn hier kommen (zum Teil sehr urig-archaische) Actionstories. Ab Josua 13 wird es wieder sehr trocken: Listen, wer welches Stück Land bekommt, und mahnende Abschiedsworte Josuas.

Die Bücher Richter, Rut, 1. und 2. Samuel, 1. und 2. Könige sollten Sie in einem Durchgang schaffen, denn hier wird wieder (manchmal etwas langatmiger als im 1. Buch Mose) orientalisch-farbig erzählt. Da werden Sie manches Kleinod entdecken. Highlights sind die Abenteuer Davids (1. Samuel 26 und 28, 2. Samuel 11 und 12). David ist eine der ersten historisch genau datierbaren Gestalten. Er lebte – leicht zu merken – um das Jahr 1000 vor Christus. Das dürfen Sie sich zwischendrin einmal klarmachen: Sie lesen authentische Originaltexte, die 3000 Jahre alt sind, über 150 Generationen von Ihnen entfernt!

Ab 1. Könige 6 wird es etwas langweiliger, weil Tempelgeräte beschrieben werden und danach nervige Nachfolgestreitereien bis zur Trennung des Reiches Israel. Dafür werden Sie ab 1. Könige 17 mit großartigen Schilderungen über Elia belohnt.

Ab etwa 2. Könige 8 wird es wieder nervig, denn nun werden abwechselnd die Könige vom Nord- und Südreich chronologisch abgehandelt. Ab hier bis zum Ende der beiden Bücher der Chronik können Sie getrost weiterblättern.

Dann kommt ein zeitlicher Einschnitt von ein paar hundert Jahren, denn die (nicht als Roman lesbaren) Esra und Nehemia berichten über die Zeit nach dem babylonischen Exil. Ein kleiner Fremdkörper ist das Buch Ester, das in Form einer Art Kurzgeschichte die Entstehung des jüdischen Geschenkfestes Purim beschreibt.

Weiterlesen sollten Sie spätestens beim Buch Hiob, einem der späteren und ganz großen literarischen Werke des Alten Testaments.

Dann kommt das Liederbuch der Bibel, die Psalmen, die sich (wie jedes Liederbuch) zum romanmäßigen Durchlesen kaum eignen; ebenso wenig die nachfolgende große Sammlung von Weisheitssprüchen Salomos.

Dafür können Sie die nachfolgenden Bücher Prediger Salomo und Hohelied Salomo wunderbar von vorne nach hinten lesen und genießen. Große archaische Dichtkunst, die Sie nicht unberührt lassen wird.

Ab jetzt besteht das Alte Testament aus Prophetenbüchern, vier große und zwölf kleine. Diese Bücher sind auf weite Strecken nicht wirklich geeignet für die **biblify**-Romanmethode. Bis auf das Buch vom Propheten Jona (der keine historische Gestalt war wie alle anderen, sondern eine literarische Figur) benötigt man zum Lesen der Prophetenbücher eine Mindestdosis von historischem Hintergrundwissen. Das bekommen Sie am besten mit der Stuttgarter Erklärungsbibel (siehe S. 175).

Der biblify-Bibelfahrplan Neues Testament

Prinzipiell können Sie auch das Neue Testament wie einen Roman lesen. Etwas verwirrend ist nur, dass die Lebensgeschichte Jesu viermal hintereinander erzählt wird, in den vier Evangelien. Die Geschichten in den ersten drei kommen schnörkellos daher, es geht ziemlich hopplahopp von einer Story zur nächsten.

Ich rate Ihnen, wenigstens eins der Evangelien mal auf einen Sitz zu lesen. Mir persönlich gelingt das am leichtesten bei Lukas, der die farbigsten Schilderungen und die schönsten Gleichnisse Jesu aufbewahrt hat. Jedes Evangelium ist ein sorgfältig aufgebautes Gesamtkunstwerk. Eine Tatsache, die  Sie bei der üblichen zerschnipselten Leseweise in Gottesdienst und Predigt niemals mitbekommen. Da kann das Durchlesen in Romanform ein schönes Aha-Erlebnis werden.

Das Johannesevangelium ist ganz anders aufgebaut als Matthäus, Markus und Lukas. Johannes liebt lange Dialoge nach jeder einzelnen Begegnung Jesu mit Menschen. Es ist ganz clever an vierter Stelle angeordnet. Denn ich finde, so richtig genießen können Sie die literarische Qualität des Johannes erst, wenn Sie aus den anderen drei Evangelien mit Jesus vertraut geworden sind.

Danach kommt die Apostelgeschichte des Lukas. Beginnend mit der Himmelfahrt Jesu kommt jetzt alles, was die Apostel ohne Jesus erlebten, inklusive der vielen Reisen des Paulus.

Im Anschluss folgen zuerst die Originalbriefe dieses Paulus an die ersten christlichen Gemeinden rund um das Mittelmeer, danach Briefe anderer Autoren. Sie lesen sich, da sind sich alle Theologen einig, schwierig. Also nicht verzagen, falls Sie sich hart tun. Alle anderen Teile der Bibel können Sie sich notfalls in einer klassischen Bibelübersetzung (Luther, Einheitsübersetzung) zu Gemüte führen. Bei den neutestamentlichen Briefen rate ich davon ab. Da kommen Sie mit der »Guten Nachricht« oder der »Volxbibel« bestimmt besser vom Fleck.

Zum Schluss als »big finish« die Visionen des Johannes auf Patmos, die man als Apokalypse oder Offenbarung bezeichnet. Nicht wundern, wenn Sie nach der Lektüre verwundert sind. Es ist eine lange Reihe von Visionen, die Sie als Film vermutlich nicht durchstehen würden. Aber die herrliche Vision vom himmlischen Jerusalem (Offenbarung 21–Ende) ist ein grandioses Finale Ihrer langen Reise durch die Bibel.

Bibellesen mit Reiseführer

Wenn Sie sich beim Komplettdurchmarsch durch die Heilige Schrift helfen lassen möchten, können Sie auf Bibellesepläne zurückgreifen. Auf der Website der Deutschen Bibelgesellschaft (www.die-bibel.de) ist unter »interaktiv/Mein Bibelleseplan« eine Liste zum Download bereit. Mit dem »Ökumenischen Bibelleseplan« kommen Sie in vier Jahren durch das Neue und in acht Jahren durch das komplette Alte Testament – also inklusive der Ersatzteillisten für den Tempelbau und der schrägen Bildreden aller Propheten.

Welche Bibelausgaben Sie verwenden sollten

Wenn Sie bei sich zu Hause eine Bibel finden, ist es mit großer Wahrscheinlichkeit eine der klassischen Ausgaben: die *Lutherübersetzung*, die *Einheitsübersetzung* oder die katholische Ausgabe von *Hamp / Stenzel / Kürzinger*. Alle sind okay für den Anfang. Nur wenn Ihre Bibel so alt ist, dass sie noch in alter deutscher Schrift gesetzt ist, sollten Sie sich eine neue Ausgabe leisten. Sonst setzt sich in Ihrem Unbewussten zu stark die Assoziation fest »Bibel = uralt«.

Die beste moderne Übersetzung ist (nicht nur nach meiner Meinung) wohl die *Gute Nachricht Bibel*. In freikirchlichen Kreisen verbreitet ist die *Elberfelder Bibel*, die den Urtext so wörtlich wie möglich wiedergibt (und dadurch sprachlich oft etwas holprig daherkommt) sowie *Hoffnung für alle*, bei der vor allem die neutestamentlichen Briefe sehr frei wiedergegeben werden.

In der reformierten Kirche weit verbreitet ist die *Zürcher Bibel*.

Immer wieder gab es moderne Versuche der Bibelübertragung. Die berühmteste ist die von *Jörg Zink* aus dem Jahr 1965, die 1998 komplett überarbeitet wurde.

Der neueste Schrei

Der jüngste Versuch ist die *Volxbibel* von Martin Dreyer, dem Gründer der »Jesus Freaks«. Die Absicht, die alte Bibelsprache in freier, aber nicht blasphemischer Form in aktuelles Schulhof-Deutsch zu übertragen, ist erstaunlich gut gelungen. Für ältere Leute (also ab 30) gewöhnungsbedürftig, aber gerade für sie besonders lohnend, denn sie lesen die altbekannten Texte mit Erstaunen neu. Das Neue Testament ist fertig, vom Alten Testament gibt's schon die Hälfte.

Die biblify-Bibel

Wenn Sie noch keine Bibel haben oder sich eine wirklich lohnende Zweitbibel anschaffen wollen, empfehle ich die *Stuttgarter Erklärungsbibel*. Sie enthält den kompletten Text der Lutherbibel, zusätzlich unter jedem Abschnitt aber mit Erklärungen, die verblüffend gut und prägnant die typischen Fragen zu dem jeweiligen Text klären. Außerdem gibt es eine Menge von Querverweisen auf andere Bibelstellen, sodass man dieses Buch fast als »Theologiestudium zum Kaufen« bezeichnen kann.

Solche »Erklärungsbibeln« gibt es eine ganze Reihe, doch viele sind tendenziös: römisch-katholisch, vorsichtig-fromm oder verharmlosend. Aus dem Angebot ragt die Stuttgarter Erklärungsbibel heraus. Sie hat kein »Gschmäckle«, sondern stellt neutral und allgemein verständlich die wissenschaftlichen Erkenntnisse, den historischen Hintergrund und die gängigsten Erklärungen zu den einzelnen Fragen jedes Textabschnitts dar. Und das lückenlos im gesamten Alten und Neuen Testament.

Dadurch ist das Buch über 1700 Seiten dick. Dass es noch handlich bleibt, verdankt es hochwertigem Dünndruckpapier und reichlich winziger Schrift. Wenn Sie damit Probleme haben, sollten Sie sich die vergrößerte Handausgabe leisten. Die kostet zwar fast 80 Euro, enthält aber zusätzlich eine CD mit dem Bibeltext.

Bibel online

Wer eine bestimmte Bibelstelle suchte, sah früher in einer *Konkordanz* nach, einem großen alphabetischen Register mit Tausenden Stichworten und einer Kurzwiedergabe der entsprechenden Bibelstellen. Heute passiert so eine Suche natürlich online. Die umfangreichste Sammlung verschiedenster (auch ausländischer) Bibelübersetzungen ist *www.bibelserver.de*. Die Bedienung ist etwas gewöhnungsbedürftig, aber wenn Sie einmal dahintergekommen sind, werden Sie begeistert sein über die Möglichkeiten. Es gibt sogar erklärende Kommentare, Querverweise und die Möglichkeit, die gefundene Bibelstelle in das eigene Textprogramm herüber zu kopieren.

Bemerkenswert ist *www.basisbibel.de*, ein Projekt der Deutschen Bibelgesellschaft (dem Herausgeber der Lutherbibel, Stuttgarter Erklärungsbibel, Gute Nachricht und vieler anderer). Sie ist ganz abgestimmt auf die Benutzung am PC, enthält viele Links und ist eine völlig eigenständige, zeitgemäße Übersetzung. Als Leser können Sie interaktiv zu einzelnen Übersetzungsdetails Stellung nehmen. Dazu kommen Audioangebote, sich die Bibel vorlesen zu lassen. Die vier Evangelien sind fertig, der Rest folgt nach und nach. Alles Weitere immer aktuell auf der genannten Website.

Schreiben Sie die Bibel weiter

1963 gründete sich in Paris die Gemeinschaft der »Kleinen Schwestern vom Evangelium«. Sie geht zurück auf den Trappistenmönch *Charles de Foucauld* (1858–1916), der in äußerster Armut bei den Touareg in der Sahara lebte. Die derzeit 70 Schwestern leben in Mietwohnungen am Rande von Großstädten in multikultureller Nachbarschaft, um sich den Ausgestoßenen und Armen zu widmen. Diesen Kleinen Schwestern von Paris wird die folgende Version der Seligpreisungen Jesu zugeschrieben. Die biblische Vorlage steht am Anfang der Bergpredigt im Matthäusevangelium, Kapitel 5.

Seligpreisungen 2.0

Lassen Sie sich davon ermuntern, Ihre eigenen Seligpreisungen zu erfinden. Schreiben Sie weiter, nutzen Sie die bewährten biblischen Muster. Schreiben Sie Seligpreisungen, Psalmen, Visionen, Prophezeiungen, Gleichnisse, Kindheitsgeschichten Jesu, Gespräche zwischen Meister und Jüngern ... Viele berühmte Dichter haben sich so zu großen Werken anregen lassen.

Wer sich glücklich schätzen kann

Selig sind, die über sich selber lachen können. Sie werden immer genug Unterhaltung finden.

Selig, die einen Berg von einem Maulwurfshügel unterscheiden können. Sie werden sich viel Ärger ersparen.

Selig, die fähig sind, sich auszuruhen und zu schlafen, ohne dafür Entschuldigungen zu suchen. Sie werden weise werden.

Selig, die zuhören und schweigen können, sie werden viel Neues lernen.

Selig, die intelligent genug sind, um sich selbst nicht allzu ernst zu nehmen. Sie werden von ihren Mitmenschen geschätzt werden.

Selig, die aufmerksam sind für die Winke der anderen, ohne sich für unersetzlich zu halten. Sie werden viel Freude säen. Selig, die lächeln können und kein böses Gesicht machen. Auf ihren Wegen wird die Sonne scheinen.

Selig, die das Verhalten der anderen mit Wohlwollen deuten können. Man wird sie zwar für naiv halten, aber das ist der Preis der Liebe.

Selig, die kleine Dinge ernst nehmen und ernste Dinge gelassen ansehen. Sie werden im Leben weit kommen. Selig, die denken, bevor sie handeln, und beten, bevor sie denken. Sie werden eine Menge Dummheiten vermeiden.

Selig, die schweigen und lächeln können, selbst wenn man ihnen das Wort abschneidet oder auf die Zehen tritt. Sie sind dem Geist des Evangeliums sehr nahe.

Selig, die Gott in allen Wesen erkennen und lieben. Sie werden Licht ausstrahlen, Güte und Freude.

biblify yourself

Gehen Sie auf biblische Weise mit sich selbst um

Wenn Sie auf biblische Weise mit sich und Ihrer Geschichte umgehen möchten, stellen Sie sich vor, Sie würden in eine sehr alte, vornehme Familie einheiraten. (Sie wissen ja: Man heiratet nicht einen Menschen, sondern immer eine Familie). In dieser Familie gibt es eine Menge prachtvoller Leute und richtiger Helden, dazu einige von der Kategorie »bucklige Verwandtschaft«. Machen Sie sich vertraut mit den alten Storys und Erfahrungen in Ihrer **biblify**-Familie, vernetzen Sie sich mit der Vergangenheit. Bald werden Sie Ihre eigenen Erfahrungen in den Erlebnisschatz dieser Familie einbringen, und eines Tages vielleicht Ihre Kinder.

So war es im **biblify**-Milieu immer. Jedes Mal, wenn in der Geschichte des Volkes Israel eine neue Erzählung oder ein neues Buch zu den alten Berichten hinzugefügt wurde, fand eine »relecture« statt – ein Wiederlesen. Im Licht neuer Erfahrungen las man die alten Erfahrungen. So konnte man beispielsweise Psalm 22 (»Mein Gott, mein Gott, warum hast du mich verlassen«) im Licht des Todeskampfes Jesu lesen oder seine Auferstehung im Licht des Exodus, der Ereignisse rund um die große Befreiungstour aus der ägyptischen Gefangenschaft.

Kümmern Sie sich um Ihren Stammbaum

Das Neue Testament beginnt mit einem Abschnitt, den man meist überblättert: dem Stammbaum Jesu. So eine Liste mit über 40 Namen ist natürlich langweilig zu lesen. Aber sie ist das Bindeglied zwischen Altem und Neuem Testament, zwischen der Geschichte des Volkes Israel und den Darstellungen des Lebens Jesu. In gedrängter Form werden hier am Übergang zwischen den beiden Bibelteilen die Abenteuer dieses Volkes spürbar, die schließlich zur Geburt des Jesuskindes im Städtchen Bethlehem führen.

Im englischen Sprachraum gibt es vereinzelt die Tradition, in der Adventszeit den Stammbaum Jesu neben den Adventskalender zu hängen. Solch ein Bild heißt »Jesse Tree« (Baum Jesse), in Anspielung auf die Prophezeiung in Jesaja 11,1: Aus dem abgeschlagenen Baum des Volkes Israel wird ein neuer Spross hervorgehen.

Ich stelle mir vor, wie der junge Josef seiner Verlobten Maria auf dem Weg nach Bethlehem von seiner illustren Vorfahrenreihe erzählt hat. Er »biblifyt« damit sich, seine Frau und das gemeinsame Kind; er macht das Netzwerk deutlich, in dem sie als junge Familie gut aufgehoben sind. Gut möglich, dass bei Maria dabei die eine oder andere Verbindung zu dem aufgeblitzt ist, was ihr der Engel verkündet und dann zu dem Kind in ihrem Bauch geführt hat.

Diese Gedanken folgen dem christlichen Auslegungsprinzip, dass das Neue Testament im Alten Testament verborgen ist.

Adam

Maria setzte sich auf einen ungehobelten Holz-
balken in der hellen Werkstatt und schaute
Josef bei seiner Arbeit zu. »Eine schöne Säu-
le. Was aus einem Baumstamm alles werden
kann!«, sagte sie. »Das stimmt«, rief Josef.
»Ich bin gleich fertig. Hast du alles gepackt?«
»Ja, obwohl ich ja für zwei packen muss«,
lachte sie fröhlich. »Die Babysachen und die Windeln habe ich in das
schöne violette Tuch gepackt, das du mir geschenkt hast. Von mir aus
kann's losgehen.«

»Es wird eine lange Reise werden von unserem schönen Nazareth
bis nach Bethlehem«, meinte Josef und legte sein Werkzeug weg.

»In die Stadt deiner Väter«, sagte Maria. »Schon merkwürdig, dass
wir gerade jetzt wegen dieser Volkszählung nach Bethlehem müssen.
Du wolltest mir doch von deinen Vorfahren erzählen, da haben wir
auf der Reise genug Zeit dazu. Aber fang bloß nicht bei den ersten
Menschen an, bei Adam und Eva!«

»Aber das muss ich doch!«, rief Josef und zog Maria zu sich hoch.
Er nahm sie liebevoll in den Arm. »Die guten Geschichten fangen
immer so an: Ein Mann sehnt sich nach einer Frau. Das gefällt auch
Gott. Sonst hätte ihm Adam auch nicht so leidgetan, wie er da einsam
und allein unter dem Baum der Erkenntnis stand. Kannst du dir ein
Paradies vorstellen, in dem man alleine ist? Ohne jemanden, mit dem
man seine Freude an den Tieren und Pflanzen teilen kann?«

»Nein«, sagte Maria. »Vielleicht ist das ja auch schon eine Frucht
vom Baum der Erkenntnis: Es ist nicht gut, dass der Mensch alleine
ist. Und jeder Stammbaum einer Familie fängt damit zu wachsen an,
dass ein Mann wie Adam eine Frau trifft, die er liebt und mit der er für
immer zusammenbleiben will.«

»Stimmt«, nickte Josef, »genau wie bei uns, was? Aber nun sollten
wir wirklich losziehen.« Mit diesen Worten packte er sein eigenes Bün-
del und das von Maria. Schwungvoll lud er beides auf den kleinen Esel,
der angebunden vor der Werkstatt wartete. *1. Mose / Genesis 2,4–25*

Eva

»Wie schade, dass wir gerade jetzt von hier wegmüssen, wo doch bald das Baby kommen wird. Unser Garten hinterm Haus ist um diese Jahreszeit ein kleines Paradies, besonders in den Morgenstunden«, seufzte Maria und warf noch einmal einen Blick zurück. »Ich kann mir gut vorstellen, wie sich Adam und Eva gefühlt haben, als sie den schönen Garten und den wunderbaren Baum verlassen mussten.«

»Ja«, überlegte Josef, »mit dem Unterschied, dass wir beide zurückkommen können. Vielleicht sollten wir in unserem Garten auch einen Baum pflanzen. Als Zeichen dafür, dass wir eine Familie sind. Dann können wir später alle unter dem Baum sitzen und ich erzähle unserem Kind die Geschichte seiner Familie. Was meinst du?« Josef sah ganz begeistert aus bei dieser Vorstellung.

Maria lächelte. »Wunderbar, ein Stammbaum, unter dem man sitzen kann. Aber erst einmal bin ich dran. Schließlich will ich genau wissen, in was für eine Familie ich da hinein heirate. Von Adam haben wir ja schon gesprochen. Was weißt du von Eva?«

Josef grinste: »Eva war die schönste Frau der Welt – schließlich gab es ja nur eine. Aber ich verstehe nicht, warum sie die Frucht vom Baum der Erkenntnis genommen hat – obwohl Gott das verboten hatte. Sie hat doch sonst alles gehabt im Garten Eden.« »Mag sein«, sagte Maria und legte die Hand auf ihren Bauch, »Kinder gab es jedenfalls nicht im Paradies. Da bin ich doch ganz froh, dass Eva in die Frucht gebissen hat, und der Adam auch.«

»Stimmt«, überlegte Josef, »auch wenn sie das Paradies verlassen mussten, Gott ging ja mit ihnen mit. So geht er auch mit uns. In der Geschichte unseres Volkes war das immer so: Jede Reise bringt etwas Neues und unerwarteten Segen.« Und damit zog er den Esel aus dem kleinen Gärtchen hinaus in die aufgehende Sonne.

1. Mose / Genesis 3,1–24

Noah

Es ist Winter in Israel, eine unberechenbare Jahreszeit. »Es soll sogar schon einmal Schnee gelegen haben in Jerusalem«, meinte Josef und zeigte nach Süden, wo hinter vielen Bergen und mehrere Tagesreisen entfernt die Hauptstadt ihres Landes lag. Bei ihnen am See Genezareth gab es nie Schnee, wohl aber Regen, und in einen solchen gerieten sie schon in den ersten Stunden ihrer Reise.

»Das wird schütten wie bei der Sintflut«, rief Maria, »wir müssen uns sofort irgendwo unterstellen.« Gerade noch rechtzeitig fanden sie in einem kleinen Schuppen Unterschlupf. Sie waren dort nicht alleine. Allerlei Tiere hatten sich unter das Holzdach geflüchtet: ein Igel, eine Katze, sogar zwei scheue Wildkaninchen, und jetzt auch ihr Esel. Josef lachte und drückte seine Verlobte enger an sich: »Gemütlich ist es hier, wie in der Arche von Noah. Das ist natürlich auch ein Vorfahre von uns. Sei froh, Maria, dass du mich hast. Wenn es sein müsste, könnte ich uns als Zimmermann auch eine kleine Arche bauen.«

Maria schaukelte in Josefs Armen hin und her: »So schwankte das große Holzboot auf den Wellen, draußen prasselte der Regen, und drinnen kuschelten sich Tiere und Menschen aneinander. Das muss furchtbar sein, so eine Überschwemmung. Immer wieder ist Gottes Schöpfung in Gefahr, aber immer wieder geschieht Rettung.«

So plötzlich, wie er gekommen war, ging der Regenschauer zu Ende. Die Tiere verließen leise raschelnd den Schuppen. Als Maria und Josef mit dem Esel herauskamen, spannte sich über dem Tal ein prachtvoller Regenbogen. Josef staunte: »Genau wie bei der Landung der Arche. Ich stelle meinen Bogen in die Wolken, hat Gott damals gesagt, als Zeichen für den Bund zwischen mir und der Erde.« Maria nickte: »Das ist ein sehr gutes Zeichen für unsere Reise.«

Beim Weitergehen fiel Josef noch etwas über Noah ein: »Er hat als erster Mensch einen Weinberg gepflanzt. Das war eine hervorragende Idee.« Maria klopfte ihrem Verlobten auf die Schulter: »Wie ich dich kenne, wirst du heute Abend auf Noahs Wohl einen extragroßen Krug Wein bestellen!«

1. Mose / Genesis 8,1–9,20

Sara

»Du hast mich noch gar nicht gefragt, wo ich dieses blaue Kleid herhabe«, sagte Maria. »Stimmt. Es steht dir sehr gut. Aber ich bin Baumeister, kein Schneider«, entschuldigte sich Josef.

Maria strich über den blauen Stoff: »Es ist von Elisabeth, meiner Verwandten, bei der ich drei Monate zu Besuch war. Sie ist viel älter als ich, und stell dir vor, auch sie ist schwanger geworden, nach so langer Zeit zum ersten Mal! Jetzt passen ihr die alten Sachen nicht mehr, und da hat sie mir das Kleid geschenkt.«

»Eine Frau, die erst ganz spät ein Kind bekommt – das gibt es in unserem Stammbaum auch. Abraham hatte von Gott die Verheißung bekommen, dass aus ihm einmal ein großes Volk wird. Seine Frau Sara war sehr schön und er liebte sie sehr. Aber sie bekam keine Kinder und darüber waren beide traurig. Schließlich waren Abraham und Sara so alt, dass sie nur gelacht hat, als sie von der Verheißung hörte«, erzählte Josef. »Und?«, fragte Maria. »Hat Sara dann wirklich noch ein Kind bekommen?« Josef hob bedeutungsvoll den Finger: »Ja, und sie haben ihn Isaak genannt, das bedeutet ›man lacht‹!«

Maria schaute nachdenklich in die Ferne. »Ich bin gespannt, wie Elisabeth ihr Kind genannt hat. Inzwischen müsste es zur Welt gekommen sein. Es ist ein besonderes Kind, das habe ich schon gespürt, als ich bei ihr war. Es hüpfte in Elisabeths Bauch, als es meine Stimme hörte. Und Elisabeth war ganz aufgeregt darüber und freute sich, weil sie meinte, das sei ein Zeichen von Gott für mich.«

»Du bist eben eine besondere Frau«, sagte Josef, »und das Kind in deinem Bauch ist auch etwas Besonderes.«

1. Mose / Genesis 17,15–22 und 18,1–15

Abraham

Allmählich ging die Sonne unter. Die ersten Sterne wurden am Himmel sichtbar. Die Luft hier im Tal war mild, und so beschlossen Maria und Josef, diese Nacht unter freiem Himmel zu verbringen, im Schutz eines kleinen Wäldchens am Wegesrand. Der Esel bekam etwas zu fressen, und Josef breitete unter den Bäumen eine Decke aus. Maria stand unter dem Sternenhimmel und freute sich über das Gefunkel. »Erzähl weiter von Abraham«, bat sie, »da kommen doch irgendwie auch Sterne vor.«

Josef nahm seine Verlobte in den Arm. Diese Stelle aus der Bibel hatte er in der Synagoge auswendig gelernt: »Sieh zum Himmel und zähle die Sterne; kannst du sie zählen? Der Herr sprach zu Abraham: So zahlreich sollen deine Nachkommen sein! Abraham glaubte dem Herrn, und der Herr rechnete ihm das als Beweis an für seine Treue.«

»Eine wunderbare Geschichte«, sagte Maria. »Dann sind Abraham und Sara losgezogen und in dieses Land hier gekommen, und ein großes Volk ist aus ihnen entstanden.« Josef half Maria beim Hinlegen. Sie waren beide sehr müde, und Josef sprach das Nachtgebet. Es enthielt die Worte »Du Gott Abrahams, Isaaks und Jakobs«. »Wer weiß«, überlegte Josef, »ob unser Kind nicht auch der Stammvater von vielen Millionen Menschen werden wird?« Maria nickte: »Ja, vielleicht aber in einer ganz anderen Weise, als wir denken.« Josef war viel zu müde, um sich über diese Bemerkung zu wundern.

So schliefen sie ein, und Josef wanderte im Traum wie Abraham die weite Strecke vom fernen Zweistromland bis hierher, in die duftenden Wiesen von Galiläa.

1. Mose / Genesis 15,2–6

Isaak

Es war ein sonniger Morgen und der Wind wiegte sich sanft in den Zweigen. Ein gutes Wetter zum Reisen, dachte Josef.

»Wie ging es dann mit Abrahams und Saras Kind weiter?«, wollte Maria beim Aufbruch wissen. Josef half Maria auf den Esel und zog das Gepäck fest. »Für seinen Isaak wünschte sich Abraham eine Frau aus der fernen alten Heimat. Er schickte einfach einen treuen Knecht los, der eine passende Braut für Isaak finden sollte. Der Knecht bat Gott darum, ihm bei der Suche zu helfen und traf schließlich ein wunderschönes Mädchen an einem Wasserbrunnen. Das fremde Mädchen hieß Rebekka. Sie wollte tatsächlich Isaaks Braut werden und reiste zur Hochzeit auf einem prächtigen Kamel an. Und es passierte wirklich: Isaak verliebte sich in die Frau, die der Knecht seines Vaters ihm ausgesucht hatte. Ist das nicht wunderbar, wie Gott zwei Menschen zusammenbringen kann?«

»Ja, das finde ich auch. So ist der Baum deiner Familie wieder um einen Zweig gewachsen«, antwortete Maria. »Jeder Zweig an einem Baum«, sagte Josef, »ist das Zeichen für eine geglückte Verbindung. Es ist ein großes Glück, wenn Gott die Ehe mit Kindern segnet und den Stammbaum fortführt. Aus vielen, vielen solcher Verbindungen setzt sich der Stammbaum zusammen.«

»Und jedes Kind auf dieser Erde hat einen Stammbaum, der bis zu Gott zurückführt«, ergänzte Maria und legte die Hand auf ihren Bauch genau auf die Stelle, wo das Baby strampelte. »Isaak. Das wäre doch auch ein guter Name für unser Kind, wenn es ein Junge wird«, überlegte Josef beim Weitergehen. Maria sagte nichts, aber sie legte ihren Kopf etwas zur Seite und lächelte ihn an.

Hoppla, dachte Josef, was soll denn das wieder bedeuten? Hat sie selbst einen Namen ausgesucht? Es ist ein guter Brauch bei uns, dass die Väter den Namen für das Baby bestimmen. Ich möchte das auch. Schließlich stamme ich ja aus einer königlichen Familie, wo man stolz sein kann auf seinen Namen.

1. Mose / Genesis 24

Jakob

Noch während Josef darüber nachdachte, welchen Namen er dem Baby gerne geben würde, gesellte sich ein anderer Reisender zu ihnen: »Mein Name ist Jakob. Ich stamme aus Nain und will Geschäfte machen in Jerusalem.« Maria und Josef erwiderten freundlich den Gruß. »Jakob heißt du«, nickte Josef anerkennend. »Auch ein guter Name. So hieß ein anderer großer Vorfahre unseres Volkes.«

Jakob aus Nain nickte: »Du meinst den Erzvater Jakob, Isaaks zweiten Sohn. Aber so ein Schlitzohr wie dieser Jakob bin ich nicht! Ja, der alte Jakob war ein trickreicher Bursche. Er erschwindelte sich von seinem alten Vater Isaak den Segen, der eigentlich seinem älteren Bruder Esau zugestanden hätte. Indem er sich ein raues Tierfell um den Arm legte. So fühlte sich seine Haut an wie die seines Bruders. Sein blinder Vater fiel auf diese List herein.«

»Wie kann auf einem solchen Tun denn Segen liegen?«, wunderte sich Maria. »Ja, es ist schon merkwürdig«, gab Josef zu, »aber ohne Jakob wäre unser Stammbaum nicht so groß geworden. Den Segen Gottes hat er gut genutzt. Aus Jakobs zwölf Söhnen entstanden die zwölf Stämme Israels, ein ganzes Volk. Aber lasst uns doch hier in ein Wirtshaus einkehren, es wird schon dunkel.«

Als Josef und Maria abends im Bett lagen, beklagte sich Josef: »Ein fieser Bursche, dieser Gastwirt. Wir haben genau so viel gezahlt wie Jakob. Aber der hat ein schönes Bett, und wir bloß dieses kratzige Stroh.« Maria seufzte. »Lass uns schlafen. Ich bin zu müde, um mich darüber zu ärgern.«

Am nächsten Morgen gab es große Aufregung. In der Nacht waren Diebe in das Zimmer mit dem schönen Bett eingestiegen und hatten Jakob den Geldbeutel gestohlen. Maria tröstete Jakob, und Josef gab ihm etwas Geld, damit er heimreisen konnte. Später überlegte Maria: »Stell dir vor, Josef, wir hätten das schöne Zimmer bekommen! Gott hat uns mit der schlechten Tat des Wirts einen guten Dienst erwiesen. So ähnlich wie bei unserem Urahn Jakob. Auch durch diesen Schlawiner hat Gott seinem Volk etwas Gutes getan.«

1. Mose/Genesis 27

Rahel

»Kennst du eigentlich die verrückte Geschichte von Jakobs Frau Rahel?«, fragte Josef. Sie nickte: »Aber erzähl sie trotzdem!«

»Weil Jakob nicht genug Geld hatte, um für Rahel die Brautgabe zu bezahlen, wollte er für sie sieben Jahre bei Laban umsonst arbeiten. Endlich waren die sieben Jahre um und die Hochzeit wurde gefeiert. Aber in der Hochzeitsnacht schickte sein Schwiegervater Rahels ältere – und längst nicht so hübsche – Schwester Lea zu Jakob ins Brautzelt. Jakob merkte erst am nächsten Morgen, dass Laban ihn hereingelegt hatte. Der erklärte sich bereit, ihm auch noch die jüngere Schwester Rahel zu geben, wenn er weitere sieben Jahre für seinen Schwiegervater arbeiten würde. Was blieb Jakob anderes übrig? Schließlich liebte er Rahel von ganzem Herzen.«

»Und Rahel? Ist sie mit Jakob glücklich geworden?«, erkundigte sich Maria. »Leicht war es bestimmt nicht für die schöne Rahel. Lea bekam gleich Kinder von Jakob, sie lange Zeit nicht. Endlich bekam sie doch noch zwei Söhne, Josef und Benjamin. Josef wurde später ein mächtiger Mann in Ägypten. Nach ihm hat mich mein Vater benannt.«

»Ägypten muss ein wunderschönes Land sein. Ich würde gerne einmal den großen Nil sehen und die großen Schiffe, die auf ihm fahren sollen«, meinte Maria träumerisch. »Wie schade, dass es so weit weg ist. Der Weg nach Betlehem ist ja schon lang.« Josef verstand sofort. »Du schaust müde aus, Maria. Lass uns eine Rast machen. Da vorne unter den Apfelbäumen können wir uns ausruhen. Unser kleiner Esel findet dort sicher auch etwas zum Fressen.«

Während Josef und Maria etwas aßen, kamen drei junge Männer vorbei. Sie machten Späße, streichelten den kleinen Esel und bewunderten Maria wegen ihrer Schönheit. »Hey, du bist ja zu beneiden«, rief einer von ihnen Josef zu. »Für so eine Frau würde ich glatt sieben Jahre arbeiten wie der alte Jakob!«

Maria und Josef lachten und winkten den dreien nach, als sie weiterzogen. Und Josef flüsterte Maria ins Ohr: »Für dich würde ich noch viel länger arbeiten, mein ganzes Leben lang!«
1. Mose / Genesis 29

Juda

Am Wegesrand stand ein junger Bauer mit seinem Ochsengespann. Er grüßte sie freundlich. Maria und Josef blieben stehen, und man kam ins Gespräch. Sie erfuhren, dass sie in der Nähe von Endor waren, auf dem Gebiet des Stammes Issachar. Bald stellte der Bauer Josef die Frage, die sich zwei fremde Juden immer stellen, wenn sie einander begegnen: »Von welchem Stamm bist du?«

»Ich bin vom Stamme Juda«, antwortete Josef ruhig. Angehörige seines Stammes Juda waren angesehen, denn aus diesem Stamm kam der große König David. »Hm, Juda«, sagte anerkennend der junge Bauer vom Stamme Issachar, »ein Löwe.« Josef streckte seine Brust fast unmerklich nach vorne. Dieses Wort hörte er gerne. Er wandte sich zu Maria: »Als Jakob auf dem Sterbebett lag, versammelte er seine 12 Söhne um sich und sagte zu jedem ein besonderes Segenswort. Beim Stamm Juda sprach er: Juda ist ein junger Löwe. Das Königszepter wird Juda nicht verlieren, und der Herrscherstab wird bei ihm bleiben, bis der Held kommt und alle Völker seine Anhänger werden.«

Der Bauer klopfte Josef auf die Schulter und brummte mit breitem Grinsen: »Nur nicht übermütig werden, du Mann vom Stamme Juda! Immerhin sitzt deine Frau auf unserem Wappentier. Zu Issachar hat Erzvater Jakob damals gesagt, er sei ein knochiger Esel.«

Maria lächelte: »Wie gut, dass die braven Esel auch zum Wappentier eines Stammes erhoben wurden. Was wäre ich ohne unser liebes Eselchen, das mir hilft, die Mühen der Reise besser zu meistern. Ich freue mich, dass der Stamm Issachar den guten Esel im Wappen führt. Er ist das Tier des Volkes und es wäre keine Schande für einen König, auf einem Esel zu reiten.«

Der junge Bauer riss die Augen auf: »Es ehrt mich, was du da sagst. Das sind kluge Worte für eine Frau. Gott möge dich dafür segnen und auch das Kind, das du in dir trägst. Ich wünsche ihm, dass es sich wie ein König fühlt, wenn es später einmal auf einem Esel reitet.«

1. Mose / Genesis 49, 1–15

Rut

Am Mittag kamen sie in die Nähe der Dekapolis, die Gegend der »zehn Städte«. Hier wohnten nur sehr wenige Juden, und die meisten Reisenden aus Galiläa machten lieber einen Bogen um dieses Gebiet. Josef rieb sich den Bart: »Es ist zwar ein Umweg, aber vielleicht wäre es sicherer, wenn wir hier nicht durchziehen. Ich traue diesen Ausländern nicht.« Maria staunte: »Aber Josef! Alle Menschen sind Ausländer, wenn sie nicht in ihrer Heimat sind. Denk doch an Rut!«

»Was weißt du denn von meiner Ahnherrin Rut?«, brummelte Josef vor sich hin. »Deine Ahnherrin?«, fragte Maria überrascht. »Na hör mal, wenn du schon eine Ausländerin in deinem Stammbaum hast, dann solltest du erst recht Gutes denken über Fremde. Erinnere dich doch mal, wie das mit Rut war.«

Josef kratzte sich am Ohr. »Familiengeschichten sind immer so kompliziert: Ein Mann aus Betlehem zog mit seiner Frau Noomi und seinen beiden Söhnen ins verfeindete Ausland, nach Moab, auf der anderen Seite des Jordans. Dort heirateten seine Söhne Moabiterinnen. Aber bald starben alle drei Männer. Übrig blieb die Jüdin Noomi mit ihren beiden Schwiegertöchtern. Als Witwe und noch dazu im Ausland war Noomi ganz ohne Schutz. Da beschloss sie, nach Hause zurückzukehren. Ihre Schwiegertöchter begleiteten sie bis zur Grenze. Beim Abschied aber sagte Rut, eine der beiden: ›Wo du hingehst, will auch ich hingehen. Dein Volk ist mein Volk, und dein Gott ist mein Gott.‹ So kam Rut in unser Land. Sie ist die Urgroßmutter von König David.«

Maria stemmte die eine Hand in die Hüfte und legte die andere ihrem Josef auf die Schulter: »Rut war eine mutige Frau. Also ich finde, Ausländer bereichern einen Stammbaum. Etwas von ihrem Mut steckt doch bestimmt auch in dir, Josef.« Josef hielt den Esel an und sah Maria in die Augen. »Du hast Recht. Gehen wir den direkten Weg.«

Maria freute sich: »Wo du hingehst, will auch ich hingehen. Das hat zwar eine Frau zu einer Frau gesagt. Ich finde aber, es ist auch ein schöner Satz für Eheleute.«

Rut 1

Boas

Am Abend führte ihr Weg direkt durch eine der zehn Städte. Auf einen Blick erkannten die Einheimischen, dass die beiden mit dem Esel Juden waren. Die meisten drehten sich weg, manche spuckten sogar vor ihnen aus. Ach, dachte Maria, wie schwer ist es für die Menschen, alte Vorurteile zu überwinden. Es hatte wohl keinen Sinn, in einem Gasthaus nach einem Nachtlager zu fragen. Außerhalb des Ortes sahen sie ein Feuer leuchten. Beim Näherkommen erkannten sie einen alten Hirten mit seiner Schafherde. »Kommt her, habt keine Angst«, rief er ihnen zu, »Juden wie euch sieht man hier selten. An diesem Feuer sind Fremde immer willkommen.«

Der Hirte bot ihnen Brot und warme Suppe an und begann zu reden. »Glaubt mir, eine Herde ohne fremde Schafe ist nicht gut. Nur so kann man kräftige Lämmchen züchten.«

Josef musste schmunzeln. »Etwas Ähnliches habe ich heute auch gelernt. Meine Familie hat eine Ausländerin aufgenommen, und ihr Urenkel wurde Hirte – und dann König.« Josef und Maria erzählten dem Alten die Geschichte von Rut. »Und wie erging es ihr dann im Land ihrer Schwiegermutter?«, wollte der Hirte wissen. Maria berichtete: »Sie hatte das gleiche Glück wie wir. Sie wurde freundlich aufgenommen. Wie andere arme Leute ging Rut aufs Feld, um die übriggebliebenen Getreideähren aufzulesen. Ein Bauer namens Boas verliebte sich in die schöne Rut. Heimlich befahl er seinen Knechten, für Rut extra viel liegen zu lassen. Und weil der Boas auch der Rut gefiel, wurden die beiden bald ein Paar.«

Der alte Hirte nickte anerkennend. »Ein guter Mann, der Boas. Ihr Juden habt doch so einen Satz: Ihr sollt die Fremdlinge lieben, denn ihr seid auch Fremdlinge gewesen in Ägyptenland. Wenn ihr euch daran haltet, dann wird von eurem Volk noch einmal ein Segen ausgehen, der gut ist für die ganze Welt.« Er warf ein paar Scheite Holz ins Feuer: »Aber nun legt euch schlafen, ihr schaut müde aus. Der Himmel schütze uns und unsere Tiere in dieser Nacht.«

Rut 2–4

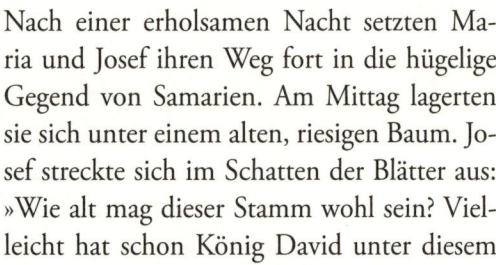

König David

Nach einer erholsamen Nacht setzten Maria und Josef ihren Weg fort in die hügelige Gegend von Samarien. Am Mittag lagerten sie sich unter einem alten, riesigen Baum. Josef streckte sich im Schatten der Blätter aus: »Wie alt mag dieser Stamm wohl sein? Vielleicht hat schon König David unter diesem Baum Harfe gespielt?« Maria horchte auf: »Endlich kommen wir in deinem Stammbaum zum allerberühmtesten deiner Vorfahren.«

Josef richtete sich auf. »Die Geschichte unseres Volkes kommt mir manchmal selber vor wie ein Baum. Zuerst war es nur ein Samenkorn, ein Versprechen Gottes an Abraham. Dann spross ein kleines Pflänzchen, es kam im Heiligen Land in die Erde, wuchs heran und wurde ein stattlicher Baum. Die Zeit der größten Blüte kam dann mit König David. Endlich wurden wir von unseren Nachbarn geachtet.«

Maria sah hoch zur Baumkrone. »Ich habe gehört, dass dieser David ein ziemlich wilder Bursche gewesen sein muss.« Josef wiegte den Kopf. »Er war alles. Ein guter und mutiger Hirte, aber auch ein tapferer Krieger – schon als kleiner Junge hat er ja den riesigen Goliath besiegt. Er war ein erfolgreicher Bandenführer, voller List und Tücke. So hat er Jerusalem erobert und die Philister besiegt. Aber er war immer gerecht und großmütig. David glaubte an Gott und weil er ein hervorragender Musiker war, schrieb er leidenschaftliche und wunderschöne Lieder für Gott. Ein ganzes Liederbuch voller Psalmengesänge hat er uns hinterlassen. David liebte Gott und er liebte die Frauen.« Maria stieß Josef in die Seite: »Also ein großes Vorbild für euch Männer, was? Vergiss nicht, dass er sogar einen Mann umbringen ließ, nur damit er dessen schöne Frau heiraten konnte!«

Josef gähnte herzhaft. »Tut mir leid. Bevor wir darüber reden, werde ich ein kleines Nickerchen machen.« Maria zog die Augenbrauen hoch: »Typisch. Wenn's spannend wird, wirst du müde. Aber ich werde dich daran erinnern!«

1. Samuel 17 und 2. Samuel 5

Batseba

Als Josef aufwachte, saß Maria schon ungeduldig auf dem Esel. »Das Wetter ist so schön, lass uns die Zeit nutzen!« Josef beeilte sich und lächelte seiner Verlobten zu. »Während wir weiterziehen, werde ich dir die Geschichte von David und Batseba erzählen. Von der Dachterrasse seines Palastes aus hat er sie zum ersten Mal gesehen, wie sie sich gerade wusch. Und er hat sich sofort in sie verliebt und sie zu sich bringen lassen. Wenn du König bist, kannst du so etwas machen.«

Maria war empört. »Auch der König muss sich an die Gesetze halten, sonst ist er ein schlechter König. Batseba war eine verheiratete Frau, und David hat das gewusst.« Josef hob die Hände: »Ach, mein Vorfahre David und die Macht der Liebe! Er trieb es noch weiter: Um Batseba heiraten zu können, ließ er ihren Mann beim Kampf in die vorderste Reihe stellen, sodass er umkommen musste. Das war ein schlimmes Unrecht und der Prophet Natan stellte unseren König deswegen scharf zur Rede.«

»Hat er sich dann den Propheten auch so eiskalt vom Hals geschafft?«, wollte Maria wissen. »Nein, im Gegenteil. David hat seine böse Tat bitter bereut und Buße dafür getan. Auch Batseba hat dafür bezahlt. Der kleine Sohn, den sie von David bekam, starb bald.«

»Das muss ihr das Herz gebrochen haben. Auch wenn sie eine Ehebrecherin war, kann man sie doch nicht verurteilen. Sie tut mir furchtbar leid«, sagte Maria und hatte Tränen in den Augen. »David hatte viele Söhne, nicht wahr?«, fragte Maria.

»Ja, auch von seinen anderen Frauen«, fuhr Josef fort, »wenn er die auch nicht so liebte wie Batseba. Nach langem Hin und Her wurde dann doch ein Sohn Batsebas der Nachfolger Davids. Er wurde fast noch berühmter als sein Vater.«

»Du meinst Salomo«, fiel ihm Maria ins Wort. »Den weisesten König, den unser Volk je hatte!« »Genau. Und daran sieht man, wie Gott aus einer schlimmen Tat am Ende doch einen großen Segen für unser Land werden ließ. Denn ohne Batseba hätte es auch keinen König Salomo gegeben.«

2. Samuel 11 und 12

Salomo

Maria freute sich über die Landschaft, durch die sie nun kamen. Zu beiden Seiten des Weges wogten Felder voller Ähren und Kornblumen. Maria geriet ins Schwärmen über den Reichtum der Schöpfung. Auch Josef war hingerissen von der Natur um ihn herum: »Ich fühle mich reich wie König Salomo. Was bin ich glücklich, dass ich zu diesem Volk in diesem Land gehören darf, und einst auch meine Kinder. Ja, und am glücklichsten bin ich natürlich, dass ich dich habe, Maria, und dass du bald ein Kind zur Welt bringen wirst!«

Maria fasste Josef bei der Hand. »Das hast du schön gesagt. Wirklich so, als ob du ein weiser König wärst. Jemand, der zu schätzen weiß, was er hat.« Josef strahlte. »Das können wir von Salomo lernen. Er hatte das mächtige Reich von seinem Vater übernommen. Eines Nachts erschien Gott dem jungen Salomo im Traum und fragte, was er dem König geben solle. Was, meinst du, hat er sich gewünscht?«

Maria grübelte: »Reichtum? Den Tod aller Feinde? Hohes Ansehen, Gesundheit, langes Leben?« Josef schüttelte den Kopf. »Er wünschte sich ein hörendes Herz, damit er ein guter Richter würde und verstehen könnte, was gut und böse ist. Gott war über diesen Wunsch so erfreut, dass er sagte: Ich schenke dir ein weises und verständiges Herz. Und Reichtum, Macht und langes Leben gebe ich dir auch noch dazu.«

»Ein kluger Wunsch für einen jungen König«, sagte Maria anerkennend. Josef nickte. »Das sprach sich in der Welt herum. Die berühmte Königin von Saba kam sogar aus Afrika zu Besuch. Und obwohl sie selbst furchtbar reich und klug war, musste sie seinen Reichtum und seine Weisheit bewundern. Vor allem aber ließ Salomo einen prunkvollen Tempel bauen.« Maria freute sich: »Den werden wir uns ansehen, wenn wir in Jerusalem sind.« Josef schüttelte den Kopf: »Heute steht dort der Tempel, den Herodes hat bauen lassen. Der Tempel Salomos ist längst zerstört. Nach Salomo ist viel Unglück über unser Volk hereingebrochen. Mein Stammbaum ist noch lang, und es gibt noch viel zu erzählen.«

1. Könige 3 und 10

Rehabeam

»Unser weiser König Salomo, das war der Höhepunkt in der Geschichte Israels«, sagte Maria, »so hast du es erzählt. Das klingt so, als ob es danach langsam mit unserem Land bergab ging.«

»Langsam?«, rief Josef, »nein, mit Karacho! Es ist immer das Gleiche: Wenn es jemand richtig gut geht, werden andere neidisch. So ging es auch bei uns. Die Leute aus dem Norden wurden neidisch auf die reiche Königsstadt im Süden. Kaum war Salomo tot, gab es fürchterlichen Streit, und das Reich wurde geteilt. Der wunderbare, starke Baum Israel wurde gespalten. Da siehst du es!«

In der Ferne stand ein kleines Häuschen direkt am Weg. Als sie näher kamen, stellten sich ihnen zwei breitschultrige Männer entgegen. »Willkommen in Judäa«, sagte der eine, aber der Gruß klang nicht besonders herzlich. »Zwei Personen, ein Esel, das macht einen halben Denar Zollgebühr.«

Josef kramte in seinem Beutel und wandte sich zu Maria: »Da hast du's. Die Teilung des Landes spüren wir bis heute. Salomos Sohn Rehabeam wurde zwar König, aber nur einer der zwölf Stämme blieb bei ihm. Die anderen sagten: Das ist nicht unser König.«

»Und welcher Stamm blieb bei Rehabeam?«, fragte Maria. »Natürlich meiner«, antwortete Josef feierlich, »Juda! Hiermit betreten wir Judäa, Land des Stammes Juda, meiner Vorfahren!« Maria seufzte: »Es freut mich, dass du stolz bist auf deine Hälfte vom gespaltenen Stammbaum. Aber dass man dafür Geld bezahlen muss, wenn man in dieses Land will! Wie schön wäre es, wenn Menschen ohne Streit miteinander in Frieden lebten, wenn sie alle zusammengehörten und eine große Familie bilden könnten!«

1. Könige 12,1–24

Joschafat

»Hier sieht es auch nicht anders aus als hinter der Grenze«, witzelte Maria, als sie ihre Reise im Südreich Judäa fortsetzten. Josef nickte: »Ist doch klar. Es ist *ein* Land, und immer wieder haben meine Vorfahren davon geträumt, dass es wieder so prachtvoll und freundschaftlich zugeht wie bei Salomo. Einer davon war Joschafat. Er hatte Gerüchte gehört über das sagenhafte Land Ofir, in dem es Gold über die Maßen geben sollte. So rüstete Joschafat eine Expedition mit mehreren Schiffen aus und schwärmte schon vom unermesslichen Reichtum. Doch wir Israeliten sind keine Seefahrer. Schon nach ein paar Seemeilen zerschellten die Schiffe im Roten Meer, und die teure Expedition war im Eimer.«

Die beiden Reisenden kehrten in einem Gasthof ein. In dieser Nacht dachte Maria zurück an all die Geschichten, die ihr Verlobter bisher erzählt hatte: Abraham zog in ein verheißungsvolles Land, Jakob träumte lange Jahre von der schönen Rahel, Joschafat von riesigen Goldschätzen, das Volk Israel träumte vom Messias. Schließlich sagte sie zu Josef: »Wir sind ein Volk, das an seine Träume glaubt. Ich glaube, dass Gott einen Traum mit unserem Volk hat. Und deswegen zu uns im Traum spricht.« »Das stimmt«, nickte Josef und dachte an den Engel, der ihm nachts im Traum erschienen war und ihn auf diese Reise mit Maria geschickt hatte. Er legte seinen Arm um ihre Schulter und fragte leise: »Und du, wovon träumst du?«

Maria blickte in die Nacht hinein. Sie fühlte sich stark und von Gottes gutem Segen behütet und flüsterte: »Ich habe ganz besondere Träume. Mit diesem Kind, das ich in meinem Bauch trage, werden sich viele Hoffnungen unseres Volkes erfüllen, und sogar weit über unser Volk hinaus.«

Wieder einmal war Josef verwundert, aber auch sehr bewegt von dem, was seine Maria sagte. Er gab ihr einen Kuss, segnete das Kind in ihrem Bauch und wartete auf seine Träume dieser Nacht.

1. Könige 22,41–51

Usija

Früh am Morgen brachen sie auf. Josef wirkte aufgeregt. Sie näherten sich der Hauptstadt Jerusalem. Hinter einer Biegung löste sich der Morgennebel auf, und Josef stieß einen begeisterten Schrei aus. Da lag sie, die heilige Stadt. Die hellen Dächer glänzten im Morgenlicht, und über allem thronte der gewaltige Tempel mit seinem weit überstehenden Dach und der riesigen Mauer.

Direkt neben dem Tempel erhob sich die Festung Antonia des Königs Herodes. Josef schüttelte den Kopf: »Eine wunderbare Stadt, aber jedes Mal ärgere ich mich wieder über diesen protzigen Bau des Königs. Diese Politiker werden wohl niemals klug.« Maria wunderte sich über Josefs Zorn: »Was ist daran so schlimm?« Josef nahm den Zügel des Esels und sie zogen weiter. »Ach, Maria, das hat in der Geschichte unseres Volkes immer Unglück bedeutet, wenn Gott nicht an erster Stelle steht. König Usija zum Beispiel – der kommt auch in meinem Stammbaum vor. Er wollte so mächtig werden wie König David, er war begeistert von Soldaten und Waffen, den Tempel ließ er zu einer Art Festung umbauen. Die Priester haben ihn gewarnt, aber er hat sich nicht um sie geschert. Er hat sich selber zum obersten Priester gemacht und selber im Tempel geopfert. Diesen Größenwahn hat er bald bereut. Nach seinem Auftritt im Tempel bekam er einen schrecklichen, ansteckenden Ausschlag an der Stirn. Bis an sein Lebensende musste er abgeschieden von den Menschen leben.«

Maria nickte: »Wie mit den Aussätzigen bei uns, die nicht im Dorf leben dürfen. Wie müssen solche Menschen leiden! Bestimmt hat sich auch Usija danach gesehnt, wieder unter Menschen sein zu dürfen. Ach, wenn es doch jemand gäbe, der einfach zu den Aussätzigen hingehen und sie gesund machen könnte. Ich sage dir, Josef: Unser Kind soll später mal die Aussätzigen nicht verachten – wenn es schon einen Aussätzigen als Vorfahren hat.«

2. Chronik 26,1–23

Hiskia

Immer häufiger begegneten Maria und Josef römischen Soldaten. »Mir machen sie Angst«, gestand Maria, »ich fühle mich von den vielen Waffen nicht beschützt. Unser bester Schutz ist unser Glaube und unser einzigartiger Gott.«

»Da hast du Recht«, stimmte ihr Josef zu, »bei den Vorfahren in unserem Stammbaum hat sich das immer wieder gezeigt. König Hiskia hat viel für Gott getan. Am Paschafest feiern wir, dass Gott unser Volk aus der Gefangenschaft in Israel befreit hat. Irgendwann war dieses Fest in Vergessenheit geraten. Hiskia hat dafür gesorgt, dass es wieder zu unserem größten und wichtigsten Fest wurde.« Maria lächelte: »Den Hiskia, den magst du wohl besonders gern.«

»Ja«, sagte Josef. »besonders wegen des Baus seines Geheimtunnels nach Jerusalem. Durch diesen Tunnel, 500 Meter lang, floss Wasser aus dem Teich Siloah in die Stadt. Während einer Belagerung konnte dadurch das Wasser in der Stadt nicht ausgehen. Durch den Tunnel kann man heute noch gehen, das hab ich mal gemacht, als ich 14 war. Bei den Jungs in Jerusalem gilt das als Mutprobe. Es ist ganz eng, das Wasser steht einem bis zum Hals und man muss sich eine Öllampe vors Gesicht halten, um wenigstens ein bisschen was zu sehen.«

Maria schüttelte sich. »Hu, keine zehn Pferde brächten mich in eine solche Röhre. Weißt du keine andere Geschichte von Hiskia?« Josef dachte nach. »Doch, als König Hiskia ein schlimmes Geschwür hatte und auf dem Sterbebett lag. Da flehte er zu Gott um Hilfe und vergoss dicke Tränen. Gott erbarmte sich und ließ ihm durch den Propheten Jesaja versprechen, dass er noch 15 Jahre leben dürfe. Zum Beweis ließ Gott die königliche Sonnenuhr rückwärts laufen: Zehn Striche wanderte der Schatten zurück. Und Hiskia hat tatsächlich noch 15 Jahre regiert.«

Maria seufzte. »Die Geschichte gefällt mir. Da sieht man doch, was das Gebet bewirken kann. Wenn doch unser König Herodes auch so ein frommer und kluger Mann wäre wie dein Urahn Hiskia. Dann würden hier nicht so viele fremde Soldaten herumlaufen müssen.«

Jesaja 38,1–8

Jesaja

Josef bemerkte, wie Maria leise zu singen begann. »Jeder Soldatenstiefel, der mit Gedröhn dahergeht, und jeder blutige Mantel wird verbrannt und vom Feuer verzehrt. Ein Kind ist uns geboren, ein Sohn ist uns gegeben, und die Herrschaft ruht auf seiner Schulter. Er heißt wunderbarer Ratgeber, Held Gottes, Vater der Ewigkeit und Fürst des Friedens.« Josef kannte diese Zeilen. »Das ist vom Propheten Jesaja. Der gehört auch ein bisschen in unseren Stammbaum, er war der Bruder eines Königs von Juda.«

Maria war erstaunt. »Wie schön, dann war er ja selber ein Prinz und hat so großartige Weissagungen hinterlassen! Die geben unserem Volk bis heute Kraft.« Josef richtete sich auf. »Mein Lieblingssatz ist der: Es wird ein Zweig hervorgehen aus dem Stumpf der Familie Davids und seines Vaters Isai, ein junger Trieb aus seiner Wurzel wird Frucht bringen.« Maria nickte: »Das ist ein guter Satz für einen Zimmermann. Aus dem gespaltenen und abgeschlagenen Baum Israel wird ein neuer Spross treiben, und der wird wichtig werden für die gesamte Welt.«

Josef hielt den Esel an und holte tief Luft. »Weißt du, was du da sagst, Maria? Das bedeutet, dass mit dem abgeschlagenen Stamm ja unser Stammbaum gemeint ist! Es könnte sogar sein, dass aus unserer Familie der neue wichtige Spross kommen wird!«

Marias Augen leuchteten. »Genau das glaube ich. Der Prophet Jesaja hat unser Volk in schwierigen Zeiten getröstet und immer von einer guten Zukunft geredet. Seit ich das Kind im Bauch habe, finde ich, dass diese gute Zukunft immer näher kommt. Die gute Zeit ist nah, und das macht mich sehr froh.« Wenn sie das so sagt, dachte Josef gerührt, kommt sie mir fast vor wie eine Prophetin. Maria sagt das alles mit so einer Zuversicht, die passt gut in meine Familie.

Jesaja 9,1–6 und 11,1

Jojachin

Maria und Josef waren endlich in Jerusalem angekommen. Der von Herodes wiederaufgebaute Tempel sah aus der Nähe noch prachtvoller aus. Aber Josef weigerte sich, ihn schön zu finden. »Der eigentliche Tempel war der Tempel Salomos«, sagte er trotzig, »von dem sind nur noch wenige Teile erhalten. Es war eine schreckliche Schande, dass unser Volk nach der langen, langen Geschichte Gottes aus dem eigenen Land vertrieben wurde.«

Maria wunderte sich: »Wie geht das eigentlich? Man kann doch nicht ein ganzes Volk aus seinem Land jagen!« »O doch, man kann«, antwortete Josef. »Mein Vorfahre, der König Jojachin, hatte sich mit den Ägyptern verbündet, um die Katastrophe zu verhindern. Aber das nützte nichts. Der mächtige Nebukadnezzar aus Babylon belagerte Jerusalem und nahm den König und alle wichtigen Leute des Landes gefangen. Der Tempel wurde verwüstet, alle goldenen Schätze Salomos mitgenommen. Alles, was einigermaßen wertvoll war, wurde von den Babyloniern geplündert. Zurück blieben nur die Ärmsten.«

»Aber irgendwann sind doch alle wieder zurückgekehrt, und jetzt wohnen wir wieder in unserem Land«, meinte Maria. Aber Josef wehrte ab: »Seit der babylonischen Gefangenschaft wurde nichts mehr wie früher. Immer herrschte irgendeine fremde Großmacht über uns. Maria, das bleibt unser Traum: Dass wir als eigene Herren im eigenen Land wohnen dürfen. Die Propheten haben es immer wieder verheißen: Eines Tages wird der Gesandte Gottes kommen, der Messias, und er wird uns befreien!«

Maria nickte. »Eines Tages wird er kommen. Aber bist du sicher, dass ihn dann auch alle erkennen werden?«

2. Chronik 36

Serubbabel

Plötzlich zerrten Menschen an dem Esel, auf dem Maria saß. Wildes Geschrei erhob sich, aus einer Gasse stürmten Männer mit Tüchern vor dem Gesicht auf sie zu. Maria glitt vom Esel und rief um Hilfe. Josef hielt seinen Arm schützend vor seine Frau und versuchte, den Esel aus dem Gewühl zu ziehen. Mit letzter Kraft konnten sie sich in einem Hauseingang verstecken, während die Menge draußen an ihnen vorbeistürmte, verfolgt von römischen Soldaten, die laut klappernd mit den Schwertern auf ihre Schilde schlugen. »Kommt dieses Land denn niemals zur Ruhe?«, rief Josef und umarmte die vor Aufregung zitternde Maria.

»Das war anscheinend eine antirömische Demonstration«, erklärte Josef. »Das gibt es hier oft, wie ich gehört habe. So ungefähr muss das auch gewesen sein, als die ersten Heimkehrer aus Babylonien hier eintrafen. Die Leute aus Samaria, die im Land geblieben waren, wollten das Land und den Tempel für sich behalten. Einer meiner Vorfahren hieß Serubbabel.« Maria unterbrach ihren Verlobten: »Das ist aber kein jüdischer Name. Noch ein Ausländer in deinem Stammbaum?«

»Nein«, sagte Josef, »in Babylon durften die Gefangenen nicht einmal ihre jüdischen Namen behalten. Serubbabel kam mit Freunden und Brüdern aus Babylon zurück in die verwüstete Heimat und begann, den zerstörten Tempel notdürftig wieder aufzubauen. Aber sie wurden von den Samaritanern mit Gewalt daran gehindert. König Darius von Babylon musste dafür sorgen, dass die Heimkehrer ihr eigenes Land wiederbekamen. Jetzt kannst du dir erklären, warum wir die Samaritaner nicht besonders mögen.«

Maria hatte kaum noch zugehört. »Josef, ich habe solche Schmerzen! Ich glaube, bald ist es so weit!«
Esra 3–6

Josef war sehr gerührt, als er die Stadt seiner Väter hinter den hügeligen Wiesen auftauchen sah. Auf dem Gras weideten ruhig die Schafe.
»Es gibt eine Weissagung des Propheten Micha über meine Heimatstadt.« Josef stellte sich feierlich in die Nachmittagssonne und sag-

te auswendig diese Worte: »Und du Bethlehem Efrata, die du klein bist unter den Städten in Juda, aus dir soll einer kommen, der über Israel herrschen soll. Sein Ursprung liegt in ferner Vorzeit, in längst vergangenen Tagen. Geplagt ist die kleine Stadt, bis die Schwangere einen Sohn geboren hat. Er wird auftreten und ihr Hirte sein. Sie werden in Sicherheit leben, und er wird der Friede sein.«

Maria freute sich über die Worte, aber sie tat es mit verzerrtem Gesicht. »Josef, wir müssen jetzt wirklich einen Ort für die Nacht finden. Ich habe in regelmäßigen Abständen Wehen!«

 So zogen sie in das Städtchen ein, und Josef fragte in den wenigen Gasthäusern des Ortes nach einem Zimmer. Sein Gesicht wurde immer länger. »Sie haben alle Betten belegt, Maria. Sie haben keinen Platz für uns.« Es war schon dunkel, da lief der Wirt des Gasthofs auf sie zu, bei dem Josef zuletzt gefragt hatte: »So leid es mir tut, ich habe einfach kein freies Zimmer mehr für euch. Aber hier, gleich hinter meinem Haus, habe ich eine Höhle, in der sonst oft Hirten übernachten. Da seid ihr geschützt, und ich gebe sie euch umsonst.«

Sie eilten zu der Grotte, über deren Eingang sich die Krone eines uralten Baumes wölbte. Maria war zu Josefs Überraschung überhaupt nicht enttäuscht. »Sieh nur, Josef, ist das nicht ein wunderbares Zeichen von Gott? Dieser Baum ist unser Stammbaum. Hier wird der neue Spross des Volkes Israel zur Welt kommen.« Erleichtert ließ sie sich auf das Stroh fallen, das in der Höhle aufgehäuft war. Josef zog den kleinen Esel in die Grotte hinein und kramte eine Öllampe aus seinem Beutel. Der warme Schein erhellte die Wände und hüllte Maria in ein sanftes, weiches Licht. »Was für eine wundersame Nacht«, dachte Maria, »alles ist ganz ärmlich hier und doch habe ich mich Gott noch nie so nahe gefühlt.« Sie tastete nach Josefs Hand. »Hilf mir, lieber Josef, hilf mir!«, flüsterte sie. Und so, in Josefs Arm, brachte Maria ihr Kind zur Welt. Jesus war geboren.

Micha 5,1

Josef

»Warum willst du ihn eigentlich Jesus nennen?«, fragte Josef seine Maria, die erschöpft, aber überglücklich das herrlich duftende Baby an ihrer Brust liegen hatte. »Als der Engel zu mir kam, Josef, da hat er mir nicht nur gesagt, dass ich einen Sohn bekommen werde. Du sollst ihm den Namen Jesus geben, hat er mir aufgetragen, und so soll es auch geschehen. Obwohl ich weiß, dass es eigentlich deine Aufgabe wäre, den Namen auszusuchen.« Josef strich über die Haare des kleinen Säuglings. »Jesus, das ist ein sehr guter Name – Gott rettet, das gefällt mir. Ein Engel hat zu dir gesprochen? Ich habe es von Anfang an gespürt, dass es ein Geheimnis gibt um unser Kind. Aber ich habe nichts gesagt, denn du hast immer so sicher gewirkt.«

»Ich danke dir, Josef«, lächelte Maria ihren Verlobten an. Als sich das Baby satt getrunken hatte, wickelte Maria es behutsam in Windeln. »Willst du ihn halten?«, fragte sie Josef.

Josef nahm das Jesuskind behutsam in den Arm und trat vor den Eingang der Grotte. Unzählige Sterne funkelten am samtblauen Nachthimmel und gerade über ihm, so schien es Josef, leuchtete ein Stern besonders hell. Die Blätter des alten Baumes neben der Grotte rauschten geheimnisvoll wie Engelsflügel.

Josef lehnte sich an den dicken Stamm und hob das Baby mit seinen starken Armen hoch in die Luft. »Ich danke dir, du Heiliger Israels, für dieses Kind. Ich lobe dich, Gott meiner Väter und Mütter, und preise deine große Güte. Segne dieses Kind und lass es zum Segen werden für unsere Familie und für alle, die ihm begegnen. Du hast mein Herz mit Freude erfüllt, die bis zum Himmel reicht wie die Krone dieses starken Baumes. Du bist es, mein Gott, der solche Zeichen und Wunder tut!« Nach diesen Worten küsste er das Kind auf die Stirn und brachte es zurück in die Grotte zu seiner Mutter.

Maria richtete sich halb auf und strahlte die beiden an. »Das hast du wundervoll gesagt, Josef. Auch mein Geist freut sich über Gott, denn er hat mich angesehen. Von jetzt an werden mich seligpreisen alle Kindeskinder, denn Gott hat große Dinge an mir getan.« Und da lächelte das Kind zum ersten Mal.

Finden Sie sich selbst in der Bibel wieder

Der französische Schriftsteller Georges Bernanos schrieb 1936 den Roman »Tagebuch eines Landpfarrers«. An seinen Verleger schrieb er während der Arbeit: »Ich möchte, dass dieses Buch Licht ausstrahlt.« Es handelt von einem armen, dem Alkohol verfallenen katholischen Pfarrer in der französischen Provinz. Geistliche Ermutigung findet er bei einem älteren Kollegen, dem Pfarrer von Torcy. In einem der langen Gespräche mit dem Landpfarrer entwirft er eine Idee, die mich seitdem sehr fasziniert hat:

> »Um die Sache zu vereinfachen: Ich versuche zunächst einmal, einen jeden von uns im Evangelium wieder an seinen wahren Platz zu stellen. Oh, gewiss, das macht uns 2000 Jahre jünger. Und was weiter? Für Gott ist die Zeit ein Nichts, sein Blick geht durch sie hindurch. Ich sage mir, dass lange vor unserer Geburt – um in menschlicher Sprache zu reden – unser Herr irgendwo in Bethlehem, in Nazareth, auf den Straßen von Galiläa, was weiß ich wo, uns begegnet ist. An irgendeinem Tag haben seine Augen auf uns geruht. Und je nach dem Ort, der Stunde, den Umständen hat unsere Berufung dadurch ihren besonderen Charakter angenommen. Versteh mich recht! Ich biete dir das nicht als Theologie. Ich stelle mir es vor oder ich träume, nenne es, wie du willst: Wenn unsere Seele, die nicht vergessen kann und sich stets erinnert, unseren armen Körper von Jahrhundert zu Jahrhundert schleppen und in die riesige Anhöhe vor 2000 Jahren wieder hinaufsteigen lassen könnte, dann würde sie ihn geradewegs an dieselbe Stelle führen, wo … Was hast du? Was ist mit dir los?«

> Ich hatte gar nicht bemerkt, dass ich weinte, es kam mir gar nicht in den Sinn. »Warum weinst du?« Die Wahrheit ist, dass ich mich von jeher auf dem Ölberg wiederfinde, und zwar in dem Augenblick – ja, es ist sonderbar – eben gerade in dem Augenblick, wo Jesus dem heiligen Petrus die Hand auf die Schulter legt und jene Frage stellt, die doch letztlich recht überflüssig, fast einfältig und doch so rücksichtsvoll, so zärtlich ist: »Schläfst du?«

Das ist eine weitere, über die Maßen erstaunliche Vernetzungsfähigkeit der Bibel: Sie überwindet die Zeit, stellt Verbindungen über zwei Jahrtausende her, verknüpft uns mit den Menschen, denen Jesus begegnet ist.

Im Folgenden finden Sie eine ausführliche, aber sicher nicht vollständige Aufzählung der Personen, denen Jesus während seiner wenigen Jahre auf Erden begegnet ist. Lassen Sie sich beim Durchlesen dieser Beschreibungen inspirieren, mit welcher Person Sie vielleicht verbunden sind. Das können mehrere sein, oder auch eine einzige, auf die sich Ihre Seele konzentrieren wird.

Es ist eine der schönsten Meditationen, Jesus in Gedanken selbst zu begegnen und seine Gegenwart zu spüren. Wenn Sie diese hier dargestellten Personenbeschreibungen lesen, versetzen Sie sich in sie hinein. Versuchen Sie, wie in einem Film oder einem Theaterstück die Szenerie vor sich zu sehen. Hören Sie, mit welcher Stimme die Personen sprechen. Wie gestikulieren sie dabei? Wo werden sie leise, wo schreien sie laut, wo treten sie fest auf, wo sind sie zögerlich?

Gleich noch einmal: Josef

Nicht Maria selbst, sondern ihr Verlobter Josef wird als Erster am Ende des langen Stammbaums Jesu zu Beginn des Neuen Testaments genannt. Was Matthäus über ihn berichtet, klingt wenig schmeichelhaft: Maria war schwanger vom Heiligen Geist. Josef aber, ihr Mann, wollte sie als »gerechter« Jude nicht in Schande bringen und dachte deshalb daran, sie heimlich zu verlassen.

Was wäre wohl aus Jesus geworden, wenn Josef das wirklich getan hätte? Maria, zurückgelassen als alleinerziehende Mutter – in den damaligen Zeiten ein vollkommen rechtloser Status. Josef hätte das

Recht gehabt, seine Frau wegen Ehebruchs anzuklagen. Daher gilt sein Plan, sie ohne Aufhebens zu verlassen, als liebevolle Geste gegenüber seiner jungen Verlobten.

In der kirchlichen Tradition ist Josef zu einer fast lächerlichen Nebenfigur verkommen. An der Krippe wird er gern dargestellt als ziemlich alter Mann, der verwirrt und unnötig neben dem Kind seiner Frau steht, das nicht von ihm gezeugt wurde. In Wahrheit aber ist die selbstlose Liebe Josefs zu seiner Frau ein wichtiges Puzzleteil in der diffizilen Geburtsgeschichte Jesu.

Der Blick Jesu, der auf Josef ruht, ist ein ganz besonderer Blick: der Blick eines Kindes, eines Heranwachsenden, eines Lernenden. Als zwölfjähriger Teenie läuft Jesus später seinen Eltern davon, er verblüfft sie und die Gelehrten mit seinen biblischen Kenntnissen. Später wird Jesus als Lehrling seinen Meister Josef bewundert haben. Josef war Bauhandwerker, was ungefähr dem heutigen Architekten entspricht (griechisch *tekton*, oft irreführend als »Zimmermann« übersetzt). Er könnte im Haus- und Schiffbau tätig gewesen sein, etwa auf einer römischen Großbaustelle im etwa acht Kilometer entfernten Sepphoris.

 Noch später weist Jesus seine Eltern zurück. Er deutet auf seine Freunde und behauptet, sie seien seine wahre Familie. Das auszuhalten, den vertrauten Sohn Jesus so aus den Händen zu geben, das ist die Größe der Person Josefs.

biblify-Tipp: Spüren Sie Ihren Platz im Stammbaum

Wenn Ihnen Josef als »Ihre« biblische Figur erscheint, deutet das auf eine starke Vaterenergie in Ihnen hin. Die große Liebe dessen, der sich klug und selbstlos einsetzt für einen großen Auftrag, dessen wahre Bedeutung er noch gar nicht einschätzen kann, sie aber hellsichtig erahnt – wie wohl jeder junge Vater, der sich noch kaum der Bedeutung bewusst ist, die er später im großen Stammbaum seiner Familiengeschichte spielen wird.

Maria

Darf man es wagen, sich mit der Mutter Gottes zu identifizieren? Sich vorzustellen, wie die Eizelle im eigenen Körper auf wunderbare Weise befruchtet wurde »durch die Kraft des Höchsten, die dich überschattet«? Ich denke, ja. Denn schon in der Bibel selbst hat man es so gemacht.

Im Lukasevangelium wird die Schwangerschaft Marias ausführlich erzählt. Die Bibel, das ist die Grundidee von **biblify your life**, enthält Erfahrungen, die Menschen mit Gott gemacht haben. Niemand wird je sagen können, ob der herrliche Lobgesang der Maria (das Magnificat) von  ihr selbst stammt oder von einem Autor, der sich in sie hineinversetzt hat und dem dann diese Worte in den Sinn kamen. Jedenfalls enthält er die Quintessenz dessen, was in der Mutter Jesu vorgegangen sein mag. Es ist ein kunstvolles Gedicht, ein neutestamentlicher Psalm, voller Anspielungen auf das Alte Testament und voller guter Energie. Dieser Text hat sich hervorragend bewährt, um persönliche Krisen, ja Depressionen spirituell zu begleiten und zu überwinden.

Ich preise den Herrn und juble vor Freude
über Gott meinen Retter.
Ich bin nur eine einfache Frau,
ein unbedeutendes Geschöpf vor ihm,
und doch hat er sich mir zugewandt.
Von nun an wird man mich glücklich preisen
in allen kommenden Generationen,
denn Gott hat Großes an mir getan,
er, der mächtig ist und heilig.
Sein Erbarmen hört niemals auf;
er schenkt es allen, die ihn ehren,
über viele Generationen hin.

Nun hebt er seinen gewaltigen Arm
und fegt die Stolzen weg samt ihren Plänen.
Nun stürzt er die Mächtigen vom Thron
und richtet die Unterdrückten auf.
Den Hungernden gibt er reichlich zu essen
und schickt die Reichen mit leeren Händen fort.
Unseren Vorfahren hat er zugesagt,
Israel Güte und Treue zu erweisen.
So hat er es Abraham versprochen
und seinen Nachkommen für alle Zeiten.
Nun hat er sich daran erinnert
und nimmt sich seines Volkes an.
(Lukas 1,46–55, Gute Nachricht)

biblify-Tipp: Vereinfachen Sie Maria

Maria ist für viele Christen eine ziemlich überfrachtete Figur. Der Legende nach ist sie in den Himmel aufgestiegen wie Jesus, sie wurde angeblich selbst auf übernatürliche Weise gezeugt und damit unterschwellig in den Rang einer Mitgottheit erhoben. Reihen Sie sie wieder ein zu den vielen Menschen der Bibel, die außergewöhnliche Erfahrungen gemacht haben. Manche Christen bezeichnen sie dann, um das Normal-Menschliche an ihr auszudrücken, als »Maria von

Nazareth«. Diese Maria ist einfach Mutter. Schon wegen dieser Tatsache haben die Augen Jesu in einzigartiger Weise auf ihr geruht, so wie das eben nur einer Mutter passieren kann. Jede Frau, die ein Kind zur Welt bringt, bringt damit die große Geschichte der Menschheit um ein Menschenleben weiter, wie das auch Maria getan hat.

Simeon

Simeon war ein Mann, der eine Verheißung erhalten hatte: Er sollte nicht sterben, bis er nicht den Christus gesehen hatte, den seit langem ersehnten Messias der Juden. Auf Grund einer Eingebung des Heiligen Geistes kam er in den Tempel und sah die Eltern mit dem kleinen Jesus, die ihn nach jüdischem Brauch zur Beschneidung brachten. Der alte Mann nahm den Säugling auf seine Arme und sagte (vielleicht hat er diese poetischen Worte auch gesungen):

»Herr, nun lässt du deinen Diener in Frieden fahren, wie du gesagt hast; denn meine Augen haben deinen Heiland gesehen, den du bereitet hast vor allen Völkern. Ein Licht, zu erleuchten die Heiden und zum Preis deines Volkes Israel.«
Sein Vater und seine Mutter wunderten sich über das, was Simeon über das Kind sagte. Simeon segnete sie und sagte zur Mutter:
»Dieses Kind ist von Gott dazu bestimmt, viele in Israel zu Fall zu bringen und viele aufzurichten. Er wird ein Zeichen Gottes sein, gegen das sich viele auflehnen und so ihre innersten Gedanken verraten werden. Dich aber wird der Kummer um dein Kind wie ein scharfes Schwert durchbohren.«
(Lukas 2,29–35)

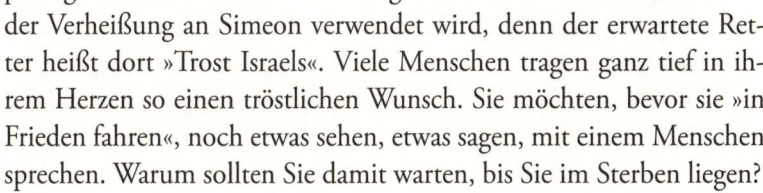

biblify-Tipp: Was wollen Sie noch sehen, bevor Sie von hier gehen?

»In Frieden fahren« ist eine ausgesprochen tröstliche Formulierung für das Sterben. Sie passt gut zu der Messiasbezeichnung, die in der Verheißung an Simeon verwendet wird, denn der erwartete Retter heißt dort »Trost Israels«. Viele Menschen tragen ganz tief in ihrem Herzen so einen tröstlichen Wunsch. Sie möchten, bevor sie »in Frieden fahren«, noch etwas sehen, etwas sagen, mit einem Menschen sprechen. Warum sollten Sie damit warten, bis Sie im Sterben liegen?

Hanna

In der Geburtserzählung des Evangelisten Lukas (2,36–38) begegnet dem Baby Jesus im Tempel noch eine hochbetagte Frau: die Prophetin Hanna. Sie wird bezeichnet als »Witwe von 84 Jahren«, die sieben Jahre verheiratet war. Das würde bedeuten, dass Hanna zwölfmal so lange, wie sie vorher verheiratet war, als eine Art Nonne im Tempel gelebt hat. Bei einem damals üblichen Heiratsalter von 14 Jahren könnte sie 105 Jahre alt gewesen sein und damit ein wahrhaft biblisches Alter erreicht haben. Damit ist sie ein lebendes Symbol; sie steht für das Volk Israel, das auch sehr, sehr lange auf seinen Retter warten musste.

biblify-Tipp: Entdecken Sie das heilige Warten

Im Deutschen hat das Wort »warten« eine liebevolle Doppelbedeutung. Neben dem oft langweiligen Aufenthalt in der Warteschlange oder im Wartezimmer, bei dem man häufig verurteilt ist zum Nichtstun, bedeutet »warten« auch, etwas zu pflegen und für etwas zu sorgen. Das ist noch erhalten in den Bezeichnungen »Torwart«, »Hauswart« oder »Wartungsvertrag«. Die Kinderaugen Jesu ruhen in einer besonderen Weise auf der greisen Hanna, denn mit diesem Blick erlöst er sie von ihrem Wartestand und befreit sie endlich aus der großen spirituellen Sorge um ihr eigenes Volk.

Die Weisen aus dem Morgenland

Die Geschichte von den Weisen (die in der Überlieferung auch als Sterndeuter, Gelehrte oder Magier bezeichnet werden) überliefert nur der Evangelist Matthäus in seiner »männlicheren« Version der Weihnachtsgeschichte. Die Weisen folgen einem geheimnisvollen Stern, der sie nach Palästina führt. Ihr Ziel: der neugeborene »König der Juden«, dem sie ihre Verehrung darbringen möchten. Als sie vor der Krippe mit dem Jesuskind stehen, fallen sie nieder, beten es an, tun ihre

Schätze auf und schenken ihm Königsgeschenke: Gold, Weihrauch und Myrrhe. Die später als »Drei Heilige Könige« populär gewordenen Weihnachtsgäste sind die ersten Nichtjuden (»Heiden«), die den neu geborenen Retter der Welt anbeten.

biblify-Tipp: Folgen Sie Ihrem Stern!

Wenn die Weisen aus dem Morgenland in Ihnen etwas auslösen, sind Sie vielleicht ein »Gottsucher« wie sie – jemand, der nicht zufrieden ist mit der Oberfläche der Dinge. Sie lieben es, in die Tiefe zu gehen, vielleicht sogar zu grübeln, nachzuforschen. Das ist eine kostbare Veranlagung, die sie mit vielen großen Menschen verbindet, etwa mit Teresa von Avila, der spanischen Mystikerin (»Gott ist so groß, dass er es wohl wert ist, ihn ein ganzes Leben lang zu suchen«) oder mit Beethoven (»Höheres gibt es nichts, als Gott sich mehr als andere Menschen zu nähern, um von hier aus die Strahlen Gottes unter den Menschen zu verbreiten«).

Der Suchende hat allerdings ein Problem: Was wird aus ihm, wenn er das Gesuchte gefunden hat? Was ist wohl später aus den heidnischen Weisen geworden? Eine schöne Antwort stammt aus Syrien: Die Weisen waren so begeistert von dem neugeborenen König, dass sie bald darauf die erste Kirche bauten und als Gründer der syrischen Christen gelten. Was schaffen Sie Sichtbares in Ihrem Leben, wenn Sie dem Stern gefolgt sind und gefunden haben, worauf er Sie hingewiesen hatte?

Johannes der Täufer

Wo hat Jesus seinen Glauben gelernt? Bei seinen Eltern sicher, aber das Neue Testament gibt noch einen anderen ungewöhnlichen Lehrer an: Johannes den Täufer, einen Aussteiger im wüstenartigen unteren Jordantal. Schon sein Outfit kann man nur als krass bezeichnen: ein Gewand aus Kamelhaaren, irgendwie zusammengehalten von einem Ledergürtel. Und dann erst sein Essen: Heuschrecken und wilder Honig (Matthäus 3,4). Vielleicht waren die Eltern Jesu nicht sonderlich erbaut, als sie sahen, bei welchem Guru ihr Sohn da anheuerte, der zu dieser Zeit offenbar sehr populär war. »Ganz Judäa« und die Einwohner Jerusalems zogen hinunter zum Jordan, um ihre Sünden zu bekennen und sich taufen zu lassen, berichtet Matthäus (Matthäus 3,5).

Johannes wird in die Geschichte eingehen als »der große Zeigefinger auf Jesus«, wie ihn Matthias Grünewald auf dem Isenheimer Altar malte. »Der nach mir kommt, ist viel mächtiger als ich. Ich bin nicht gut genug, ihm die Schuhe zu tragen.« (Matthäus 3,11) Was hat Jesus bei diesem wilden, zivilisationskritischen Mann gehört und gelernt? Johannes predigte die Umkehr, die Veränderung des Lebens:

Ihr Schlangenbrut, wer hat euch die Gewissheit gegeben, ihr könntet dem zukünftigen Zorn entrinnen? Bringt ehrlich gemeinte Früchte der Buße! (Lukas 3,7–8)

biblify-Tipp: Hinterfragen Sie Ihre Weltuntergangsphantasien

Johannes der Täufer steht für die vielen Propheten aller Zeiten, die den nahen Untergang der gegenwärtigen Welt verkünden. Ein bisschen davon steckt in fast jedem Menschen. Wie geht Jesus damit um? Er lässt sich selbst von Johannes taufen, um damit zu sagen, dass auch er in diesen Geist der Umkehr und in dieses neue Leben eintauchen möchte. Aber er stimmt nicht ein ins Konzert der Apokalyptiker und Endzeitprediger.

Die Johannesjünger fragen einmal die Jesusjünger, warum sie nicht zweimal pro Woche ein Bußfasten einhalten wie sie. Da antwortet Jesus:

Wie können die Hochzeitsgäste feiern, während der Bräutigam bei ih-nen ist? Es wird aber eine Zeit kommen, in der ihnen der Bräutigam weggenommen wird. An jenem Tage werden auch sie fasten. (Markus 2,19–20)

Jesus ist kein Asket, aber auch kein Vertreter des Ist-ja-alles-gar-nicht-so-schlimm. Seine Augen ruhen liebevoll auf jedem, der sich Sorgen macht um die Zukunft unserer Gesellschaft oder unseres Planeten. Doch zugleich ist er durchdrungen von der Freude am Leben, und er sieht sein eigenes Kommen in diese Welt als grandioses Fest. Bemer-kenswert, dass die christliche Kirche mit dem Sakrament der Taufe etwas übernommen hat, das gar nicht von Jesus selbst eingeführt wor-den ist, sondern quasi das Copyright der Johannes-Sekte ist.

Wenn Sie einmal geplagt werden von allzu negativen Meldungen in der Zeitung über tickende Zeitbomben in Atommülllagern, über nahende Hungers-, Energie- oder Viruskatastrophen, über wachsende Gewalt und sinkende Moral – dann stellen Sie sich in Gedanken zu Jesus und seinen Jüngern, Ihnen gegenüber die Jünger des Johannes. Auf welcher Seite ist das Leben? Auf welcher Seite ist die Zukunft?

Simon Petrus

Der Papst sitzt, so heißt es, auf sei-nem Stuhl. Simon Petrus ist bis heute allgegenwärtig. Über keinen anderen Jünger wird so viel im Neuen Testa-ment berichtet wie über ihn. Doch die wenigsten Berichte sind schmei-chelhaft. Kurz vor seiner Verhaftung und seinem Tod sagt Jesus zu ihm:

»Noch bevor der Hahn kräht, wirst du mich dreimal verleugnen.«
(Matthäus 26,34)

Immer wieder liefert dieser Simon Zeichen mangelnden Glaubens, dann wieder ist der Begeistertste von allen. Er legt als Einziger das große Bekenntnis zu ihm ab:

»Du bist Christus, der Sohn des lebendigen Gottes!« *(Matthäus 16,16)*

Er ist bereit, für Jesus sogar mit dem Schwert zu kämpfen und schlug mit seinem Schwert einem Soldaten der Tempelwache ein Ohr ab (Markus 14,47). Und ausgerechnet dieser unstete Charakter wurde (neben Paulus) die herausragende Führungsfigur der jungen Kirche.

biblify-Tipp: Tanken Sie Selbstbewusstsein!

An Petrus wird in einzigartiger Weise deutlich, wie sehr Jesus die Menschen mag. Ohne ihn bliebe die Idee von der Vergebung der Sünden ein blutleeres theoretisches Konzept.

»Du bist Petrus. Auf diesen Felsen will ich meine Gemeinde bauen, und nicht einmal die Pforten der Hölle sollen sie überwältigen können.« *(Matthäus 16,18)*

Können Sie sich vorstellen, wie Jesus das zu Ihnen sagt? Jesus schaut Sie und Ihre Schwächen unendlich liebevoll an. Er kann Sie gut in seiner Nähe gebrauchen. Spüren Sie die Kraft, die von so einem Wort ausgeht, weil Sie sich selbst ganz und gar nicht felsenfest vorkommen? Spüren Sie den Blick Jesu, in dem diese Kraft enthalten ist und zu Ihnen hinüberströmt.

Jakobus und Johannes

Diese beiden Brüder stammten wohl ursprünglich aus dem Umfeld Johannes des Täufers. Sie gehören (wie Simon und Andreas) zu den ersten Netzwerkern Jesu. Im Markusevangelium (3,17) wird überliefert, dass Jesus ihnen den Spitznamen »Donnersöhne« gab. Einen besonders ungestümen Charakter hatten sie aber nicht, zumindest wird in den Evangelien nicht darüber berichtet. So ist dieser Name wohl eher eine Verheißung, ein Hinweis auf ihre kommende Rolle in der Zeit nach der Himmelfahrt Jesu.

Vieles spricht dafür, dass dieser Johannes identisch ist mit dem Lieblingsjünger Jesu, dem später dann auch das Johannesevangelium zugeschrieben wurde.

biblify-Tipp: Setzen Sie sich neben Jesus

Im Hinduismus gibt es den Ausdruck *upasana*, der im Sanskrit einfach bedeutet »neben jemandem sitzen«. Es geht dabei um die Wirkung, neben seinem Lehrmeister zu sitzen. Allein durch die räumliche Nähe werden Sie von guter Kraft erfasst. In der Gesellschaft eines guten Lehrers fühlen sich die meisten Menschen wohl. Sie spüren seine Weisheit und Liebe, nicht nur durch seine Worte, sondern seine pure Gegenwart. Spirituelle Lehrer nutzen das, indem sie Schüler neben sich platzieren, die besonders aufmerksam sein sollen. Sie nehmen dafür in Kauf, dass dieser Schüler möglicherweise als Lehrers Liebling betrachtet wird. Beim Jünger Johannes wird dieser Effekt ausdrücklich beschrieben:

Einer von den Jüngern lag an der Seite Jesu; es war der, den Jesus liebte. (Johannes 13,23)

Versetzen Sie sich in Gedanken in die einmalige Situation, neben Jesus zu sitzen (oder sogar wie Johannes zu liegen). Spüren Sie seine Gegenwart. Bewegen Sie sich in Gedanken auf Jesus zu. Was passiert da in Ihnen? Sie können den *upasana*-Effekt Jesu immer nutzen, wenn Sie beten oder im Gottesdienst sitzen: Sie sitzen nicht auf irgendeiner Bank, sondern neben dem Meister.

Zöllner

Wir wissen nicht, wie sie wirklich waren. Aber aus den Berichten des Neuen Testaments wird überdeutlich, wie unbeliebt Zöllner und Steuereintreiber zur Zeit Jesu gewesen sein müssen. Man hasste sie, weil sie Kollaborateure der Besatzungsmacht waren und daran gut verdienten. Der Preis war ihre gesellschaftliche Ausgrenzung. Das betraf »Sünder« allgemein. Das Judentum zur Zeit Jesu war so auf die peinliche Einhaltung von über 300 einzelnen Gesetzesvorschriften bedacht, dass jeder auffiel, der als unrein galt oder es damit nicht so genau nahm. Jesus schockierte schon dadurch, dass jeder in seine Nähe kommen durfte. Er setzte noch eins drauf, als er im Haus des Zollpächters Zachäus übernachtete und sich von einer stadtbekannten Prostituierten öffentlich Zärtlichkeiten gefallen ließ:

> *Sie trat an das Fußende des Liegepolsters, auf dem Jesus sich ausgestreckt hatte, kniete sich hin und fing so sehr an zu weinen, dass ihre Tränen seine Füße benetzten. Sie trocknete sie mit ihren Haaren ab, küsste sie immer wieder und salbte sie mit dem Öl. Als der Pharisäer, der Jesus eingeladen hatte, das sah, sagte er: »Wenn der wirklich ein Prophet wäre, würde er doch merken, was für eine Frau das ist, die ihn da berührt. Er müsste doch wissen, dass das eine Sünderin ist.«*
> *(Lukas 19,1–10)*

biblify-Tipp: Trauen Sie sich in die Nähe Jesu

Was die Kirche noch nicht unbedingt und überall entdeckt hat, ist bei Jesus sonnenklar: Niemand braucht eine moralische Unbedenklichkeitserklärung, um in die Nähe Jesu kommen zu dürfen. Sie können in höchst ungeklärten Beziehungen leben; Sie können Schulden haben und eine pikantere Vergangenheit als ein siebenfach geschiedener Hollywoodstar – es spielt keine Rolle. Es gibt kaum eine größere Bremse für Ihr persönliches Wachstum, als zu sagen: Erst bringe ich mal mein Leben in Ordnung, dann kläre ich mein Verhältnis zu Gott. Das klappt nie. Kommen Sie gleich!

5000, 4000 Hungrige

Gleich zwei große Speisungswunder berichtet der Evangelist Markus. Erst waren es 5000 Menschen (Markus 6,30–44), später 4000 (Markus 8,1–9), die auf wunderbare Weise satt wurden, einmal von fünf Broten und zwei Fischen, das andere Mal von sieben Broten und »ein paar« Fischen. Jedes Mal aber blieb eine große und symbolische Zahl von Brocken übrig – beim ersten Mal zwölf, beim zweiten Mal sieben. Hungrig sein und satt gemacht werden, ist ein fundamentales Erlebnis – wahrscheinlich unser erstes Erlebnis nach der Geburt.

»Ach, es gibt nur ein Problem, ein einziges in der Welt: Wie kann man den Menschen eine geistige Bedeutung wiedergeben, einen geistigen Hunger? Man kann nicht mehr leben von Eisschränken, von Politik, von Bilanzen und Kreuzworträtseln. Man kann es nicht mehr.« So sagte Antoine de Saint Exupéry schon vor 70 Jahren. Geistiger Hunger treibt Menschen in Konzerte, zu aufregenden Büchern, in tiefe Gespräche, manchmal in die Natur. Ein stundenlanger Aufstieg – aber dafür gibt es dann eine Aussicht, an der man sich nicht sattsehen kann.

Stellen Sie sich die Augen Jesu vor, die auf jedem Menschen ruhen, der zu ihm kommt. Stellen Sie sich vor, wie er Sie fragt: »Wonach hungerst du?« Was ist deine Sehnsucht? Was brauchst du? Vielleicht ist es im Moment wirklich nur ein ordentliches Stück Brot oder ein ruhiger Platz für ein bisschen Abschalten. Im Blickkontakt mit Jesus dürfen Sie auch Ihre tieferen Bedürfnisse hochkommen lassen: gesehen und wertgeschätzt zu werden, aufgehoben sein, mit einer Aufgabe betraut zu werden, die Last von den Schultern genommen zu bekommen, die Liebe zu finden. Danach fragt Jesus weiter: »Traust du mir zu, dass ich deinen Hunger stille?« Antworten Sie ehrlich darauf.

Die Schwiegermutter des Petrus

Wow, hat der gute Connections, werden sich die Leute vielleicht gesagt haben, als Jesus die Schwiegermutter seines Jüngers Petrus von einem tödlichen Fieber befreit hat. Es ist auffallend, dass sich Jesus immer wieder bewegen lässt, etwas für Dritte zu tun, nicht nur für seine Jünger und deren Verwandtschaft. Der Hauptmann von Kapernaum lässt nach Jesus schicken, weil er einen kranken Adjutanten hat. Als Jesus mit dem Boot über den See Genezareth fährt, heißt es:

Als die Leute dort ihn erkannten, schickten sie Boten in die ganze Umgebung. Und man brachte alle Kranken zu ihm. Und alle, die ihn berührten, wurden geheilt. (Matthäus 14,35–36)

Wie Sie an Jesus herankommen, ist egal. Entscheidend ist, dass Sie sich von ihm berühren lassen.

biblify-Tipp: Lassen Sie Ihre Connections spielen

Im Glauben ist der eine immer weiter als der andere. Manchmal sind die Kinder weiter als die Eltern. Manchmal sind die Leute in der Kirchenbank weiter als der Pfarrer mit seiner Predigt. Es geht nicht immer von unten nach oben, manchmal hat die Großmutter eine bessere Verbindung zu Gott als ihre Kinder und Enkel. Für einen anderen Menschen zu beten, hat eine große Verheißung. Wenn Sie Kraft und Zeit haben fürs Gebet, dann ist es Ihr Auftrag, die heilsame Berührung mit Jesus auch für andere zu erbitten. Wenn Ihr Glaube eher klein ist, bitten Sie andere, Ihnen auf diese Weise davon abzugeben. Wer gespürt hat, wie viel Kraft von Jesus ausging, darf sie nicht für sich behalten.

Schriftgelehrter

Zunächst einmal waren die Schriftgelehrten im Land Israel, das hauptsächlich aus Analphabeten bestand, die Schreibkundigen. Die meisten von ihnen kannten sich außerdem gut aus in den heiligen Schriften. Als Anrede für alle möglichen Arten von Gelehrten dieser Art war »Rabbi« üblich. Heute würden wir sie als Intellektuelle bezeichnen. Auch Jesus war einer von ihnen, weshalb er öfter als »Rabbi« angesprochen wird. Wie unter Intellektuellen üblich, wurde er von den Kollegen misstrauisch beäugt, ob es nicht gegen die komplizierten Does und Donts ihrer Religion verstieß. Jesus musste mit ihnen in Konflikt geraten, weil er Gottes Barmherzigkeit über das Gesetz stellte.

Sie fragten ihn und sagten (um ihn verklagen zu können): Darf man am Sabbat heilen? Und er sprach zu ihnen: Wer ist unter euch, der sein einziges Schaf, wenn es am Sabbat in die Grube fällt, nicht ergreift und ihm heraushilft? Wie viel mehr ist nun ein Mensch als ein Schaf! Da gingen die Pharisäer hinaus und hielten Rat über ihn, wie sie ihn umbrächten. (Matthäus 12,10–14)

Doch wie schaute Jesus sie an, die ihn wegen seiner Regelbrüche umbringen wollten? Manchmal, wie in diesem Beispiel, trickste er sie aus. Manchmal ließ er sie einfach stehen und ging »mitten durch sie hindurch« (Lukas 4,30). Ab und zu drohte er ihnen und sprach klare Worte:

Weh euch, Schriftgelehrte und Pharisäer, ihr Heuchler, die ihr den Zehnten gebt von Minze, Dill und Kümmel und lasst das Wichtigste im Gesetz beiseite, nämlich das Recht, die Barmherzigkeit und den Glauben! Doch das eine sollte man tun und das andere nicht lassen. (Matthäus 23,23)

biblify-Tipp: Verabschieden Sie sich von Ihren Marotten

Wir haben uns daran gewöhnt, die »Schriftgelehrten und Pharisäer« als eine Art Watschenheinis des Neuen Testaments zu betrachten. Typen, mit denen wir nicht viel zu tun haben. Aber eigentlich waren es patente Burschen, ehrlich bemüht, ihren seit vielen Generationen bewährten Glauben zu schützen. Wagen Sie es, sich auch einmal in die Schriftgelehrten hineinzuversetzen. Ein bisschen was von ihnen steckt auch in Ihrem Inneren. Es beginnt mit kleinen Marotten und lieben Gewohnheiten. Wehe, wenn die Zeitung nicht an ihrem Platz, der Kaffee zu dünn oder (danke, Loriot!) das Ei zu hart ist. Und es endet mit der Verhärtung des Geistes, gefesselt im Gefängnis einer Ideologie. Jesus zu betrachten, wie er Gottes barmherzige Liebe für jeden einzelnen Menschen gegen das Gesetz verteidigte, das ist das **biblify**-Gegenmittel gegen den kleinen Zwangsneurotiker in Ihnen. Menschlichkeit bricht das Gesetz, auch am Frühstückstisch.

Zwei Besessene

Wir können uns heute kaum mehr vorstellen, wie die Antike mit psychisch kranken Menschen umging. Wie in einem fernen Spiegel erscheint die Geschichte von den beiden Besessenen, die Jesus »aus den Grabhöhlen« entgegenkommen: »Sie waren so gefährlich, dass niemand den Weg benutzen konnte, der dort vorbeiführte« (Matthäus 8,28). Was immer das Leiden dieser beiden alleingelassenen, wie Tiere hausenden Menschen gewesen sein mochte – Jesus hatte weder Angst vor ihrer Nähe, noch wimmelte er sie ab. Er trieb ihre »Dämonen« aus. Im Religionsunterricht ist das die Stelle, wo die Kinder im Namen der Tiere protestieren. Denn die bösen Geister fahren in eine Schweineherde, die sich den Abhang hinunterstürzt. Daraufhin bitten die Bewohner dieser Gegend Jesus, »ihr Gebiet zu verlassen« (Matthäus 8,34).

Statt »Besessenheit« sagen wir heute politisch korrekt »psychisch krank«. Aber in dem Wort »Besessenheit« steckt auch eine ganze Menge Barmherzigkeit. Wenn wir sagen »Er ist wie besessen von dieser Idee«, dann steckt darin eine menschenfreundliche Trennung von Werk und Person. All die Obsessionen, Manien, Süchte – wenn der Besessene sie loswerden könnte, käme seine wahre, liebevolle Natur wieder zum Vorschein.

biblify-Tipp: Identifizieren Sie Ihre bösen Geister

Fragen Sie sich: Wo bin ich ganz ich selbst? Wo operiere ich nach anderen Vorgaben, als wäre ich ein ferngesteuertes, fremdbestimmtes Wesen? Paulus beschrieb diese Erfahrung in recht modern klingender psychologischer Sprache:

Denn ich tue nicht das Gute, das ich will,
sondern das Böse, das ich nicht will. (Römer 7,19)

Die eigenen Besessenheiten überhaupt erst einmal benennen zu können, das ist ein erster, sehr wichtiger Schritt zu einer heilenden Beziehung zu Jesus.

Matthäus, der Zöllner

Kapernaum, ein Fischerdorf am Nordufer des Sees Genezareth, war wohl der Ort, an dem Jesus wohnte (Matthäus 4,12–13), nachdem er seinen Heimatort Nazareth verlassen hatte. Mindestens fünf seiner dortigen Mitbürger wurden seine Freunde: die beiden Brüderpaare Simon und Andreas sowie Jakobus und Johannes, und danach der vielleicht bestgehasste Mann in Kapernaum: Matthäus, der Zolleintreiber. Die Schilderung seiner Berufung ist lapidar, der Effekt folgenreich. Es war der Beginn von »Jesus in schlechter Gesellschaft«:

Als Jesus weiterging, sah er einen Mann namens Matthäus am Zoll sitzen und sagte zu ihm: »Folge mir nach!« Da stand Matthäus auf und folgte ihm. Und als Jesus in seinem Haus beim Essen war, kamen viele Zöllner und Sünder und aßen zusammen mit ihm und seinen Jüngern. Als die Pharisäer das sahen, sagten sie zu seinen Jüngern: »Wie kann euer Meister zusammen mit Zöllnern und Sündern essen?« Er hörte es und sagte: »Nicht die Gesunden brauchen den Arzt, sondern die Kranken.« (Matthäus 9,9–12)

Diesem Matthäus schrieb man in der frühen Christenheit das gleichnamige Evangelium zu. Ob er es wirklich war, ist fraglich. Immerhin traute man so etwas einem ehemaligen Kollaborateur der römischen Fremdherrscher zu. Einem Mann, der mit Jesus in Kontakt gekommen war, ist offenbar alles möglich.

Stellen Sie sich vor, Sie hätten Jesus unten am Strand bei den Booten getroffen, ein paar Worte gewechselt, er hätte Sie eingeladen – und nun wären Sie da, in seinem Haus. Wie ist er eingerichtet? Was spüren Sie an Gerüchen, an Geräuschen, was gibt es zu essen und zu trinken? Vor allem aber: Wer ist noch dort? Sicher eine Menge Leute, die Jesu Nähe suchen, weil sie von ihm eingeladen wurden: Arme, Reiche, Konservative, Rebellen, Vorbestrafte, Hausfrauen, Greise? Eine ziemlich bunte Bande. Können Sie sich mit Jesus an ihnen freuen? Oder sind Sie schon am Sortieren, wer hier eigentlich nicht hinpasst?

Die blutflüssige Frau

Dem Lukasevangelium sagt man nach, es sei aus der Perspektive eines Arztes geschrieben, für ein gebildetes, griechisch geprägtes Publikum. Dort ist von einer Frau die Rede,

die seit zwölf Jahren an starken Blutungen litt. Niemand hatte ihr helfen können, obwohl sie schon von vielen Ärzten behandelt worden war und dafür ihr ganzes Geld ausgegeben hatte. (Lukas 8,43)

Nun tritt die chronisch Kranke von hinten an Jesus heran, um sein Gewand zu berühren und sagt sich: »Wenn ich ihn nur berühre, werde ich bestimmt gesund« (Markus 9,21). Blut, der »Lebenssaft«, ist ein mythischer Stoff. Blut verlieren heißt, die Kraft zum Leben zu verlieren, auf Dauer das Leben selbst.

In der Berührung mit Jesus spürt die Frau, dass eine Kraft von Jesus ausgeht, die sie heilt:

In diesem Augenblick hörten die Blutungen auf. (Lukas 8,44)

Das Bild vom Blutverlieren steht für einen Menschen, der immer nur gibt und gibt und sich dabei selbst aufzulösen droht. Das Glück dieser Frau ist die Erfahrung mit Jesus, dass sie *nehmen* darf. Sie kriegt einen Gewandzipfel vom Leben selbst zu fassen. Sie kommt in Kontakt mit dem, der die Quelle des Lebens ist.

biblify-Tipp: Beenden Sie Ihre falsche Selbstlosigkeit!

In der »blutflüssigen Frau« können Sie sich wiederfinden, wenn Sie immer wieder in die Falle der Selbstaufopferung tappen. Frauen (vor allem Familienfrauen) sind dazu besonders prädestiniert. Sie sagen sich: Ich bin nur gut, wenn ich mich selbst vergesse, wenn ich mich auspowere für meine Kinder und meinen Partner, wenn ich bis zur Selbstausbeutung für andere da bin. Infamerweise wird dies oft auch noch religiös verbrämt – da ist dann die Rede von einer Liebe, die »sich vollkommen verströmt«. Jesus heilt von dieser falschen Selbstlosigkeit. Er will nicht, dass Sie sich verströmen. Sie dürfen sich an ihm festhalten, ganz leicht nur, und das wird heilen.

Die Tochter des Jairus

Eine der zärtlichsten und liebevollsten Geschichten im Neuen Testament ist die Geschichte, in der Jesus die kleine Tochter des Synagogenvorstehers Jairus zu neuem Leben erweckt.

Voller Liebe ist Jairus selbst, der Himmel und Hölle, nein – Jesus in Bewegung setzt, damit sein im Sterben liegendes Töchterchen nicht vom Tod geholt wird. Voller Liebe ist Jesus, der sich sofort auf den Weg macht und sich nicht vom Pessimismus der Umstehenden (»Zwecklos! Alles zu spät!«) abbringen lässt:

> *Jesus aber überhörte, was geredet wurde, und sprach zum Synagogenvorsteher: »Fürchte dich nicht; glaube nur!« (Markus 5,36)*

Dann sagt Jesus dieses zärtliche »*Talita kum!*« (»Ich sage dir, stehe auf!«), das Markus in der Muttersprache Christi stehen ließ, weil es ein so zauberhaftes und einmaliges Wort in dieser Situation war. Weil es für immer mit der Berührung der Liebe verbunden sein sollte, wollte er es so und nicht anders überliefern.

Ich stelle mir das Mädchen vor (dessen Name wir nicht kennen), wie es die Hand spürte, die ihre Hand berührte, wie es die Augen aufschlug und als Erstes die freundlichen Augen Jesu fand. Ich stelle mir vor, wie sich zwischen zwei Händen und vier Augen ein Fluss von Leben und Liebe ereignete. Und als sich die Umstehenden nicht einkriegten in ihrer Sensationslust und Wundersucht, fiel Jesus durch seine nüchterne, realistische Achtsamkeit noch einmal aus dem Rahmen, indem er sagte:

»Gebt dem Kind etwas zu essen!« (Markus 5,43)

biblify-Tipp: Entfalten Sie Ihre Flügel

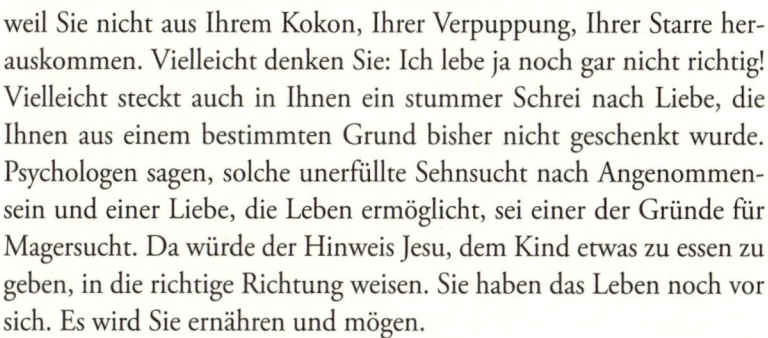

»Das Kind ist nicht tot – es schläft nur!«
(Markus 5,39)

hatte Jesus gesagt, und er hatte die Kraft besessen, diesen jungen Menschen von einem todesartigen Schlaf wieder ins Leben zurückzuholen. Vielleicht sind Sie dieses Mädchen, weil Sie nicht aus Ihrem Kokon, Ihrer Verpuppung, Ihrer Starre herauskommen. Vielleicht denken Sie: Ich lebe ja noch gar nicht richtig! Vielleicht steckt auch in Ihnen ein stummer Schrei nach Liebe, die Ihnen aus einem bestimmten Grund bisher nicht geschenkt wurde. Psychologen sagen, solche unerfüllte Sehnsucht nach Angenommensein und einer Liebe, die Leben ermöglicht, sei einer der Gründe für Magersucht. Da würde der Hinweis Jesu, dem Kind etwas zu essen zu geben, in die richtige Richtung weisen. Sie haben das Leben noch vor sich. Es wird Sie ernähren und mögen.

Der Blinde

Wenn Sie nur 20 Sekunden lang die Augen schließen, können Sie spüren, was das heißt, von Nacht umgeben zu sein. Nie mehr etwas sehen können! Keine Gesichter von Menschen, keine Farben, von der Sonne höchstens ein grauer Schimmer. Das war die Situation des Blinden, der vor dem Stadttor von Jericho saß. Er hörte Schritte von vorübergehenden Menschen, die Schreie der Viehtreiber, Rufe von Händlern. Er lebte von der Hoffnung, dass sich Schritte näherten, jemand in seinem Beutel nach Münzen kramte, sie ihm vor die Füße warf. Seine Hände scharrten im Dreck, um die Münzen zu finden und ihren Wert zu fühlen. Aus Wortfetzen muss dieser Blinde mitbekommen haben, dass sich Jesus näherte, von dem er gehört hatte.

Der Mann rafft seinen ganzen Mut zusammen:

»Jesus, Sohn Davids! Hab Erbarmen mit mir!« Viele fuhren ihn an, er solle still sein. Aber er schrie nur noch lauter: »Sohn Davids, hab Erbarmen mit mir!« (Lukas 18,38–39)

Es ist kein Schrei nach Geld. Es ist ein Schrei nach Licht. Wir wissen das, weil Jesus den Mann danach fragte:

»Was willst du?«, fragte Jesus, »was soll ich für dich tun?« Der Blinde sagte: »Mein Herr und Meister, ich möchte wieder sehen können!« Jesus antwortete: »Sei sehend! Dein Glaube hat dir geholfen!« Im gleichen Augenblick konnte er sehen, folgte Jesus auf seinem Weg und pries Gott. Und alles Volk, das es sah, lobte Gott. (Lukas 18,40–43)

Dieses Thema zieht sich wie ein Soundtrack durch das gesamte Evangelium des Lukas: Dankbarkeit und Begeisterung über die Herrlichkeit Gottes angesichts der vielen kleinen und großen Wunder, die da geschehen. Wäre dieses Evangelium ein Film, dann gäbe es am Ende dieser Erzählung eine große Tanzszene mit allen Dorfbewohnern.

Das Wort »Glaube« würde gut dazu passen. Es hat etwas von Sichfallen-Lassen, vom (hier im wahrsten Sinne des Wortes) blinden Vertrauen auf die Kraft Jesu und seine Verbindung zur höchsten Energie des Lebens. Glaube und Vertrauen sind zentrale **biblify**-Wörter.

biblify-Tipp: Sehen Sie Jesu Blick mit geschlossenen Augen

Die Blindenheilungen Jesu sind deshalb so packend, weil es um fast jeden Menschen in seinem Leben einmal dunkel wird. Irgendwann verlieren Sie die Peilung. Die Selbstverständlichkeit des Lebens kommt Ihnen abhanden. Sie verlieren sie einfach wie einen verlegten Schlüsselbund. Manchmal ist es ein Schatten der Kindheit, eine entgangene Liebe, enttäuschtes Vertrauen oder eine zerbrochene Beziehung, die den Himmel über Ihnen so sehr zuziehen, bis um Sie vollkommene Dunkelheit herrscht. Sie fragen sich, wozu Sie eigentlich da sind, wohin Ihr Weg geht und was der nächste Schritt ist.

Wenn Sie sich in der Rolle des Blinden wiedererkennen, brauchen Sie die schwierige Kunst, den Blick Jesu auf sich zu spüren, ohne seine Augen sehen zu können. Das wird möglich nur durch blindes Vertrauen. John Henry Newman, der englische Philosoph und Kardinal, spricht von einem Licht, das Sie durch Übungen des Vertrauens lernen können. Gehen Sie zusammen mit den Blinden der Bibel zu Jesus in die Sehschule und entdecken Sie, was John Henry Newman entdeckt hat:

Ich bin berufen, etwas zu tun oder zu sein, wofür kein anderer berufen ist. Ich habe einen Platz in Gottes Plan auf Gottes Erde, den kein anderer hat. Ob ich reich bin oder arm, verachtet oder geehrt bei den Menschen, Gott kennt mich und ruft mich bei meinem Namen.

Der Mann mit der verdorrten Hand

Die Hand, mit der wir die Welt anfassen, sie gestalten und verändern, ist unser wichtigstes Werkzeug. Der »Mann mit der verdorrten Hand« steht für Menschen mit einer Behinderung, wie wir heute vorsichtig sagen. Er gehört zur Gruppe der Menschen um Jesus, die gar nicht um Heilung gebeten hatten:

> *Jesus ging wieder in eine Synagoge. Es war dort ein Mensch, der hatte eine verdorrte Hand. Und sie lauerten darauf, ob er ihn auch am Sabbat heilen würde, damit sie ihn verklagen könnten. Und er sprach zu dem Menschen mit der verdorrten Hand: »Tritt hervor!« Und er sprach zu ihnen: »Soll man am Sabbat Gutes tun oder Böses tun, Leben erhalten oder töten?« Sie aber schwiegen. Und er sah sie ringsum an mit Zorn und war betrübt über ihr verstocktes Herz und sprach zu dem Menschen: »Streck deine Hand aus!« Und er streckte sie aus, und seine Hand wurde gesund. (Markus 3,1–5)*

Ein bisschen kann einem dieser Mann leidtun. Er wird von Jesus benutzt als Provokation. Er bleibt namenlos, seine Krankheit wird in kürzestmöglicher Form geschildert. Aber als Nebeneffekt bekommt er eine vollständige Heilung seiner Hand.

biblify-Tipp: Freuen Sie sich, Teil eines größeren Ganzen zu sein

Der Mann mit der deformierten Hand steht für alle Menschen, die nur ganz kurz in ihrem Leben etwas Besonderes erleben, um die es danach aber wieder still wird. Gerade im religiösen Bereich haben viele Menschen während ihrer Jugendzeit eine großartige Erfahrung gemacht, eine

»peak experience«, aber danach verlief ihr Leben unspektakulär. Damals haben sie geglänzt und von innen hell geleuchtet, aber jetzt sind sie wieder ein Rädchen in einem großen Getriebe. Die Kunst besteht darin, dankbar zu jenem einmaligen Ereignis zurückzukehren. Damals, als Sie sich als wichtiges Teil in einem großen Ganzen gefühlt haben. Dieses Gefühl dürfen Sie wieder beleben und Kraft daraus tanken. Versetzen Sie sich in den Mann aus Markus 3, der als alter Mann seine Hand betrachtet und staunt, dass er sich so an sie gewöhnt hat. Und der plötzlich lächelt, als er sich an jenen wunderbaren Moment erinnert, in dem Jesus die banalen vier Wörter sprach: »Streck deine Hand aus!«

Die Frau am Jakobsbrunnen

Für einen Juden der Zeit Jesu war es eine Beleidigung, wenn man ihn für einen Samaritaner hielt – und umgekehrt. Man verkehrte nicht miteinander. Wahrscheinlich so, wie wenn früher die »Zigeuner« ins Dorf kamen und man die Kinder versteckte. Ausgerechnet mit einer samaritanischen Frau führt Jesus im Johannesevangelium eines seiner längsten und tiefsten Gespräche. Es findet statt an einem Brunnen. »Tief ist der Brunnen der Vergangenheit. Sollte man ihn nicht unergründlich nennen?«, lautet der legendäre Einstieg in Thomas Manns riesigen Roman »Josef und seine Brüder«. In die Tiefe geht auch das Gespräch Jesu mit der Samaritanerin:

Jesus sagte zu ihr: »Gib mir einen Schluck Wasser!« Die Frau antwortete: »Du bist Jude, und ich bin eine Samaritanerin. Wie kannst du mich da um etwas zu trinken bitten?« Jesus antwortete: »Wenn du wüsstest, was Gott schenken will und wer dich jetzt um Wasser bittet, dann hättest du ihn um Wasser gebeten, und er hätte dir lebendiges Wasser gegeben.« »Du hast doch keinen Eimer«, sagte die Frau, »und der Brunnen ist tief. Woher willst du dann lebendiges Wasser haben? Du willst doch nicht sagen, dass du mehr bist als Jakob?« Jesus antwortete: »Wer dieses Wasser trinkt, wird wieder durstig. Wer aber von dem

Wasser trinkt, das ich ihm gebe, wird niemals mehr Durst haben. Ich gebe ihm Wasser, das in ihm zu einer Quelle wird, die ewiges Leben schenkt.« (Johannes 4,8–14)

Am Ende des langen Gesprächs wird die Wahrheit von beiden ausgesprochen: Sie, die Samaritanerin, die an der Quelle steht, ist die eigentlich Dürstende. Eine verletzte, suchende, um Liebe ringende Frau:

Jesus sprach: »Fünfmal warst du verheiratet. Und der, mit dem du jetzt zusammenlebst, ist nicht dein Mann.« (Johannes 4,18)

So viel zu dem Vorurteil, dass es früher weniger Probleme in Sachen Partnerschaft gegeben hat. Jesus scheint Menschen geradezu anzuziehen, die nicht nach Schema F leben. Hier ist es eine Frau, die sicher ganz andere Glaubens- und Moralvorstellungen hatte als Jesus. Die Samaritaner verstanden sich als Juden, erkannten aber den Jerusalemer Tempel nicht an. Das nutzt Jesus zu einer großartigen prophetischen Ankündigung:

»Es wird eine Zeit kommen und sie ist schon jetzt da, da wird der Geist, der Gottes Wahrheit enthüllt, Menschen befähigen, den Vater an jedem Ort anzubeten. Gott ist ganz anders als diese Welt, er ist machtvoller Geist, und die ihn anbeten wollen, müssen vom Geist der Wahrheit neu geboren sein.« (Johannes 4,23–24)

So einen revolutionären Satz hätte Jesus den Leuten in seiner Heimat vielleicht gar nicht zu sagen gewagt. Hier aber, bei diesem in mehrfacher Hinsicht außergewöhnlichen Gegenüber, wird es möglich. Außergewöhnliches ermutigt Außergewöhnliches. Wichtig ist nicht, wo man herkommt und wie viele (verkorkste) Versuche man schon hinter sich hat, das wahre Leben zu finden. Wichtig ist nur die Frage: Bist du offen, dich ansehen und verändern zu lassen?

biblify-Tipp: Überschreiten Sie gedachte Grenzen

Wenn die Samaritanerin Ihr **biblify**-Typ ist, kennen Sie mit Sicherheit das Gefühl, außerhalb des Normalen zu leben. Sie sind ungewöhnlich, Sie überschreiten die üblichen Grenzen. Solche Menschen werden gebraucht, weil auch der Glaube immer Grenzen überschreitet. Für einen Juden war es undenkbar, außerhalb des Tempels in Jerusalem Gott anzubeten. Für Samaritaner gab es nur den Berg Garizim als Heiligtum. Und doch ist der Glaube – natürlich, sagen wir heute – über solche kleinlichen Ortsbeschränkungen hinausgegangen.

Ein mondsüchtiger Junge

Dieser Junge hatte darunter zu leiden, dass »er oft ins Wasser oder auch ins Feuer fällt« (Matthäus 17,15). Aus heutiger medizinischer Sicht war er wohl ein Epileptiker, der an den dafür typischen Anfällen litt. Die Mutter des Jungen wandte sich an Jesus – gewissermaßen als letzte Adresse:

> *»Ich habe ihn zu deinen Jüngern gebracht, aber sie konnten ihn nicht heilen.« (Matthäus 17,16)*

In diesem Satz steckt ein ziemlicher Hammer, denn damit wird das einzige Mal von einer nicht gelungenen Heilung berichtet.

Da sagte Jesus: »Was seid ihr doch für eine verkehrte Generation, die Gott nichts zutraut! Wie lange soll ich noch bei euch aushalten und euch ertragen? Bringt den Jungen her!« Jesus sprach ein Machtwort zu dem bösen Geist, der den Jungen in seiner Gewalt hatte, und er verließ ihn. Der Junge war von da an gesund.

Später kamen die Jünger allein zu Jesus und fragten ihn: »Warum konnten wir den bösen Geist nicht austreiben?« »Weil ihr Gott nicht genug vertraut«, sagte Jesus. »Ich versichere euch: Wenn euer Vertrauen auch nur so groß ist wie ein Senfkorn, dann könnt ihr zu dem Berg da sagen: Geh von hier nach dort, und er wird es tun. Dann wird euch nichts mehr unmöglich sein.« (Matthäus 17,17–20)

Ist Jesus nur eine weitere Adresse, vielleicht eine Art Geheimtipp für alle, die probieren möchten, was sonst noch geht, wenn jemand schulmedizinisch austherapiert ist und auch die Homöopathie nichts mehr bringt? Ich meine: Nein, obwohl selbst kritische Schriftausleger heute kaum noch bestreiten, dass Jesus wohl echte Wunder wirkte; und auch einigen seiner Jünger dürfte dieses Charisma nicht abzustreiten sein.

Jesus erschöpft sich nicht in seinen Heilungswundern, sonst hätte er nicht einige, sondern alle Menschen geheilt. Sonst bestünde Heil in erster Linie in knackiger Gesundheit. Sonst hätte Paralympics-Gold-Siegerin Silke Schwarz nicht zum Glauben gefunden, *nachdem* sie von ihrer Querschnittslähmung erfuhr: »Den wichtigsten Schritt in meinem Leben habe ich getan, ohne Beine zu brauchen. Dies war und ist der größte Sieg in meinem Leben. Ich wusste: Gott hat auch für mein Leben als ›Krüppel‹ einen sehr guten Plan.«

biblify-Tipp: Erinnern Sie sich an die Wunder Ihres Lebens

Zu allen Zeiten begaben sich Menschen mit ihren körperlichen und seelischen Leiden auf langwierige, immer wieder vergebliche Wallfahrten zu Ärzten, Therapeuten und Heilern. Der epileptische Junge aus dem Matthäusevangelium und seine Mutter sind Patrone dieser Enttäuschten. Sie machen Mut, durchzuhalten. Denn eines Tages wird die Verwandlung gelingen – durch die ersehnte Heilung oder ein wirkliches Wunder: eine verblüffende Lösung, über die Sie sich wundern. Ein Berg, der versetzt wird. Ein Weg, der nicht mehr versperrt ist. Eine unüberwindliche Mauer, die endlich überwunden wird. Dann wird nichts mehr unmöglich sein.

Das Problem ist nicht, dass Wunder im Leben ausbleiben, sondern dass wir die vergangenen Wunder vergessen. **biblify your life** heißt: Erinnern Sie sich an die Stunde, in der Sie Ihre große Liebe kennenlernten; an den Tag, an dem Ihnen ein Kind geschenkt wurde; an die Zeit, in der Sie eine tödliche Sucht überwanden; an die vielen Momente, in denen Sie von Gottes zärtlicher Liebe überwältigt wurden.

Der reiche junge Mann

Diese Begegnung war offenbar sehr wichtig, denn in gleich drei Evangelien wird sie berichtet, bei Matthäus, Markus und Lukas. Ein Mann stellt Jesus seine entscheidende Lebensfrage:

>*Guter Meister, was muss ich tun,*
>*damit ich das ewige Leben bekomme?« (Lukas 18,18)*

Jesus antwortet klassisch jüdisch, dass er die Gebote halten soll. Das habe er seit seiner Jugend immer getan, antwortet der Mann. Darauf Jesus:

>*»Es fehlt dir noch eines. Verkaufe alles, was du hast, und gib es den*
>*Armen, dann wirst du einen Schatz im Himmel haben. Und komm*
>*und folge mir nach!« Als er das aber hörte, wurde er traurig, denn er*
>*war sehr reich. (Lukas 18,22)*

Danach spricht Jesus über Reichtum und Nachfolge allgemein, der junge Mann aber wird in eigenartiger Weise stehen gelassen. Es ist eine unfertige Geschichte. Wir wissen nicht, wie das Ganze ausging. Was ist aus dem jungen wohlhabenden Mann geworden? Deswegen eignet sich diese kurze Begebenheit wie kaum eine andere für die **biblify**-Übung, sich in Personen des Neuen Testaments hineinzuversetzen.

biblify-Tipp: Meditieren Sie über die Augen Jesu

In den Auslegungen dieser Erzählung wird meistens zu viel über Geld gesprochen. Das lenkt etwas ab, denn in erster Linie geht es um einen Auftrag Jesu, den der Angesprochene nicht erfüllt. Eigentlich ist es eine Jüngerberufung, die nicht klappt. Der junge Mann steht nicht nur für alle Wohlhabenden, sondern noch mehr für alle Zögernden. Menschen, die mit der Entschuldigung »Ich bin noch nicht so weit« notwendige Lebensentscheidungen vor sich her schieben.

Versetzen Sie sich in den jungen Mann hinein, der erfüllt ist von dem glühenden Willen, nicht nur sein Leben zu meistern oder glücklich zu werden, sondern der das ewige Leben haben will. Das ganz Große, das einen großen Preis kostet. Hören Sie mit seinen Ohren die Stimme Jesu, sehen Sie mit seinen Augen in die Augen des Meisters. Das genügt.

Der Speisemeister

Die Hochzeit zu Kana ist eine der populärsten Geschichten Jesu: Wie dem Hochzeitspaar der Wein ausging, wie Jesus von seiner Mutter mit etwas Nachdruck zu Hilfe gerufen wurde, wie er befahl, man möge doch jene sechs gewaltigen Reinigungskrüge dort mit Wasser füllen, und wie es dann heißt:

Jesus sagte zu den Dienern: »Schöpft nun und bringt es dem Speisemeister.« So machten sie es. Als aber der Speisemeister das Wasser kostete, war es zu Wein geworden. (Johannes 2,8)

Der Mann, der hier auf dem linken Fuß überrascht wurde, war im alten Orient eine Institution. Das griechische Wort architriklinos, das wir mit »Speisemeister« übersetzt bekommen, bedeutet »Herr der drei Liegen«: Drei Liegen wurden um einen Esstisch gestellt, während die vierte Seite freigelassen wurde für die Diener, die nach Anweisung und Vorverkostung ihres Chefs die Köstlichkeiten auffuhren. Ein Speisemeister war irgendetwas zwischen Gastroberater, Testgourmet, Genussmanager, Sommelier und Mundschenk. Die berufliche Ehre dieser Edelzunge bestand darin, im Rahmen bestimmter ökonomischer Vorgaben nur vom Besten aufzutischen. Klar, dass er es war, der den Bräutigam beiseitenahm und ihm Vorhaltungen machte:

»Jeder Mensch setzt zuerst den guten Wein vor, und wenn sie angeheitert sind, den weniger guten. Du aber hast den besten Wein bis jetzt aufbewahrt!« (Johannes 2,10)

Wahrscheinlich hat der Bräutigam jede Verantwortung von sich gewiesen und auf Jesus gezeigt. Es ist nicht überliefert, ob der Speisemeister und Jesus, der ihm so wohlschmeckend ins Handwerk pfuschte, miteinander ins Gespräch kamen.

biblify-Tipp: Bleiben Sie offen für Überraschungen

Wenn Sie in irgendeinem Gebiet besonders gut sind, sich als Problemlöser und Experte einen Namen gemacht haben und sich auch so fühlen, könnte der biblische Speisemeister Ihr **biblify**-Patron sein. Gerade er, der Eventmanager, hatte nicht alles im Griff. Oberpeinlich, dass ausgerechnet ihm bei einer Hochzeitsfestivität der Wein ausging! Wenn Ihnen privat oder beruflich der Wein ausgeht, wenn Sie am Ende sind mit Ihrem Latein, dann passiert möglicherweise wie von himmlischer Hand etwas, das all Ihre Probleme löst. Diese (für Außenstehende zufällig erscheinende) Lösung ist möglicherweise besser, als Sie je selbst hätten einfädeln können.

Maria aus Magdala

Schon für die Zeitgenossen Jesu war es eine ziemliche Ungeheuerlichkeit, dass der Wanderrabbi Jesus eine ganze Reihe von Frauen in seinem Tross hatte. Das kannte die Antike nicht.

Als er dann durch die Städte und Dörfer zog, predigte und das Evangelium vom Reich Gottes verkündigte, waren die Zwölf bei ihm, dazu einige Frauen, die er von Dämonen befreit und deren Krankheiten er geheilt hatte, nämlich Maria aus Magdala, von der er sieben böse Geister genommen hatte, und Johanna, die Frau des Chuzas, eines Beamten von Herodes, Susanna und viele andere. Sie hatten Geld und sorgten für Jesus und seine Jünger. (Lukas 8,1–3)

Von Frauen ausgehalten! Das entfachte die Phantasie von damals bis zu Dan Brown heute. Obendrein identifizierte man Maria auch noch mit der namenlosen Sünderin (Lukas 7,36), die Jesus im Haus eines Pharisäers die Füße wusch. Die Bibel gibt keinen Beleg dafür, auch nicht für eine erotische Affäre Jesu mit Maria Magdalena. Stattdessen zeichnet sie das Porträt einer selbstbewussten Frau mit Leadership-Qualitäten. Man hat den Eindruck: In Jesus und Maria begegnen sich zwei freie Menschen.

Wahrscheinlich war diese Maria aus Magdala, einem Nachbarstädtchen von Kapernaum, die treueste und klügste Jüngerin, die Jesus hatte. Sie verdankte Jesus die Befreiung von »sieben Dämonen«, was immer das gewesen sein mag. Und nun gab sie ihm ihr Leben – und ihr Geld. Sie zog mit nach Jerusalem, stand unter dem Kreuz. Sie war da, als er begraben wurde, folgte Josef von Arimathäa, um zu sehen, wo der tote Jesus hingelegt wurde. Sie kümmerte sich um den Leichnam, war als Erste am leeren Grab und überbrachte die Botschaft von der Auferstehung den Aposteln. Sie – nicht Petrus, nicht die anderen Apostel – ist die Benchmark, wenn man danach fragt: Wer hatte damals den richtigen Riecher? Dass später eine Männergeschichte daraus wurde, lag nicht an ihr.

biblify-Tipp: Bleiben Sie dankbar

Ganz gleich, ob Sie ein Mann sind oder eine Frau: Maria von Magdala ist der **biblify**-Typ des Menschen, der etwas Gutes erlebt hat und dankbar dafür geblieben ist. Als Jesus einmal zehn Aussätzige erfolgreich von ihrer Lepra befreit, kommt nur einer zurück, um sich zu bedanken. 10 Prozent, das ist beim Thema Dankbarkeit ein typischer Prozentsatz, leider. Maria von Magdala ist dem Menschen, der ihr Leben zum Positiven verändert hat, bis ans Ende treu geblieben. Bei Maria von Magdala können Sie lernen, wie eine tiefe Erfahrung ein ganzes Leben prägen und zu jener Mischung aus Klugheit und Stärke führen kann, für die wir ein eigenes Wort haben: Charakter.

Judas

Heavy-metal-Gruppen lieben es, sich die bösesten Namen der Welt zu geben. Sie heißen *Designers Of Death, Crucified Barbara, Black Sabbath* oder *Judas Priest*. Klar, dass auch Judas für die unterste Schublade herhalten muss – Judas, der Jünger, der Jesus für 30 Silberlinge (den Monatslohn eines Handwerkers) an die Häscher ausliefert und seinen Meister am Ende mit einem

Kuss verrät. Aber war Judas wirklich die Inkarnation des Bösen, Satan in Menschengestalt? Oder hatte nicht auch Judas eine gemischte Biographie aus idealistischen und abgründigen Momenten?

Jesus hat den einzigen Apostel, der nicht aus dem ländlichen Galiläa stammte, sondern Judäer war, gewiss aus dem gleichen Grund berufen wie die anderen, damit man später über sie schreiben konnte:

Und sie gingen aus und predigten, man solle Buße tun, und trieben viele böse Geister aus und salbten viele Kranke mit Öl und machten sie gesund. (Markus 6,12)

Judas war wie die elf anderen Seelsorger, Prediger, Exorzist, Heiler. Er gewann Menschen für Jesus. Vielleicht beeindruckte, rührte, bewegte er sie. Wir wissen es nicht. Was wir wissen: Es muss enttäuschte Hoffnungen, Dissonanzen, einen Bruch mit Jesus gegeben haben. Denn die 30 Silberstücke waren es bestimmt nicht, die einen Jünger zum Verräter machten.

Die einleuchtendste These ist, dass Judas zur Zelotenbewegung gehörte. Eine Gruppe politischer Aktivisten, die es satt hatten, die römische Besatzungsmacht zu ertragen. Wie alle radikalen Revolutionäre träumte Judas davon, dass endlich etwas passierte. Aber der Staat wagte es nicht, den unbequemen Jesus endlich festzunehmen. Gut möglich, dass Judas den Behörden einen Tipp gab, wo sie seinen Meister nachts ohne Aufsehen gefangen nehmen konnten. Dann, so hätte ein Zelot gehofft, wäre es endlich zum bewaffneten Aufstand des Volkes gekommen. Oder Gott selbst hätte endlich eingegriffen und seinen Auserwählten aus der Hand der Besatzungsmacht befreit.

biblify-Tipp: Entdecken Sie Judasanteile in sich

Der amerikanische Franziskanerpater und Autor Richard Rohr hat einmal festgestellt, dass es kaum eine intensiv zusammenlebende Gruppe oder Gemeinde gibt, die nicht ihren Judas hat. Von der Harmonie zur Verweigerung ist es nur ein kleiner Schritt. Verrat kann sich von innen sehr vernünftig anfühlen. Der Verräter (oder die Verräterin) plaudert ein Geheimnis aus, damit »etwas in Bewegung kommt«. Er denkt, dem größeren Ganzen damit etwas Gutes zu tun. Oder er fühlt sich von der Gemeinschaft erdrückt und sprengt aus »gesundem Egoismus« den Zusammenhalt. Solche Anteile in sich zu entdecken, dazu ist Judas hier in dieser Liste. Er ist keine besonders fremde Gestalt.

Simon von Cyrene

Simon von Cyrene ist eine sehr moderne Figur. Wir Menschen der westlichen Hemisphäre würden gerne Zuschauer der schmerzhaften globalen Veränderungen bleiben, die sich weltweit ereignen. Wir wollen nichts zu schaffen haben mit anatolischen Arbeitslosen, ugandischen Kindersoldaten, iranischen Atomprojekten oder indischen Umweltsünden. Aber die Welt rückt uns auf die Pelle. Schritt für Schritt werden wir hineingezogen in das Leiden von Kindern, Armen, Heimatlosen. Wir können nicht mehr sagen: »Das ist nicht meine Sache!«

So ging es auch Simon, einem einfachen Feldarbeiter (Markus 15,21), der vielleicht nicht einmal Zuschauer des Kreuzweges Jesu sein wollte. Doch die römischen Soldaten zwingen ihn in die fremde Leidensgeschichte hinein. Er, der kräftige Bauer, soll Jesus helfen, sein Kreuz zu tragen.

biblify-Tipp: Der Fünf-Finger-Ritus von Mutter Teresa

Mutter Teresa hatte eine große innere Nähe zu Simon von Cyrene. Auch sie fühlte sich eines Tages hineingezwungen, den Leidenden dieser Erde zu helfen. Bei einem Satz aus dem Matthäusevangelium war ihr einst das entscheidende Licht aufgegangen:

Was ihr dem geringsten meiner Brüder getan habt, das habt ihr mir getan. Was ihr dem geringsten meiner Brüder nicht getan habt, das habt ihr mir nicht getan. (Matthäus 25,40.45)

Das wurde zum Kerngedanken ihres Ordens. Wenn eine junge Kandidatin in die Gemeinschaft aufgenommen werden wollte, ging Mutter Teresa mit ihr zur Seite, nahm ihre rechte Hand, öffnete ihre Finger und faltete einen nach dem anderen mit folgenden fünf Worten zusammen: »Das / hast / du / mir / getan!« Später erläuterte Mutter Teresa den kleinen Brauch: »Diese Worte waren wie ein Allheilmittel, wie Tabletten, die alle Abneigung, ja Ekel gegenüber den oft übel riechenden Hilfsbedürftigen verschwinden ließen.«

Suchen Sie weiter

Die Liste der Menschen, die Jesus begegnet sind, ist noch länger. Suchen Sie selbst weiter. Lesen Sie das Neue Testament unter dem reizvollen Aspekt, dass Sie selbst darin vorkommen. Mit einer der vielen Gestalten sind Sie selbst ganz intensiv vernetzt. So wie diese Gestalt von Jesus angesehen wurde, so werden auch Sie jetzt von ihm gesehen. So, wie diese Gestalt auf Jesus geschaut, auf ihn gehört hat und von ihm behandelt wurde, so betrachten, beachten und behandeln Sie die Menschen um Sie herum.

Eine originelle Hilfe bietet neben der Bibel Ihr PC.

biblify-Tipp: Fliegen Sie über das Heilige Land

Als ich als junger Theologiestudent zum ersten Mal in Israel war, war ich voller Erwartung. Hier werde ich Jesus ganz nahe sein, dachte ich mir. Aber weder in der Jerusalemer Grabeskirche noch in der Geburtskirche von Bethlehem stellte sich ein Gefühl von Nähe ein. Nicht einmal im schön gestalteten Gartengrab, das nicht an der Originalstelle in Jerusalem liegt, aber sehr authentisch gestaltet ist. Aber dann, am See Genezareth, da hatte ich den überwältigenden Flash: Diesen See hat er so gesehen wie ich. Dieser sandige Boden ist heute noch so wie damals. Die Schafe und die Blumen, die Berge und die Küstenlinie, das alles ist unverändert geblieben. Und ich hätte mir gewünscht, über allem fliegen zu können, über seine Wege durch die Felder und die Wüsten, über den See und durch die Straßen der Städte.

Heute ist das möglich. Sie benötigen dafür nicht einmal ein Flugticket nach Israel. Installieren Sie das Gratisprogramm *Google Earth* und fliegen Sie über das Heilige Land. Beginnen Sie beim See Genezareth, gehen Sie auf etwa 800 Meter Höhe, schubsen Sie mit der Maus das Bild an und gleiten Sie langsam über den See. Oder über die öden Flächen im Westen, fliegen Sie den Jordan entlang, spüren Sie die Spannung, sich langsam Jerusalem zu nähern. Ein Zauber, dem sich kaum jemand entziehen kann.

Wenn Sie weiterforschen wollen und *Google Earth* **biblifyen** möchten, gibt es vorbereitete Hilfen: *www.biblemap.org* verzeichnet in englischer Sprache alle wichtigen Orte der Bibel. *www.bible-earth.net* ist die Website zu einem gleichnamigen deutschen Buch über die Benutzung des Internet-Globus für biblisch Interessierte. Viel Freude bei Ihrem virtuellen Marsch auf den Spuren Abrahams, bei Ihrem Zug durch die Wüste von Ägypten ins Gelobte Land oder im Kielwasser von Paulus bei seinen Missionsreisen durchs Mittelmeer!

Beten Sie wie Jabez

In einer abgelegenen Ecke des Alten Testaments entdeckte der Amerikaner Bruce Wilkinson im Jahr 2000 ein bisher so gut wie unbekanntes Gebet, das »Gebet des Jabez«. Jabez ist einer von Tausenden von Namen in den langwierigen Geschlechtsregistern im 1. Buch der Chronik, wo neun Kapitel lang von Adam und Eva bis zum Ende des babylonischen Exils alle Stammväter und Stammmütter des jüdischen Volkes haarklein aufgezählt werden. Gut versteckt inmitten der Listen findet sich folgende kurze Notiz:

Jabez war angesehener als seine Brüder. Und seine Mutter nannte ihn Jabez; denn sie sprach: »Ich habe ihn mit Kummer geboren.« Und Jabez rief den Gott Israels an und sprach: »Segne, ach segne mich, und erweitere mein Gebiet! Lass deine Hand über mir sein, und halte Schmerz und Unglück von mir fern.« Und Gott ließ geschehen, worum er bat. (1. Chronik 4,9–10)

Das Gebet des Jabez hat seitdem eine gewaltige Karriere gemacht. Bruce Wilkinson hat ein kleines Buch darüber geschrieben, das (je nach Quelle) eine Auflage von 10 oder 20 Millionen Exemplaren erreicht hat. Stellenweise wird Gott dort zu einer materiellen Wunschmaschine degradiert, wie sie wohl nur im Amerika des Boomjahrs 2000 funktioniert hat. Damals verschafften die USA ihren Bürgern einen Wohlstand, der (wie wir inzwischen wissen) darauf beruhte, dass sich ihr Land bei allen übrigen Staaten der Erde in gigantischer Weise verschuldete.

Aber das Originalgebet des Jabez ist eine echte Entdeckung. Es ist ein guter **biblify**-Einstieg in die enormen Möglichkeiten des Betens.

Ein Mann namens Schmerz

Seine Mutter nannte ihn Jabez; denn sie sprach: »Ich habe ihn mit Kummer geboren.«

Jabez heißt auf Deutsch »Schmerz«. Der Name eines Kindes hat häufig eine besondere Bedeutung. Er ist verbunden mit dem Schicksal des Kindes und markiert die Stellung des neuen Mitglieds innerhalb der großen Gemeinschaft der Sippe. Es ist nicht überliefert, was für ein Kummer es war, von dem die Mutter sprach. Aber es muss schon etwas außergewöhnlich Schmerzhaftes gewesen sein, dass es in den Abstammungslisten verzeichnet wurde.

Ein Mann, der Schmerz heißt, trägt eine große Bürde. Jabez hatte schlechte Karten. Aber er fand einen Weg, indem er Gott offenbar so intensiv anflehte, dass er seine Brüder übertraf und sein Gebet vom Verfasser der Chronik mit in die Liste aufgenommen wurde. Es besteht aus zwei Sätzen, die insgesamt vier Bitten enthalten.

Der große Segen

Die erste Bitte ist ein ganz einfacher Ruf:

»Segne, ach segne mich!«

Man soll einen Brief nicht mit »ich« anfangen, haben wir gelernt. »Segne *mich*« wirkt als Einstieg bei einem Gebet reichlich egoistisch.

Kann man beim Gespräch mit Gott dermaßen mit der Tür ins Haus fallen? Doch, man kann. Und das ist gleich das Erste, das mir an diesem Jabez imponiert.

Diese einfache, sehr direkte Bitte um Segen betrifft den christlichen Glauben ganz elementar. An der Kirche wird heute vor allem geschätzt, dass sie sich für andere engagiert und für sozial Schwache eintritt. Das ist gut, so höre ich von Außenstehenden immer wieder.

Aber, und das höre ich da zwischen den Zeilen auch – für mich selbst bringt das nichts. Glauben ist gut für das soziale Gefüge. Glauben ist gut für andere, aber – für mich? Ich selbst habe nicht viel davon. Wenn du Christ bist, dann musst du so ein guter Mensch für die anderen sein, da bleibt für dich selber nichts mehr übrig.

biblify-Tipp: Beginnen Sie ein Gebet egoistisch

Sie dürfen beim Glauben und beim Beten auch Ihre eigene Verfassung und Ihren eigenen Vorteil im Blick haben. Jesus betont das in seinen Gleichnissen zum Thema Beten in einer fast penetranten Weise. Etwa beim Gleichnis von der bittenden Witwe, das Sie hier in der Version der Volxbibel lesen können:

Jesus benutzte mal wieder einen Vergleich, um klarzumachen, dass man beim Beten auch mal rumnerven sollte und so lange durchbeten, bis Gott handelt:

In einer Stadt lebte ein Typ, der am Gerichtshof den Job eines Richters hatte. Er war bekannt als harter Hund, dem total egal war, was Gott und die Menschen über ihn dachten. Eine alleinstehende Frau, deren Mann vor einiger Zeit gestorben war, erhob Anklage gegen jemanden, der sie betrogen hatte. Dafür kam sie immer wieder persönlich in das Büro des Richters, um ihm zu sagen: »Bitte helfen Sie mir, zu meinem Recht zu kommen!« Der Richter schob den Fall immer wieder beiseite. Weil die Frau aber jeden Tag auf der Matte stand und rumnervte, sagte er sich schließlich: »Also Gott und die Menschen sind mir eigentlich total egal, aber diese Alte raubt mir echt den letzten Nerv! Ich werde ihren Fall vorziehen und schnell über die Bühne bringen, damit sie mich endlich in Ruhe lässt!«

*»Kapiert ihr, was ich damit sagen will?«, fragte Jesus. »Wenn selbst
so ein ätzender Richter bereit ist, so jemandem Recht zu verschaffen,
dann wird Gott doch erst recht sofort zur Stelle sein, wenn seine auserwählten Leute Tag und Nacht zum Himmel schreien. Ich garantiere
euch, er wird sofort ankommen und für Recht sorgen! Die Frage ist für
mich also nicht so sehr, ob Gott handelt, sondern vielmehr, wie viele
Leute noch da sein werden, die dem Menschensohn auf diese Art und
Weise vertrauen, wenn er dann irgendwann auf die Erde zurückkommen wird.« (Lukas 18,1–8)*

Vertrauen auf Gott stärkt und richtet auf. Vom Segen Gottes ist genug für alle da, auch für die, die unter schweren Bedingungen starten.
Auch für die, die eine Last tragen, die ihnen von anderen aufgeladen
wurde. Auch für die, deren Name »Schmerz« heißt. Sie müssen nur
eines tun: um diesen Segen *bitten*.

Viele Menschen haben noch nie ausdrücklich dafür gebetet, dass
Gott *sie* segnet. Unzählige Male haben sie den Schlusssegen im Gottesdienst gehört; sie haben das auch akzeptiert und gut gefunden, aber
immer blieb dieser Segen in eigenartig gebremster Weise da vorne am
Altar und kam nicht bis an sie selbst heran.

Jesus spricht mit Hochachtung von Menschen, die es wagen, von
Gott etwas zu erbitten, ja, zu fordern. Er erzählt von Kindern, die den
Vater um Brot bitten und sicher sein dürfen, dass sie welches bekom-
men.

Jabez betet nicht »Mach mich berühmt« oder »Gib mir 200 000 Euro«!
Sondern er bittet um Segen. Das heißt
nicht einfach: »Gib mir, was ich will!«
oder »Gib mir mehr von dem, was
ich schon habe!« In der Bitte um Segen steckt die Erwartung: Überrasche
mich, Gott! Schütte dein Füllhorn
neuer Möglichkeiten über mir aus! Be-
freie mich aus meinem eingegrenzten
Denken!

Neue Möglichkeiten

Das alles steckt in der zweiten Bitte des Jabez-Gebets:

»Erweitere mein Gebiet!«

Diese Bitte kann Ihr entscheidender **biblify**-Schritt werden zu einer ganz neuen Lebenseinstellung. »Erweitere mein Gebiet!« enthält eine ungeheure Kraft. Wie wenn ein Mensch, der sein ganzes Leben auf allen vieren kroch, sich erstmals aufrichtet und die Weite seines Lebensraums entdeckt. Ich stelle mir vor, wie in Jabez der Gedanke aufstieg: Könnte es nicht sein, dass ich zu mehr bestimmt bin? Gott, der mich in das Gefängnis meines Namens »Schmerz« gesteckt hat, kann der nicht auch dieses Gefängnis niederreißen? Wenn nicht er, wer dann?

Das »erweiterte Gebiet« bedeutete für Jabez wahrscheinlich zunächst ganz handfest mehr Weideland. Mehr Fläche, mehr Tiere, und das war in der jüdischen Viehzüchter-Kultur gleichbedeutend mit mehr Wohlstand. Materieller Reichtum steckt auch in der Grundbedeutung des Begriffs Segen und ist eine völlig legitime Bitte. Manche Menschen fürchten, dass Segen *für sie* zwangsläufig Fluch oder Verlust *für andere* bedeuten muss. Aber das ist eine kleinliche Sicht des Segens Gottes. Sie unterschätzt seine Möglichkeiten in fast beleidigender Weise.

biblify-Tipp: Beginnen Sie noch heute etwas Neues

Beschließen Sie, Ihr Gebiet zu erweitern, irgendwie. Segen bedeutet, Grenzen zu sprengen, über das Gewohnte hinaus zu denken, die eigenen Möglichkeiten zu nutzen. Menschen, die das Jabez-Gebet regelmäßig sprechen, berichten von erstaunlichen neuen Begegnungen. Ihr Blick weitete sich tatsächlich, neue Menschen traten in ihr Leben, sie bekamen einen Sinn für »erweiterte Gebiete«. Für einen neuen Beruf, für die Entwicklung von Fähigkeiten, die in ihnen schlummerten. Ihr Leben wurde dadurch oft anstrengender und weniger bequem, aber immer reicher und lohnender.

Gottes Hand

Ein Leben in größerem Stil, mit mehr Spannung – und mehr Risiko. Davon handelt die dritte Bitte:

»Lass deine Hand mit mir sein!«

Wer seine alten Grenzen überschreitet, macht sicher auch manche unsanfte Erfahrung: neue Herausforderungen im Beruf, mehr Arbeit, neue Aufträge. Manchmal mag es einem dann vorkommen, als habe sich der Segen in eine Last verwandelt. Darum ist der dritte Teil des Jabez-Gebets so wichtig. Jabez ruft nach dem Beistand Gottes. »Lass deine Hand über mir sein!« könnte man übersetzen in: »Ich schaff es nicht allein! Nicht ich werde groß, sondern Gott soll groß werden in mir!« So wird spürbar, dass die Hand Gottes Sie mühelos beschützen wird.

biblify-Tipp: Lassen Sie sich helfen

Sprechen Sie die kluge Bitte »Lass deine Hand mit mir sein« nicht nur zu Gott, sondern auch zu Menschen. Sehen Sie sich um nach Menschen, die Ihnen helfen können. Das können Profis sein oder Freunde, Kollegen oder Familienmitglieder. Menschen, denen Sie etwas bezahlen müssen für ihre Dienste. Oder auch

Leute aus Ihrer Umgebung, die Ihnen gerne gratis einen Gefallen tun würden – aber Sie haben bisher nicht gewagt, sie darum zu bitten. Womit wir wieder beim Thema der ersten Bitte des Jabez-Gebetes wären.

Kein Leid

Mit dieser Gewissheit im Herzen geht Jabez noch einen Schritt weiter. Er möchte, dass Gott ihn mit seiner Hand nicht nur segnet und in Gefahren beschützt, sondern er wagt eine ganz besonders große Bitte:

»Halte Schmerz und Unglück von mir fern!«

Leiden, Schmerzen, das Ertragen von großem Unglück – das gilt in christlichen Kreisen noch immer als besondere Tugend. Dahinter steckt ein hoher Anspruch: Im Leiden Christus gleich werden. Wie Jesus im Garten Getsemane vor seiner drohenden Verhaftung und Hinrichtung kämpfen: Um eine Legion Engel bitten, die einen von den bevorstehenden Leiden erlöst – aber dann doch einwilligen in das schwere Schicksal. Sein Kreuz auf sich nehmen. Viele Menschen denken, das sei wahres Christsein. In Wirklichkeit aber ist das unmenschlich. Und anmaßend dazu.

Diese heimliche Hingezogenheit zum Leiden halte ich für die schwerste Hypothek unserer christlichen Tradition. Möglichst wenig Fasching: Lachen, Freude, Leichtigkeit. Aber möglichst viel Passionszeit: Leiden, Schuldbewusstsein, Betroffenheit. Das findet sich in den Herzen vieler religiöser Menschen, aber es findet sich nicht in der Bibel. Im Sinne Jesu wäre das nicht, da bin ich überzeugt.

Die sechste Bitte des Vaterunsers lautet nicht: »Mache uns stark im Leiden.« Nein, Jesus lehrt uns, so zu beten: »Und führe uns nicht in Versuchung, sondern erlöse uns von dem Bösen.«

»Halte Schmerz und Unglück von mir fern« ist ein ehrliches, bescheidenes, menschenfreundliches, gesundes und sympathisches Gebet. Lenke meine Schritte weg von allem, was nicht von dir ist. Führe meine Wege weit weg von allem, was mir schadet.

Erhörung

Die kurze Notiz über Jabez im ersten Buch der Chronik schließt mit einem wunderbar einfachen Satz:

Und Gott ließ geschehen, worum er bat.

biblify-Tipp: Kleben Sie sich das Jabez-Gebet an einen guten Platz

Über dem Beten liegt eine große Verheißung, über jedem Gebet – natürlich auch über dem Gebet des Jabez. Viele Menschen haben es zu einem festen Bestandteil ihres Tageslaufs gemacht. Sie heften sich einen Zettel mit dem Gebet an den Badezimmerspiegel, sie haben es auf einer kleinen Karte in ihrem Geldbeutel oder Kalender immer dabei, sie sprechen es jeden Morgen, sie sprechen es in den vielen kleinen und großen Krisen des Tages, sie erzählen anderen davon. Sie sprechen es für sich und für andere, sie sprechen es leise während einer Sitzung. Sie sprechen es laut, während sie allein im Haus sind oder draußen spazieren gehen. Sie rufen es laut, während sie Auto fahren. Sie sprechen es leise vor dem Einschlafen. Und sie verlassen sich darauf, dass es bei ihnen so erhört wird wie damals bei Jabez.

Gott segnet überall. Er erweitert den Horizont der Menschen, die beten. Er hält seine Hand über alle, überall. Er ist überall der Herr über Leid und Unheil. Gott erhört überall Gebete.

Ich bin überzeugt, dass Gott zuhört. Das Gebet des Jabez setzt einen Prozess der Veränderung in Gang. Es bringt den übernatürlichen Segen Gottes in ganz alltägliche Situationen. Es eröffnet den Zugang zu dem Übermaß an Segen und Freude, das Gott uns zugedacht hat.

Gehen Sie zu Jesus in die Wüste

Jesus aber zog sich zurück in die Wüste und betete. (Lukas 5,16)

Wörtlich übersetzt heißt dieser Satz: »Er lebte zurückgezogen an einsamen Orten und betete.« Mit Wüste ist also eher die innere Wüste,
die Zurückgezogenheit gemeint. Immer wieder berichtet vor allem
der Evangelist Lukas, wie wichtig für Jesus das Gebet in der Einsamkeit ist. Mal ging er allein auf einen Berg, um zu beten (Lukas 6,12),
mal nahm er seine Jünger an solche einsamen Orte mit (Lukas 9,18).
Die Jünger erleben Jesus als einen Betenden. Eines Tages (Lukas 11,1)
wagt es ein Jünger, Jesus unmittelbar nach seinem einsamen Gebet zu
bitten: »Herr, lehre uns beten, wie auch Johannes seine Jünger lehrte.«

biblify-Tipp: Sehen Sie Ihr Inneres als Landschaft

Viele Menschen fixieren sich in
schwierigen Situationen darauf,
mit einer Art Tunnelblick ihre Probleme und ihre Not anzustarren.
Bessere Lösung: Ziehen Sie sich zurück, schließen Sie Ihre Augen, aber
öffnen Sie hinter den geschlossenen
Lidern Ihre inneren Augen. Stellen
Sie sich das Innere Ihrer Seele wie
eine Landschaft vor. Häufig werden
Sie eine einsame Wüste vor sich
sehen, einen finsteren Wald oder
sonst eine bizarre Umgebung. Es gehört zu den großen Erkenntnissen
der Tiefenpsychologie, dass jeder Mensch diesen Zufluchtsort in sich
hat.

Stellen Sie sich nun vor, dass Jesus in dieser Landschaft neben Ihnen sitzt. Er sagt nichts, aber er ist bei Ihnen. Vielleicht sieht er Sie an,

vielleicht auch nicht. Entscheidend ist Ihre innere Erfahrung, dass er es mit Ihnen in dieser aussichtslosen Lage aushält. In diesem gemeinsamen Schweigen können Sie sich sammeln.

Ihr größter Helfer: Ihre Vorstellungskraft

Stellen Sie sich Ihren inneren Zufluchtsort bildlich vor. Wenn Sie ein Gemälde malen würden, wie sähe der Platz um Sie herum aus? Welches Licht ist zu sehen? Welche Pflanzen wachsen da? Vielleicht gibt es eine Quelle? Sind Tiere in der Nähe? Wenn Sie sich mit Ihrem inneren Ort vertraut gemacht haben, fassen Sie sich ein Herz und sprechen Sie Jesus an, der hier zu Hause ist. Wenn Sie seine Liebe und sein Vertrauen spüren, gehen Sie auf ihn zu.

biblify-Tipp: Vertrauen Sie sich Ihrem guten Einsiedler an

Der schweigende Jesus in der Wüste ist das Symbol für eine verborgene Kraft Ihrer Seele, die Sie zu Hilfe holen können. Trotz seiner Abgeschiedenheit sitzt Jesus an der Quelle der Erkenntnis. Er hat Zugang zum Wasser des Unbewussten und kann Sie von den Äußerlichkeiten ins Innere führen. Er kann Ihnen im Traum erscheinen oder durch bewusstes Aufrufen Ihrer inneren Bilder. Nicht selten redet er in einer etwas altertümlichen Sprache. Sie erkennen ihn daran, dass er verständnisvoll, gütig und versöhnlich spricht. In seiner Nähe fühlen Sie sich geborgen und bejaht.

Beantworten Sie die Entwirrungsfrage

Der Gefühlsaufruhr während einer Krise macht besonnenes Nachdenken schwer. Die Gegenwart Ihres inneren Wüsten-Jesus hilft Ihnen, Ihr Problem kurz und nüchtern zusammenzufassen, etwa durch Fragen folgender Art:

- Was habe ich noch nicht verstanden?
- Bitte sag einmal in deinen Worten, was hier eigentlich mit mir los ist!
- Was ist jetzt das Wichtigste in meiner schwierigen Situation?
- Wo liegen meine Blockaden? Und die meines Partners?
- Was ist jetzt die rettende Kraft?
- Was ist der verborgene Sinn meines Lebens?
- Was ist der nächste Schritt?

Sehen Sie vor Ihrem geistigen Auge, wie Sie Jesus ruhig fragt: »Was willst du im Grunde deines liebevollen Herzens erreichen? Was soll am Ende Gutes dabei herauskommen?« Lauschen Sie nach innen und beantworten Sie seine Frage in Ruhe. Konzentrieren Sie sich auf Ihr langfristig gutes Ziel. Bitten Sie darum, dass Ihnen die ersten guten Schritte dorthin gezeigt werden. Dadurch vermeiden Sie schnelle Haurucklösungen.

biblify-Tipp: Nehmen Sie Wüsten-Auszeiten

Auch wenn Sie nicht in einer aktuellen Krise stecken, können Sie vorbeugend Ihre innere Wüste aufsuchen. Erklären Sie einen Abend in der Woche zu einem Abend der Stille – ohne Fernseher, Telefon, Besuch oder Weggehen. Lesen Sie spirituelle Bücher, Besinnungs- und Mystikertexte. Schreiben Sie Tagebuch. Setzen Sie sich in eine stille Kirche. Beten Sie. Legen Sie einen Wüstentag ein, an dem Sie sich zurückziehen und ganz bewusst nichts anderes machen, als nach innen zu lauschen. Besuchen Sie Meditationskurse, nehmen Sie an

Exerzitien teil. Oder nehmen Sie Ihren Urlaub als Auszeit, bei der es nicht um äußere Reisen geht, sondern um die innere Reise zu sich selbst.

Wachen und beten wie ein Einsiedler

Betäuben Sie sich in schwierigen Phasen Ihres Lebens nicht mit Alkohol, Tabletten, Fernsehen oder Computerspielen. Stellen Sie Frustkäufe und Frustessen ein. Verzetteln Sie Ihre geistige Energie nicht durch stundenlanges Telefonieren oder Lamentieren. Sie haben immer die Chance, eine Wendung nach innen zu vollziehen. Wenn Ihnen das schwerfällt, hilft das folgende »Einsiedlergebet« von *Dietrich Bonhoeffer*, das er im Gefängnis für seine verzweifelten Mitgefangenen verfasst hat. Es kann Ihnen Halt und Kraft geben und Hilfe von innen mobilisieren.

In mir ist es finster, aber bei dir ist das Licht.
Ich bin einsam, aber du verlässt mich nicht.
Ich bin kleinmütig, aber bei dir ist die Hilfe.
Ich bin unruhig, aber bei dir ist der Friede.
In mir ist Bitterkeit, aber bei dir ist die Geduld.
Ich verstehe deine Wege nicht, aber du weißt den Weg für mich.

Lernen Sie von Hiob

Wie kann Gott das zulassen? So fragen jeden Tag Millionen Menschen. Immer und immer wieder geschehen Ereignisse, für die es keine Antworten gibt, nur Fragen. Das kann die schreckliche Krankheit sein, von der Sie seit einiger Zeit wissen und immer wieder fragen: »Warum ich?« Das kann ein Unfall sein, der den liebsten Menschen aus Ihrem Leben gerissen und in Ihnen die Frage der Liebe zurückgelassen hat: »Warum nicht ich?« Das kann eine große Flut sein, die aus harmlosen Flüssen gefährlich wilde braune Wassermassen macht, oder sonst eine Naturkatastrophe. Und immer wieder die Frage: »Wer ist schuld?«

Über allem schwebt ausgesprochen oder unausgesprochen die größtmögliche Frage: »Wie kann Gott das zulassen?« Je mehr ich mich mit dieser Frage befasse, umso eigenartiger wird sie. Und doch ist diese Frage sehr wichtig, um Ihr Verhältnis zu Gott zu klären und ist damit eine **biblify**-Kernfrage.

1. Entdeckung:
Eine Frage macht Aussagen über den Frager

Und wenig über das Gefragte. In Bezug auf den, der eine Frage stellt, enthält jede Frage bereits eine Antwort. Bevor Sie also über Gott sprechen, der womöglich etwas zulässt oder nicht, sollten Sie über den Menschen sprechen, der diese Frage stellt.

Die meisten Menschen glauben mit einer Art Urvertrauen, dass die Welt verstehbar ist und gerecht. Sie spüren tief in ihrem Inneren, dass jedes Glück seinen Preis hat und jede Entbehrung ihre Entlohnung. Meistens zumindest. Wenn aber ein Mensch stirbt, den sie geliebt haben, oder wenn irgendeine andere Katastrophe sie ereilt, stürzt dieses Vertrauen erst einmal in sich zusammen. Zu der äußeren Katastrophe kommt dann eine innere. Und diese innere Katastrophe richtet häufig mehr Schaden an als all das Schreckliche, was draußen passiert. Glauben und Vertrauen gehen in die Brüche, ein ganz wichtiger Teil von Ihnen selbst.

Weil Sie als Mensch Ihre Grundidee von der verstehbaren und gerechten Welt aber nicht aufgeben wollen, suchen Sie nach Erklärungen: Das ist Ihr gutes Recht. Da gibt es verschiedene Ansätze:

Selbstvorwürfe

Die naheliegendste Lösung sind Selbstvorwürfe. Indem sich ein Mensch eingesteht, an dem Geschehenen mitschuldig zu sein, lädt er sich zwar etwas Schweres auf. Aber er hat den Trost, nicht mehr hilflos in der Welt zu leben. Einer Welt, die außerhalb seiner Kontrolle wäre. Nach der Terrorattacke auf die USA im Jahr 2001 gab es auch solche Selbstvorwürfe: Wir haben die Dritte Welt ausgebeutet bis aufs Blut, wir haben die islamischen Staaten gedemütigt, irgendwann mussten die ja zurückschlagen. Oder: Wir wurden mit unseren eigenen Waffen geschlagen – Hightechflugzeuge aus unserer eigenen Produktion gegen unsere Turmbauten von Babel. Bei fast allen Naturkatastrophen heißt es schnell, »der Mensch« sei schuld: Er hat die Flüsse begradigt, die Natur ausgebeutet, das Gleichgewicht zerstört. Deshalb schlägt die Natur nun zurück.

»Der Mensch« in der Einzahl erinnert an die Einzahl, in der man ja auch von Gott spricht. »Der Mensch« ist eine große, undefinierbare Macht. Natürlich zählen Sie sich selbst auch irgendwie dazu, aber gleichzeitig auch wieder nicht. »Der Mensch« rückt einen selbst weit weg. »Der Mensch« ist eher »nicht ich«. Wer würde darauf kommen, bei der Gedenkfeier für die Toten des 11. September 2001 zu beten: »Verzeih mir, o Herr, dass ich die Ungerechtigkeit der Weltwirtschaft bewirkt habe«? Wer würde in einem Gottesdienst für Flutopfer nach vorne treten und sagen: »Vergib mir, dass ich die Auenlandschaften zerstört habe«?

Vorwürfe gegen andere

So gehen die Selbstvorwürfe sehr bald über in Vorwürfe an andere: Warum wurde das World Trade Center nicht schneller evakuiert? Warum haben die Sicherheitskontrollen am Flughafen versagt? Wer hat diese Verrückten einreisen lassen und ihnen Flugunterricht erteilt? Warum durfte in diesen Überschwemmungsgebieten überhaupt gebaut werden? Warum wird immer mehr Bodenfläche versiegelt? Warum hat man nicht schon früher vor dieser Krankheit gewarnt?

Es gibt sehr sinnvolle Fragen nach der Schuld. Wenn man weiß, wer welche Fehler gemacht hat, lassen sie sich in Zukunft besser vermeiden. Es gibt aber auch Schuldzuweisungen, die eine ähnliche Aufgabe erfüllen wie die Selbstvorwürfe: Wenn sich alle Schuldigen einer Katastrophe finden ließen und vor ein Gericht gestellt würden, bleibt das Gedankengebäude von Ursache und Wirkung erhalten. Selbst wenn die Schuldigen so weit weg sind, dass sie niemals verurteilt werden könnten – schon die Vorstellung entlastet, dass wir sie in Gedanken vor ein Gericht gestellt haben.

Vorwürfe gegen Gott

Das gilt auch dann, wenn der Schuldige noch viel weiter oben gesucht wird. Wenn er Gott, Weltvernunft oder Natur genannt wird. Auch hier lautet der Grundgedanke: Hinter unserer Welt waltet ein höherer Zweck. War der Angriff auf die USA vielleicht ein notwendiger Weckruf zum Umdenken? Ist eine Überschwemmung ein Racheakt der ausgebeuteten Natur? Sind das die Tage des Zorns? Ist unser Leid der Preis, den wir zahlen müssen an irgendeine unbegreifliche Macht?

Wolfgang Amadeus Mozart hat am Ende seines nicht besonders langen Lebens ein Requiem komponiert, eine Totenmesse. Es war eine Auftragsarbeit für einen anderen, aber man weiß heute, dass er sie geschrieben hat, während sein Körper längst vergiftet und zerfressen war von absurden, angeblich hilfreichen Medikamenten. Und so ist sein »Dies Irae«, der Tag des Zorns, ein wütender Aufschrei gegen die

Schrecken des Sterbens und gegen seinen eigenen Tod. Von Chor und Orchester geradeaus hinausgeschrien, ohne all die kunstvollen Verzierungen und Nebenlinien, die sonst Mozarts Werke durchziehen:

Tag der Rache, Tag der Sünden,
Wird das Weltall sich entzünden?
Welch ein Graus wird sein und Zagen,
Wenn der Richter kommt mit Fragen.

2. Entdeckung: Gott ist anders

Wie kann Gott das zulassen? Das wird schon in der Bibel gefragt. Es gibt dort ein eigenes Buch, das sich ausschließlich dieser Frage widmet, das Buch Hiob. Unter Theologen gibt es eine unausgesprochene Abmachung, über das Buch Hiob erst zu predigen, wenn man selbst mindestens 60 Jahre alt ist – so tief steigt es hinab in die schwierigsten Grundfragen unseres Lebens.

Die eigentliche Story des Hiob ist kurz: Es ist keine Kunst, an Gott zu glauben, wenn es einem gut geht. Wie sieht es aber aus bei einem frommen Menschen, wenn ihm alles genommen wird? So fragt der Satan am Beginn des Buches, und Gott lässt sich auf das Experiment ein. Hiob, ein durch und durch rechtschaffener und tief gläubiger Mann, erleidet schwerste Schicksalsschläge: Sein gesamter Besitz, sein Personal und alle seine Kinder werden von Räubern und Naturkatastrophen dahingerafft. Nur seine Frau bleibt am Leben, er selbst wird von schrecklichen Krankheiten geplagt. Aber Hiob besteht alle Prüfungen. Er sagt selbst im Leid große Sätze:

Der Herr hat's gegeben, der Herr hat's genommen. Wenn wir so viel
Gutes empfangen haben von Gott, sollten wir nicht auch das Böse von
ihm annehmen? (Hiob 1,21 und 2,10)

257

Dann kommen drei Freunde, die mit Hiob trauern und zunächst schweigen, sieben Tage und sieben Nächte lang. Danach halten sie lange Reden, später kommt noch ein vierter Freund dazu, und immer geht es um das eine: Wie kann Gott das zulassen? Wer ist schuld?

Für die Freunde, fromme Juden wie Hiob, ist es klar: Gott lässt keinen Unschuldigen leiden. Irgendeine verborgene Schuld muss es geben. Dann wären die Tage des Zorns in sich schlüssig. Dann gäbe es eine Erklärung. Dann hätte das Leid einen Sinn. Aber Hiob weigert sich, fast 40 Kapitel lang. Er besteht auf seinem Recht. Er hat sich nichts zuschulden kommen lassen, und Gott muss ihn erlösen. Hiob klagt Gott an, und die Klage lautet: Gott ist ungerecht. So weit ist noch nie ein Mensch gegangen. Hiob prozessiert gegen Gott: »Hier ist meine Unterschrift unter meinem Vertrag mit Gott, ich habe meinen Part erfüllt!«, ruft er gleichsam, »der Allmächtige antworte mir!«

Das Buch Hiob ist ein Hammer. Es ist radikaler, als je ein heiliges Buch einer Religion war: Denn gegenüber dem Gott, den die drei Freunde Hiobs beschreiben, ist Hiob moralisch überlegen. Wenn Gott so ist, wie ihr ihn schildert, könnte Hiob sagen, dann bin ich weiter als er. Wenn Gott so unbarmherzig ist, wie ihr ihn beschreibt, dann ist der Mensch barmherziger als Gott. Ein Mensch kann einen Protestanten an der katholischen Eucharistie teilnehmen lassen. Ein Mensch kann bei den Feiern einer für ihn völlig fremden Religion teilnehmen. Ein Mensch kann bei seinem schlimmsten Feind mitmachen. Ein Mensch kann nicht nur über kleine Gesetzesüberschreitungen eines anderen hinwegsehen, er kann auch allergrößte Schuld vergeben. Und ihr redet von einem Gott, der das nicht kann?

Damit treibt Hiob die Gottesfrage auf die Spitze. Hiob markiert die Grenze zum Atheismus. C. G. Jung hat es gewagt, die unglaubliche Konsequenz aus den Fragen Hiobs auszusprechen: Wenn der Mensch barmherziger sein kann als Gott, dann muss Gott Mensch werden. Es gibt keine Alternative zu einem barmherzigen Gott, denn alle unbarmherzigen Götter sind enttarnt als menschliche Racheträume, ins Gigantische überhöht und auf einen vom Menschen erdachten Gott projiziert. Die wahre Größe und Herrlichkeit Gottes wird sich darin zeigen, dass er so klein (oder groß) wird wie ein Mensch.

Gott antwortet

Dann kündigt sich die Antwort Gottes an. Es wird wirklich spannend. Wer hat Recht? Hiob, der auf seinem Recht besteht, auf Grund seiner guten Führung gut behandelt zu werden, oder die drei Freunde, die auf Gottes Recht bestehen und für die es klar war: Es gibt eine verborgene Schuld Hiobs?

Gott antwortet. Man könnte auch sagen: er donnert. Er spricht aus einem Wirbelsturm. Auf den Prozess lässt er sich nicht ein. Er weist das Verfahren zurück. Die Klage wird nicht verhandelt. Gott haut auf den Tisch: »Wo warst du, als ich die Erde gründete? Sag mir's, wenn du so klug bist!« Gott wischt alle vom Tisch, sowohl Hiob als auch seine Freunde. Alles falsch. Wer ist schuld? Gott wird wütend über diese Frage. Themaverfehlung! Das ist seine Antwort. Mit der Frage nach der Schuld liegt ihr hier völlig daneben. Eure Alternativen sind falsch.

Gott ist anders. Die Frage trifft ihn nicht. Sie ist an einen anderen Gott gestellt, einen Gott, den ihr Menschen euch ausgedacht habt, erträumt, nach eurem eigenen Bild erschaffen. Ein Gott, der alles steuert. Ihr bildet euch einen Gott ein, der bei jedem Unglück die Entscheidung trifft: Soll ich es zulassen oder nicht? Ein Gott, der straft und richtet. »Tag des Zorns, Tag der Rache, wenn der Richter kommt mit Fragen« – das ist ein von euch Menschen ge-

dichtetes und komponiertes Lied. Die Schrecken des Todes sind die Schrecken der Menschen, nicht von Gott erschaffene Schrecken.

Alles ist anders. Das ist die Antwort Gottes. Und diese Antwort, das wissen Sie nach so vielen Seiten **biblify** längst, sprach natürlich nicht Gott selbst. Ein Mensch hat sie geschrieben (oder vielleicht mehrere Autoren) und sie Gott in den Mund gelegt. Menschen, deren Gottesbild sich weiterentwickelt hat. Die begriffen haben, dass die Idee von einem Gott, der das Böse straft und das Gute belohnt, ein menschlicher Wunschtraum ist, der auf Gott projiziert wurde. Der Autor dieser grandiosen letzten Rede Gottes im Buch Hiob ist vorsichtig geworden gegenüber allen, die so genau zu wissen meinen, wie Gott ist, was er denkt, wie er handelt. Nein, sagen die Verfasser des Hiobbuches, all das wissen wir nicht. Wir sollten aufhören mit dem Spekulieren und Projizieren. Und beginnen zu schweigen.

3. Entdeckung: Die Antwort ist Schweigen

Hiob aber antwortete dem Herrn und sprach: Siehe, ich bin zu gering. Was will ich antworten? Ich will meine Hand auf den Mund legen und schweigen. (Hiob 40,3–4)

Die richtige Antwort auf die Frage »Wie kann Gott das zulassen?« ist: nicht zu antworten, sondern zu schweigen. Das ist überhaupt häufig die klügste Antwort auf Fragen nach der Schuld.

Ein Freund erzählte mir, wie er einmal in der Fußgängerzone christliche Traktate verteilt hat. Eine Frau sah ihm in die Augen und fragte: »Warum lässt Gott so viel Leid zu?« Und er antwortete wortreich mit vielen Erklärungen, vielleicht ein wenig so wie die Freunde Hiobs. Lebensberater und Theologen tappen gern in die Falle, mit Erklärungen aufzuwarten. Die Frau hörte zu und sagte: »Warum habe ich dann ein behindertes Kind?« Da wurden beide still – und gaben damit die richtige Antwort. So wie die Frau mit ihrem Leben die richtige Antwort gibt, indem sie ihr Kind sehr liebt.

biblify-Tipp: Schuldfasten

Schweigen ist schwierig. Wir möchten so gern antworten, wenn wir gefragt, angegriffen oder beleidigt werden. Dabei wäre es so wichtig, aus diesem unseligen Muster einmal herauszukommen. Verordnen Sie sich eine Zeit lang ein »Schuldfasten«. Stellen Sie die Frage nach der Schuld nicht. Einen Tag lang. Wenn Sie es schaffen, auch ein paar Tage lang oder eine ganze Woche. Das heißt nicht, dass die Frage nach der Schuld schlecht ist oder verboten, genau wie Essen nicht schlecht ist. Aber es kann doch sehr klug sein, eine Zeit lang zu fasten und bewusst nichts zu essen.

So ist es auch bei der Schuld. Schuld entzweit. Menschen in schwierigen Situationen oder nach einer Katastrophe beginnen sehr schnell, sich oder anderen die Schuld an dem Geschehenen zu geben. Wenn sie das tun, sind sie in einer ähnlichen Gefahr wie Überlebende eines Autounfalls: Sie haben den Zusammenstoß überstanden, aber nun können sie durch die Explosion des Benzintanks sterben. Deswegen ist es lebenswichtig, aus dem Gefahrenbereich der Schuld herauszukommen.

Sie sind einfach zu selten geworden, die Momente, wo wir still sind. Wo wir vor den gemeinsamen übergroßen Anforderungen des Lebens klein sein dürfen und stumm. Das sind die großen menschlichen Momente, die in den großen Katastrophen sogar leichter entstehen als in den alltäglichen Problemen: Wo Menschen in den Schlammmassen stehen und sich helfen, Sandsäcke tragen oder spenden, Verletzte bergen und pflegen, wo sie sich nahe sind und nicht Erklärungen suchen, wo keine Vorwürfe laut werden und das Thema Schuld einfach einmal Pause hat.

Das kann sehr gesund sein, nicht nur nach einem Schicksalsschlag: Eine Woche ohne Vorwürfe, ohne Schuldzuweisungen, ohne Selbstbeschuldigungen, ohne Scham. Gemeinsam schweigen, das schafft Gemeinsamkeit. Das sind die ergreifendsten Augenblicke auch im Buch Hiob: Als am Anfang die Freunde eine Woche lang schweigen, und als Hiob am Schluss seine Hand auf seinen Mund legt.

Zum Schuldfasten gehört Nähe: Die Freunde sagen nichts, bleiben aber da. Es ist gut, wenn Sie während Ihrer Schuldfastenzeit gemeinsam schweigen, sich still berühren, Verbindung suchen über das Herz, nicht über Mund und Ohr.

4. Entdeckung: Die Frage ist überhaupt keine Frage

Sondern ein Hilfeschrei. Übersetzt heißt sie: »Bleib bei mir. Stell mit mir zusammen diese Frage. Lass uns gemeinsam schreiend schweigen!« Daraus wächst wahre Kraft. Das ist mir in allen Bildern nach Katastrophen aufgefallen: Die größere Kraft habe ich immer dort gespürt, wo Menschen schwitzend, aber still helfen. Wenn Politiker oder auch Betroffene wortreich geklagt haben, nach Konsequenzen gerufen und Umdenken gefordert haben, dann war das vergleichsweise kraftlos.

biblify-Tipp: Handeln statt fragen

Menschen, die bei einem Unglück still geholfen haben, haben danach mehr Kraft, etwas zur Vermeidung zukünftiger Unglücke zu tun, als je durch Gerichtsurteile oder Gesetze geschehen könnte. Nach jeder Katastrophe gibt es Kurzschlusshandlungen, schnelle einfache Erklärungen, Racheakte und Hauruck-Aktionen – meist angezettelt von denen, die nicht wirklich dabei waren. Menschen aber, die dem Unglück schweigend nahe waren, werden tun, was wirklich hilft, um solches Unglück in Zukunft zu vermeiden. Sie werden mehr und anderes tun als die, die nur Recht behalten oder einen Schuldigen bestrafen wollen.

5. Entdeckung: Gott selbst stellt diese Frage auch

»Wie kann Gott das zulassen?« ist ein Hilfeschrei, keine Frage. Aber ist die Frage deswegen falsch? Nein. Sie gehört zum Innersten des Menschen – und zum Innersten Gottes. Ich habe dazu eine Geschichte gehört:

In einem Gefangenenlager fehlt, als die Soldaten nachzählen, eine Schaufel. Der Lagerkommandant lässt alle antreten. Der Schuldige soll sich melden, aber keiner tritt vor. Da gibt er den Befehl, dass alle Gefangenen getötet werden, wenn sich der Täter nicht meldet. Darauf tritt einer schweigend einen Schritt nach vorne, und er wird erschossen. Die Gefangenen dürfen wegtreten. Als die Soldaten danach die Schaufeln noch einmal zählen, merken sie, dass keine fehlt. Sie hatten sich verzählt.

biblify-Tipp: Misstrauen Sie Beispielgeschichten

Solche Geschichten, ob sie nun wahr sind oder nicht, werden gern erzählt, um die Bedeutung des Opfertodes Jesu Christi zu erläutern. Sie zeichnen eindrucksvoll die liebevolle Hingabe des Sohnes Gottes. Aber solche Geschichten haben einen schrecklichen Nebeneffekt: Denn sie zeichnen einen grausamen Lagerkommandanten-Gott, von unerträglicher Härte und Ungerechtigkeit. Nein, solche Geschichten sind falsch. Bei solchen Geschichten frage ich mich nicht: »Wie kann Gott das zulassen?«, sondern eher: »Wie kann jemand Gott so etwas zutrauen?«

Die Wahrheit der Bibel ist anders. »Wie kann Gott das zulassen?« Diese Frage stellt Jesus am Kreuz auch. Allerdings ein kleines, entscheidendes bisschen anders. Der Mensch gewordene Gott ruft nicht: »Wie kannst du, Gott, das zulassen?« Sondern: »*Mein* Gott, *mein* Gott, warum hast du *mich* verlassen?« Die Szenerie, dass Gottes Sohn einen entsetzlichen Foltertod sterben muss, war nicht ein entsetzlicher Einfall eines grausamen Lagerkommandanten-Gottes, eines Gottes irgendwo da oben. Sondern es war ein Einfall des Hohen Rates, des römischen Gouverneurs und der menschenverachtenden Tradition der Todesstrafe.

»Mein Gott, mein Gott, warum hast du mich verlassen?« ist der Beginn des 22. Psalms, den jeder Jude auswendig beten konnte. Der dort beschriebene Gott ist ein ganz anderer Gott als der strafende, donnernde Richter:

> *Sei nicht ferne von mir, du meine Stärke, beeile dich, mir zu helfen!*
> *Errette meine Seele vom Schwert und mein Leben vor den Hunden!*
> *Hilf mir aus dem Rachen des Löwen und vor den Hörnern wilder*
> *Stiere, denn du hast mich erhört!*
> *Denn er hat das Elend des Armen nicht verachtet oder verschmäht,*
> *und als ich zu ihm schrie, hörte er's. (Psalm 22,20–22.25)*

»Sei nicht ferne von mir!« – dieser Wunsch ist in Erfüllung gegangen. Gott und Mensch sind nicht mehr unendlich weit entfernt. Gott ist nicht mehr unnahbar. Wer ihn sieht, wird nicht mehr vor Erschrecken sterben, wie es im Alten Testament hieß. Gott ist im Innersten des Menschen, und im Innersten Gottes ist der Mensch. Am Leiden eines Menschen leidet auch Gott, und am Leiden Gottes leidet auch der Mensch. Die Frage »Wie kann Gott das zulassen?« löst sich damit auf. Es gibt keine Antwort, und das ist eine gute Nachricht. Im Buch Hiob, im Neuen Testament, im Leben überhaupt gibt es darauf keine Antwort. Das hatten wir schon am Anfang dieses Buches: Der unbarmherzige Gott ist enttarnt als menschliche Projektion. Die gute Nachricht aber heißt: Wir sind mit unserem Leid und unseren Fragen nicht allein. Wir sind mit Gott aufs Intensivste vernetzt, weil er in uns ist und wir in ihm. Die Wahrheit ist nicht eine Antwort, sondern eine Person, eine Begegnung.

Werden Sie wie Christus

Meine Lieben, wir sind schon Kinder Gottes. Doch was wir einmal sein werden, ist jetzt noch nicht sichtbar geworden. Wir wissen aber, wenn es sichtbar wird, werden wir ihm gleich sein, denn wir werden ihn sehen, wie er wirklich ist. (1. Johannesbrief 3,2)

Es gibt einen schönen Spontispruch, den ich einmal an eine Kirchenwand gesprüht gesehen habe: »Mach's wie Gott, werde Mensch!« In diesem originellen Satz liegt eine tiefe Wahrheit. Denn die erstaunliche Tatsache, dass Gott als Mensch auf die Erde gekommen ist, ist auch als Aufforderung gemeint: Wir alle sind eingeladen, dem Vorbild Jesu zu folgen.

Von Anfang an hat sich Jesus nie als etwas Besonderes gesehen. Wenn andere ihn gefragt haben nach seinem göttlichen Auftrag, ob er der seit langem versprochene Messias ist, ob er der Gesalbte Gottes ist, der Christus – dann hat er jedes Mal verblüffend ausweichend geantwortet: »Du sagst es« oder »Fleisch und Blut haben dir das nicht offenbart, sondern mein Vater im Himmel« (Matthäus 16,17), oder er verbot seinen Jüngern einfach, darüber zu sprechen.

Er hat seinen Jüngern den Auftrag gegeben, ebenso Kranke zu heilen wie er. Seine Zeichenhandlungen waren alle so einfach, dass jeder sie nachmachen kann, ohne Ausbildung und Einweisung.

Am letzten Abend vor seinem Tod zog er sein Obergewand aus, band sich eine Schürze um, goss Wasser in ein Becken und begann, seinen Jüngern die Füße zu waschen. Als er damit fertig war, sagte er: »Wie nun ich, euer Meister, euch die Füße gewaschen habe, so sollt auch ihr euch gegenseitig die Füße waschen. Denn ich habe euch ein Bei-spiel gegeben, damit ihr tut, was ich mit euch getan habe.« (Johannes 13,4.5.14.15)

Was ich getan habe, könnt ihr auch. Das ist Quintessenz von **biblify**. Die Botschaft der Christen muss übereinstimmen mit ihrem Leben. Das ist eine Forderung, die so alt ist wie der christliche Glaube. Ebenso alt ist der Seufzer: »Ach, wenn die Christen doch nur etwas mehr wie Christus wären!« Jon Stott, Priester der Church auf England, erzählt von einem Hindu-Professor in Indien, der zu einem seiner christlichen Studenten sagte: »Wenn ihr Christen wie Jesus Christus leben würdet, läge Indien morgen zu euren Füßen.« Iskandar Jadeed, ein arabischer Pastor und ehemaliger Muslim, schrieb: »Wenn alle Christen Christen wären – das heißt Christus ähnlich –, würde es heute keinen Islam mehr geben.«

Wer behauptet, ständig mit Jesus Christus verbunden zu sein, der muss auch so leben, wie er gelebt hat. (1. Johannesbrief 2,6)

Damit wären wir am ultimativen Punkt der Idee von **biblify your life**: Schreiben Sie nicht nur eine Bibel wie die Menschen vor Ihnen. Vernetzen Sie sich nicht nur mit den Menschen, die vor zwei Jahrtausenden Jesus begegnet sind. Sondern vernetzen Sie sich mit Jesus selbst. Werden Sie wie er.

Nachwort

biblify und die anderen heiligen Schriften

Das Buch vom Heiden und den drei Weisen

Durch Gottes Fügung lebte in fernem Lande ein Heide, ein großer Gelehrter der Philosophie. Er war schon alt und dachte nach über den Tod und das Glück dieser Welt. Er wusste nichts von Gott und der Auferstehung. In der Meinung, dass mit dem Tod alles vorbei sei, überwältigte ihn die Traurigkeit des Herzens.

Auf der Suche nach einer Antwort traf er drei weise Männer, einen Juden, einen Christen und einen Sarazenen. Ihre Herzen füllten sich mit Liebe und Mitleid für den Heiden. Sie erkannten es als ihre Aufgabe, dem Heiden das Dasein Gottes zu beweisen und ihm zu zeigen, dass Gott ganz und gar Güte, Größe, Ewigkeit, Macht, Weisheit, Vollkommenheit und Liebe ist.

Danach stellte jeder der drei Weisen dem Heiden seinen Glauben dar, und der Heide konnte ungehindert kritische Fragen stellen.

Am Ende erhob sich der Heide, sein Verstand wurde vom Weg des Heils erleuchtet, sein Herz fing an zu lieben und erfüllte seine Augen mit Tränen. Er betete zu Gott:

»O göttliches, unendliches, höchstes Gut, Quelle aller Erfüllung und Vollkommenheit! Aus allen Kräften meiner Seele und meines Leibes verehre ich deine Liebe, die gut, groß, mächtig und vollkommen weise ist. Meine Liebe und mein Wollen und alle Fähigkeiten meines Geistes und alles, was deine Liebe mir schenkte, gebe ich dir, um dir alle Tage meines Lebens zu dienen und deine Liebe zu ehren und zu preisen.«

Das Wunder der Erkenntnis

Die drei Weisen waren tief verwundert über die Großherzigkeit dieses Gebets. Als sie die glühende Gottesverehrung des Heiden sahen, erkannten sie, dass der Heide in kurzer Zeit zu einer Frömmigkeit und Anbetung Gottes gelangt war, die ihre eigene, die sie Gott schon lange kannten, weit übertraf. Sie erhoben sich und gaben dem Heiden zahlreiche Segenswünsche mit auf den Weg und der Heide ihnen. Da fragte der Heide voller Erstaunen, ob sie denn nicht wissen wollten, für welche Religion er sich entschieden habe.

Die Lust am Dialog

Die Weisen antworteten, sie wollten es nicht wissen, damit ein jeder von ihnen glauben könne, er habe seine Religion gewählt. Außerdem hätten sie jetzt eine wunderbare neue Fragestellung für ihren Dialog, um kraft ihrer Vernunft herauszufinden, welcher Religion der Heide den Vorzug geben werde – und einen guten Anlass, um sich weiterhin zu treffen.

Auf dem Heimweg bat jeder den anderen um Verzeihung für den Fall, dass er irgendein beleidigendes Wort gegen dessen Religion gesagt haben sollte, und jeder verzieh dem anderen. Sie beschlossen, sich jeden Tag zu treffen, um einander zu ehren, zu dienen und zu einem Einverständnis zu gelangen. Denn, so sprachen sie, »Krieg, Mühsal, Missgunst, Unrecht und Schande hindern die Menschen daran, sich auf einen Glauben zu einigen«.

Ramon Lull wurde 1232 auf Mallorca geboren und starb 1316. Er wurde bei Franziskanern erzogen und arbeitete als geachteter Gelehrter und Prinzenerzieher am mallorquinischen Hof. Er war verheiratet, hatte Kinder und war zeit seines Lebens um den Dialog der drei großen Buchreligionen seiner Heimat bemüht: Christen, Muslime und Juden. Sein Lebensziel war es, das Wahre und Heilige anderer Religionen als Schatz für die eine Menschheit aufzuschließen.

Dem weitgereisten Dichter und Mystiker war es besonders wichtig, als Christ die Sprachen der Juden und Sarazenen zu beherrschen, und so sprach er neben seiner katalanischen Muttersprache Spanisch, Arabisch, Lateinisch und Hebräisch. Er erreichte auch, dass an den bedeutendsten Universitäten Europas Lehrstühle für Hebräisch und Arabisch eingerichtet wurden.

Lull schrieb 280 Werke und gehörte in seiner Zeit zu den meistgelesenen Autoren der christlichen Welt. Eines seiner populärsten Bücher ist das hier in Kurzform wiedergegebene *Buch vom Heiden und den drei Weisen*.

Danke

Dieses Buch wäre niemals möglich gewesen ohne *Bernhard Meuser*, der das Grundkonzept erfunden, kreativ begleitet und in der Schlussphase gerettet hat.

biblify your life wäre undenkbar ohne **simplify your life**, und das wiederum wäre undenkbar ohne *Detlef Koenig*, den Leiter des Orgenda Verlags und Erfinder der Marke **simplify**. Ich bin ihm besonders dankbar, dass er als vielfältig engagierter Christ die freche Formulierung **biblify** von Anfang an wohlwollend akzeptiert und unterstützt hat.

Das Ur-Copyright für die pfiffige Formulierung »biblify your life« gebührt *Wolfram Heidenreich* und *Michael Buttgereit*, den Designern des simplify-Logos. Sie haben mir zu meinem 50. Geburtstag eine Bibel mit dem genialen Titel **biblify your life** geschenkt, in der das Wort »einfach« im gesamten Text gelb angemarkert war.

Die Abschnitte »Lernen Sie von Adam und Eva« und »Lernen Sie von Hiob« beruhen auf Evangelischen Morgenfeiern, die ich in Radio Bayern 1 gesprochen habe. Danke an *Petra Harring* und *Melitta Müller-Hansen*, die diese Sendungen redaktionell betreut und ihnen oft den entscheidenden Kick gegeben haben.

Literatur

Einige Gedanken dieses Buchs habe ich in veränderter Form in dem seit 1998 erscheinenden monatlichen Beratungsbrief »simplify your life« veröffentlicht. Wenn Sie Interesse haben, besuchen Sie *www.simplify.de* und *www.simplifyyourlife.de* und staunen Sie, was das für ein riesiges Portal in die Welt der Lebensvereinfachung ist. Dort können Sie auch den gedruckten Beratungsbrief bestellen. Die wichtigsten Bibelausgaben sind ausführlich vorgestellt ab Seite 174.

Die typische seelische Bedeutung der einzelnen Krankheiten beruht auf dem Standardwerk von *Thorwald Dethlefsen* und *Ruediger Dahlke, Krankheit als Weg. Deutung und Be-Deutung der Krankheitsbilder* (Goldmann Taschenbuch, 1990).

Eines der schönsten Bücher zur Bedeutung des Buchs Hiob ist für mich das von *Richard Rohr, Hiobs Botschaft* (Claudius Verlag, 2000).

Georges Bernanos, Tagebuch eines Landpfarrers, gibt es wieder in einer schönen gebundenen Ausgabe beim Johannes Verlag Einsiedeln. Die Taschenbuchausgaben sind alle vergriffen und nur noch antiquarisch zu haben.

Die Schilderung von Jesu Stammbaum während der Reise von Maria und Josef nach Bethlehem beruht auf dem Adventskalender mit Begleitheft *Jesus hat eine große Familie*, den ich zusammen mit meiner Frau Marion 1998 für den Verlag Bergmoser und Höller gezeichnet und geschrieben habe. Das Produkt ist nicht mehr lieferbar.